日台運命共同体
日台関係の戦後史
日台関係研究会叢書——7
浅野和生 編著
展転社

序文

本年七月、台湾の李登輝元総統が亡くなられた。日台関係研究会として心からご冥福をお祈りするとともに、感謝とお礼の誠を捧げたい。本会の年次大会にあたり、李登輝総統（当時）から祝辞を頂いたことがある。光栄の至りであった。また、本会が関わる台湾研修団に参加した学生には、しばしばご引見をいただき、若い力に期待する旨の激励の言葉を賜った。この偉大な指導者の謦咳に接することで、若い参加者は深く感動し日台の絆の重要性を自覚できた。日台の絆を呼びかけ続けている本会にとっても、この上ない強い励ましとなった。厳しい国際環境のなかで、日本にとって台湾との一層の結びつきが求められる折り、李登輝元総統の存在の大きさに思いを深くする。重ねて天に御座す李登輝先生に深甚なる感謝の意をお伝えするとともに、日台関係のさらなる発展に貢献できるよう努めていくことをお誓する。

本書は、日台関係研究会叢書七として出版される。本会は、平成七（一九九五）年六月に創立され、爾来二十五年が経過した。叢書は、本会の活動の成果として世に問うものであり、平成二十六（二〇一四）年から、毎年出版している。今回も、浅野和生本会事務局長（平成国際大学教授）の企画・編集のもと、問題意識を同じくする本会関係者が執筆した。

現在、日本と台湾の間は、極めて良好な関係が維持されている。一九七二年以降、不幸にして日台間の国交は断たれたまま、ほぼ半世紀が経過した。政治・軍事などの分野を除いて、経済・文化の交流は実に活発である。両国民の往来も盛んであり、両国間の実務関係は濃厚である。先年の東日本大震災の際に、台湾の人びとから物心両面の際立った支援をいただいたことは、日本人の記憶に鮮明である。

しかしながら、これほどの国と国との実質的な関係にも関わらず、正式な外交関係を欠く不正常な状態が続いている。それでも両国を繋ぐ糸は幾重にも撚り上げられ、その結びつきは益々太さを増し、強固なものとなっている。

現在、台湾では民進党の蔡英文政権が二期目に入った。武漢発の新型コロナウイルスを早々に押さえ込み、自由と民主主義の体制の下、安定した政権運営が行われている。一方、台湾海峡を挟んだ中国は、習近平体制の下、世界のコロナ禍に乗じて一帯一路構想と軍事力を背景に海洋進出を押し進めている。アジア太平洋地域では、覇権拡大を意図した露骨な全体主義的行動を敢えて行い、自由と民主主義の価値観を共有する諸国に不気味な脅威を与えている。周知のように香港にいたっては、国家安全維持法を導入して民主主義の息の根を止めた。台湾への挑発も止むことはない。台湾と国交を結ぶ太平洋島嶼国を一枚一枚剥がしにかかり、太平洋を中国の海に、さらには台湾を飲み込むべく執拗に行動している。このままではアジア太平洋の自由と民主主義、法の支配が失われてしまう。中国の現実的な脅威を前にして、米国と台湾とは一歩進んだ関係強化が進められている。日本は、米国とともにオーストラリア、インドを軸に関係強化を図り、「自由で開かれたインド太平洋構想」で対抗しようとしている。

この地域に、安全保障と自由と民主主義、法の支配を確保することは、日本にとり、また一衣帯水の台湾にとって、経済、文化ともに国益に適い、共通する目標となり価値がある。日本と台湾は運命共同体なのだ。このことは本会が発足した当初からの問題意識でもあった。昨今のアジア太平洋地域の状況は一層その感を強くさせる。

本年の本会叢書七が標題を「日台運命共同体――日台関係の戦後史」としたのは、こうした問題意識を改めて歴史から確認し、さらなる日台関係を実現する道標を築く一助としたいがためである。本書は五章立てで構成されている。巻頭の論考（第一章）は、「日台運命共同体―日台関係の戦後史」（浅野和生）であり、標題が示すように、本企画の中核である。戦後日台関係史のターニング・ポイントとなる諸問題や、歴代政権下における日台両国間の諸課題を具体的に解説して、戦後における日台関係を総覧している。このうち、注目いただきたい箇所は、浅野氏自らが提案する日台関係基本法の趣旨と解説である。周知のように日台間は極めて重要な二国間関係だが、現実には正式な国交がない。そうであるが故に様々な側面で問題を生じさせている。浅野氏は、既存の法体系と齟齬をきたさないように日本における台湾の法的位置を明確に規定し、法の担保を得て、両国関係の現状を一段も二段も進化させたいと願っている。このことは本会がもっとも願うところでもある。

第二章以下の各章は、第一章で取り上げた問題の各論版といえる。第二章では「戦後初期の日台関係」（渡辺耕治）として終戦から日華平和条約締結までの日台関係が考察される。第三章では、一九六〇年代に起こった「周鴻慶事件による日華断交の危機と修復」が扱われ、中国の存在が大きくなりつつある中で発生した日台危機の顚末を詳述する。第四章は「李登輝訪日をめぐる日台関係」（荒井雄）であり、一九九〇年代以降の李登輝元総統の訪日問題の政治過程が詳述され興味深い。第五章は「大地震に際しての日台相互支援」（松本一輝）問題を扱い、ともに地震国日台の相互支援の活動と復旧活動を通じた日台の心の絆を紹介している。

本書の執筆者に共通するのは、日台関係がよき隣人関係でありたいと願う率直な気持ちである。これこそが日台関係研究会設立の強い思いでもある。台湾は、自由と民主主義の価値観を共有する隣国である。国交は断たれているものの、両国間の歴史、経済、文化の関係は大切な絆を構成している。台湾は、四面環海の日本の安全保障にとって、地政学上も極めて重要なパートナーなのである。他の隣国との関係を顧みれば、良き隣人関係を築ける台湾との関係は格別のものだ。

日台関係研究会は、今年で創立二十五年が経過した。本会は毎月の例会を欠かすことなく実施し、年次大会も開催してきた。叢書出版以前から、すでに本会関係者の執筆にかかる書物が刊行され、十六冊を数えている。もちろん、こうした活動は、多くの人びとのご支援なくしては継続できない。この機会に、改めて深く感謝を申し上げたい。

令和二年十二月

日台関係研究会理事・平成国際大学名誉教授　酒井正文

目次

日台運命共同体——日台関係の戦後史

第三章　周鴻慶事件による日華断交の危機と関係修復——一九六〇年代の日台関係の課題　山形勝義

第五章　大地震に際しての日台相互支援　松本一輝

カバーデザイン：古村奈々＋Zapping Studio
写真提供：「安倍晋三と李登輝」李登輝基金会
「三仙台」CHC3537/Shutterstock.com

第一章　日台運命共同体——日台関係の戦後史

平成国際大学教授　浅野和生

太平洋島嶼国としての日本と台湾の歴史

日本と台湾は、どちらも西太平洋の島嶼国である。千島列島から日本列島、南西諸島から台湾、さらにフィリピンへと連なる西太平洋周縁の島々には、地理上の連続性と、その島の上に生活してきた人々のつながりがある。

ところで、日本および台湾と中国大陸との関係について考えてみよう。地理的な関係については、日本は、東シナ海を挟んで中国と向かい合うとともに、朝鮮半島を介して中国大陸へとつながってい る。その朝鮮半島とは、山口県からの最短距離が約一八十キロ、福岡県からは約百九十キロ、長崎から約百七十キロである。

一方、台湾と中国の間に横たわる台湾海峡の幅は、最短で約百三十キロ、最長で二百六十キロ、平均しておよそ二百キロだ。つまり、日本列島と朝鮮半島の距離と、台湾から中国大陸の距離は似たようなものである。ユーラシア大陸から一定の距離を保って、西太平洋に浮かんでいるのが、日本列島であり、台湾なのである。

さて、ユーラシア大陸から日本列島と台湾までの距離は、古代から今日までの歴史において、どのような意味をもってきたのであろうか。

古代の日本人は、朝鮮半島についても中国についても、その存在を知っていた。また、よく知られているように、紀元三世紀から四世紀の中国の歴史書には、日本列島と思われる記述がいくつも見える。三世紀末､紀元二八〇年から二九七年に記されたとされる『三国志』のいわゆる『魏志倭人伝』（正式には「魏書」第三十巻烏丸鮮卑東夷伝倭人条）の記述や、五世紀前半に記された『後漢書』の東夷伝には、邪馬台国と思われる説明、そして卑弥呼らしき記録などが見られるのはその一例だ。

要するに、幅二百キロに満たない海は、古代においても、交流を妨げるものではなく、何らかの行き来があったり、消息が伝えられたりしていたのである。

しかしながら、中世にいたるまで、大陸の勢力が日本を支配しようとして、組織的に武装兵力を派遣した記録はない。また、古代日本の政権が、朝鮮半島の一部を支配したか、もしくは日本と朝鮮半島の南部の両地域にまたがる単一の支配者がいたという記録はあるが、中国の政権によって日本が統治されたことはない。日本には日本独自の政治が継続して、古代から中世、中世から近世へと歴史の糸が紡がれてきた。つまり、大和朝廷は、中国から切り離された、独自の国としての一貫した歴史をもってきたのである。

言い換えると、古代において、玄界灘や東シナ海を超えて大軍が押し寄せるようなことは不可能で、そこに横たわる海は天然の防御壁となって、日本は中国や朝鮮の勢力に支配されることはなく、独立した文化・社会をつくり、独自の歴史を織りなすことが可能だったのである。

しかしながら、中国がモンゴル族の帝国、元の時代になると、少なくとも二度にわたって大規模な軍事力が海を渡って日本の北九州に襲来した。いわゆる「元寇」、十三世紀のことである。しかし、よく知られているように、「元寇」に際して「神風」が吹いたため、元からの攻撃軍は上陸を成功させることはなく、撤退する結果になった。

いずれにしても、近世にいたるまで、日本列島が外国勢力の支配下に置かれることはなかった。

これと同じように、台湾海峡の幅も、古代の人々が台湾の存在を知り、史書に書かれる程度の距離であるとともに、古代中国の勢力が台湾を支配することができない広さであった。

例えば、沈瑩《しんえい》が著した紀元三世紀の史書『臨海水土志』には、「夷州」として台湾が登場する。その後、唐の太宗の命で編纂された七世紀前半の歴史書、『隋書』には「東夷伝」において、台湾は「琉求国」の名称で記されている。しかし、古代から中世に存在した、夏、殷、周から秦、漢、唐、宋、さらにはチンギスハンの元にいたるまで、台湾を支配することはなかった。なお、古来の大陸中国と台湾との接触や、台湾の呼称について、詳しくは楊合義著『決定版　台湾の変遷史』(展転社　二〇一八年)をご覧いただきたい。

また、その頃に台湾に住んでいた人々は、いわゆる先住民、台湾の現代の用語では「原住民」であって、大陸から来た漢民族ではなかった。その原住民は、いくつもの部族に分かれており、言語も異なれば文化や習俗にも違いがあり、しばしば武力衝突を起こすなど、相互に敵対していた。当然、統一的な国家も行政府もなかった。むしろ、異なる部族同士が出合えば、殺し合いに至ることも珍しくなかったのである。

また、一部の民族は、他民族との戦闘で勝利すると、相手の首級を戦利品として持ち帰る、いわゆる首狩りの風習もあった。

さらに、台湾ではペスト、マラリア、コレラ、チフス、赤痢、疫痢など数々の伝染病がしばしば蔓延したので、「瘴癘の地」と呼ばれて、外部世界から恐れられていた。

これらの事情も、当時の中国大陸の人々が、積極的に台湾を支配しようとしない理由になっていた。いずれにしても、日本も台湾も、中国大陸の国家の一部として支配されることはないまま、近世を迎えた。そして日本が、文字・言語あるいは文化において中国と異なっているのと同様に、台湾も、言語から文化・習俗に至るまで、中国とは異なる地であり続けた。だから、日本も台湾も、中国の固有の領土とはいえない。つまり、日本がそうでないのと同様に、台湾も、中国によって統合される必然性はないのである。

今日、中国共産党が一党独裁を行っている中華人民共和国の北京政権は、台湾が古来、中国の一部であったという虚偽の主張を繰り返している。習近平国家主席ばかりではなく、毛沢東から鄧小平、江沢民、胡錦涛も含めて、歴代の中華人民共和国の指導者は、台湾は中国から切り離すことのできない一地方だと言っている。また、大陸の中国人と台湾の人々は血を分けた関係であり、血は水よりも濃いため、中国と台湾との統一は、中華民族の悲願であると言っている。

しかし、事実を述べれば、近世に中国東北地方の満州族が勃興して、明を征服して清朝が成立してから、一六八三年以後に、台湾は清国の支配下に置かれるようになった。これが、中国大陸の政権による台湾支配の始まりである。しかし清朝も、台湾の統治を積極的に進めたわけではなく、漢族の人びとの移住を奨励したわけでもなかった。

実は、それより前、明の時代から、倭寇対策を理由として「海禁政策」がとられていた。倭寇による密貿易や制海権の掌握を防ぎ、周辺国との明朝皇帝の恩恵による朝貢貿易を守るために、民間の海上貿易に対しては「寸板も下海を許さず（一寸の長さの板も海にでることを許さない）」という厳しい禁止政策をとっていた。

このため、原住民の島であった台湾に、近代的な行政組織を最初に持ち込んだのは、明朝の中国ではなく、大航海時代のオランダであった。一六二四年のことである。そのオランダが、台湾の農地開拓などのために、対岸の福建省から労働者として漢族男性を台湾に連れて行った。しかし、その数はあまり多くはなく、家族での移住や女性の移住は認めなかった。

オランダの統治下で、一六三七年から一六五二年の十五年間に、対岸の福建省から台湾に連れてこられた漢族は二万人ほどだといわれている。オランダ人による漢族労働者の扱いは過酷であり、生産用具は与えられたが、土地所有権が漢族に認められることはなかった。また、随時移動させることで、定住地を作らせず、また漢族同士の結びつきの強化を防いで、オランダの統治に反抗する集団ができないようにした。さらに、漢族女性がいないため、原住民女性と結婚しようとする漢族男性があれば、カルヴァン派キリスト教への改宗を強制した。こうして、宗教的指導性によっても、土着化する漢族がオランダの反抗勢力となることを防いでいた。

中国大陸で清朝が勃興し、明朝が滅びゆく中、一六六一年に明朝の将軍・鄭成功が、水軍を中心とする軍事力を伴って台湾に上陸した。このとき、鄭成功軍はオランダ人に勝利し、台湾の支配者として根を下ろした。この結果、大陸中国は清国の支配下に置かれたが、台湾だけは明の遺臣の支配下に残ったのであった。このとき、鄭成功とともに台湾にやってきた軍人は二万五千人ほどだと言われている。

しかし、鄭成功は台湾移転の翌年に病死してしまった。その後、台湾では鄭成功の子孫を指導者とする政権が、二十年あまり続いた。結局、一六八四年、台湾は清朝の軍勢によって制圧され、これ以後、台湾は中国大陸とともに清朝の支配下に組み込まれた。

一方、これ以後も清朝は「海禁政策」を継続した。鄭成功のように、台湾を拠点として反政府行動、国家転覆を目指す軍事勢力が台湾に増殖しないように、台湾を孤立化させておくためである。「渡台禁止令」である。

実際、一七二一年に台湾全島の漢人人口が二十六万人ほどだったが、そのうち女性はわずかに千人だったという。また、諸羅の町から五十里の大埔庄という部落では、漢人二百五十七人のうち女性は一人だけだった。

ところで、清朝統治下に組み入れられた一六八四年当時、台湾における漢人人口は十二万人と推定されている。それが一七六四年には、台湾の漢人人口は六十六万六千二百十人に増加していた。渡台禁止令が解除されたのは一七六〇年だから、それからわずか四年で五十万人もの漢人が台湾に渡ったとは考えられない。そうだとすれば、八十年間かけて台湾の漢人人口が五倍増になったということだ。それなら、台湾原住民女性と漢人男性との通婚が相当程度進んでいたことになる。

もっとも、男性側が漢人なら女性側が原住民でも、その子たちは「林」とか「李」「陳」「張」「趙」などという漢族らしい姓を名乗ることになる。その子孫が、また台湾の原住民女性と結婚したり、ハーフ同士で結婚するかもしれない。これによって、戸籍上の漢人人口は急増する。漢人のほうが、原住民より優遇されたために、漢人の戸籍をとる原住民がいたともいう。これらは、純粋な漢人人口の増大ではない。だから、林媽利氏の研究によると、今日の台湾人の八五％以上には幾ばくかの原住民の血が流れているという（蘋果即時新聞ネットニュース、二〇二〇年十月六日。https://tw.appledaily.com/forum/20201006/BFHU2S7CPBAKZNMLLNUQWGRVX4/）。

近年では、民主化が浸透して、原住民に対する差別意識が希薄化し、むしろ台湾の本来の主人として原住民の血が流れていることにプライドを持って、著名な政治家などが、自らの系譜に原住民の血が含まれていることを公表するようになった。例えば、蔡英文総統の父方の祖母は原住民であるとか、行政院長を務め、駐日代表になった謝長廷氏も、自ら原住民の血が入っていると述べている。今では、何代かさかのぼれば、先祖に原住民がいると公言する方は少なくない。

つまり、台湾の人々の多くは、大陸中国の漢人とは血が同じではないということである。

一方、中国へは、絶えず北方の異民族、匈奴とか鮮卑とか契丹とかが、南への侵略を試み、征服王朝をつくってきた。元や清はもちろんのこと、隋、唐、宋なども、北方異民族王朝といってもよい。したがって、南方の海洋から入った原住民と、その血が入った台湾の人びとと、中国の漢人とでは、かなり違っていても不思議ではない。

ところで、日本人の血には、朝鮮半島の人びとや漢民族の血が入っているかもしれないが、日本人と中国人が血を分けた同族だという意識はあまり強くは存在しない。古来、日本人と漢人を「同文同種」ということがあったが、同じ漢字を使用するものの、日本には片仮名とひらがながあり、中国にはこれがない。また、中国人意識をもつ日本人は、ほぼ皆無だろう。

日本、台湾、中国の相互の信頼感と不信感

さて、習近平主席は二〇一九年一月二日の、「台湾同胞に告げる書四十周年」記念の重要演説で、台湾に対して、香港と同様の「一国二制度」による統一を呼びかけた。台湾の中国との統一は、台湾海峡両岸人民の七十年来の願望であるといい、中国大陸と台湾がともに一つの中国に属しているというのは、歴史的にも法理上も事実だと述べている。また、中華人民共和国は、「二つの中国」「一つの中国と一つの台湾」「台湾独立」などの主張を一貫して打ち砕いて、分裂の意図に対して勝利を収めてきたと主張している。

そのうえで、「中国人は中国人を攻撃しない」として、平和統一が大前提であるとしつつ、「我々は武力使用の放棄は認めない」「あらゆる必要な措置をとる」とも述べた。これでは矛盾してしまうので、習近平は、武力行使は「外部勢力の干渉とごく少数の台湾独立の分裂分子や分裂活動をする人々」に対するもので、「絶対に台湾同胞に向けてのものではない」と付け足した。しかし、今日の台湾では、

現実には、台湾独立を望む人のほうが多数派で、中国との統一を望む人は圧倒的な少数派である。

二〇二〇年六月の国立政治大学選挙研究センターの世論調査によると、「直ちに統一すべき」と答えた人は〇・七％、「どちらかといえば統一すべき」という人が五・一％で、合わせても五・八％に過ぎなかった。これに対して、「直ちに独立すべき」が七・四％、「どちらかといえば独立すべき」が二十七・七％、「永遠に現状維持」が二十三・六％、さらに「現状維持の後に改めて考える」という人が二十八・七％で、およそ八割の市民は、現状において中国との統一を望んでいないのである。つまり、習近平主席の認識は全く事実に反する。

そして、今日の台湾の人々は、中国とではなく、日本との親近感を表明している。これと同様に、日本人の意識において、中国人との心の距離は遠く、台湾人との距離は近い。

二〇一九年二月十四日から二十七日に台湾の人びとに対して実施されたニールセンによる調査では、最も好きな国が日本という回答が五十九％に達して、二〇〇九年から連続して第一位の結果だった。第二位は中国の八％、第三位のアメリカが四％であり、日本が好きな人の比率は二位以下を大きく引き離していた。

注目すべきなのは年齢別の結果である。上のアンケート結果を年齢別にみると、日本が最も好きだという台湾の人は、三十歳から三十九歳で七十％、二十歳から二十九歳が六十六％と高かった。台湾では、若い人たちが日本を好きだと言ってくれているのである。さらに、今後の台湾が最も親しくすべき国はどこかという設問では、二〇一五年度に続いて二〇一九年も日本が第一位だった。二〇〇九年と二〇一二年の調査では、第一位が中国だったのが、逆転して、それが定着している。つまり、台湾人の多くが、感情において日本に好感を抱いているだけでなく、台湾の将来のための理性的評価においても日本を重視する姿勢が明らかである。

一方、日本人の対中国意識はどうだろうか。二〇一九年十一月下旬にギャラップと読売新聞が行った日米共同世論調査によれば、現在の日本と中国の関係が良いと思っている日本人は二一％（非常に良い一％と良い二〇％）だけであるのに対して、悪いと思っている人が六十％（非常に悪い十一％と悪い四十九％）だった。さらに、「あなたは、中国を、信頼していますか」という問いに対しては、信頼している人は七％（大いに信頼している一％、多少は信頼している六％）であって、信頼していない人が八十八％（全く信頼していない四十二％、あまり信頼していない四十六％）だった（読売新聞、二〇一九年十二月十八日）。つまり、今日、日本人の大半は中国を信頼していないのである。

一方、日本人の台湾に対する意識はどうだろうか。台湾の日本における代表機関である台北駐日経済文化代表処が、一般社団法人中央調査社に委託して二〇一九年十一月十五日から二十四日に実施させた調査では、五十五％の日本人が、アジア地域の中で最も親しみを感じるのは台湾だと答えている。また、「台湾に親しみを感じるか」という質問には、七十八・一％が「親しみを感じる」と答えていて、その理由として「台湾人が親切、友好的」だという人が七十七・六％で最も多く、次に多かったのは「歴史的に交流が長い」の四十六％、さらに「東日本大震災時に支援を行ったから」が三十六・二％で三番目だった。

また、台湾は信頼できるかどうかという質問には、信頼できると答えた人が六十三・一％に達したが、その理由は「日本に友好的だから」が六十六・六％で第一位、第二位は「自由・民主主義などの価値観を有している」の五十三・七％であった。さらに、現在の台湾と日本の関係が良好であると考える日本人は七十四・九％で、日台関係の将来が発展するとみている人が五十七・八％という結果であった（台湾週報　二〇一九年十二月二十六日、https://www.roc-taiwan.org/jp_ja/post/69207.html）。

つまり、日本人にとって、中国と台湾は対照的な存在なのである。日本人は、台湾に親近感を感じ、信頼しているのに対して、中国に対して不信感を持ち、親近感を感じないのである。両者を同列に置いて、どちらも同じ中国だとは考えていないのである。

ところで、人口がおよそ二千三百万人の台湾において、二〇一九年に日本を訪れた台湾人は約四百九十万人で、五人に一人以上が日本に来た計算になる。一方、台湾を訪れた日本人はこの年百九十九万人ほどで、過去最高を記録したが、台湾からの訪日者数と比べるといささか見劣りがする。なお、二〇一九年に台湾から大陸中国を訪問した人の数は四百四万人で、訪日台湾人数の四百九十万人を八十万人以上上回った。二〇〇九年から二〇一四年まで、大陸中国を訪れる台湾人の数は、日本を訪れる数をはるかに上回っていたのだが、二〇一五年にこの数値が逆転すると、それ以後一貫して日本を訪れる台湾人の数が中国を訪れる数を上回っている。

以上のように、今や、日本と台湾は相互に親しみを感じており、交流も濃やかで、世界的に見ても特別良好な二国間関係となっている。

運命共同体としての日本と台湾

以上をまとめると次のようにいえる。まず、世界地図を広げてみると、一見して中国大陸の外縁に浮かぶ島嶼国として、日本も台湾も中国に付随するかのように見えるが、実は、日本と中国、台湾と中国を隔てる海はかなり広い。このため、古代から中世において、日本も台湾も、中国大陸との交流は存在し、それなりの影響を受けていたにしても、大陸中国の勢力の直接支配を受けることはなかった。

近世以後には、大陸中国の政権の支配が台湾まで及んだが、日本に及んではいない。また、台湾においても、全土を面で覆うかたちで、台湾島上の人びとのすべてが大陸中国の政治的支配に服したことはなかった。日本については、中世に大陸中国からの武力侵略に遭ったものの、幸いにしてこれを退け、結果的に、一度も支配下に置かれることはなかった。

台湾の場合には、清朝時代に一定の支配が行われたほか、第二次世界大戦後の短い期間、大陸の政権に台湾が支配されたことがある。それにしても、長い台湾の歴史の中では、むしろ例外的な時代であったといえる。つまり、全体として、台湾は中国大陸の政権からの支配を受けないで、台湾として独自の歴史を刻んできた時間の方が長いのである。

その結果、日本も台湾も、大陸中国の影響を受けながら、これに抵抗しつつ、独自の文明、文化と歴史を紡ぐという共通の経験をしてきた。また、どちらの国も、広い太平洋を隔てて、北アメリカ大陸とも対峙しており、日本と台湾は、大陸中国とアメリカという大国間に挟まれた太平洋の島嶼国という、共通の地政学的環境にある。

さらに、日本と台湾は、西太平洋の同じ地震帯上に位置しており、同じように周期的に大規模な地震に見舞われてきた。第五章に述べるように、日本と台湾には、数々の震災に見舞われながら、復旧・復興を果たしてきた歴史があり、さらには地震を通しての相互の絆と助け合いの歴史がある。特に、一九九九年九月二十一日の、台湾中部の集集を震源地とする大地震の際には、日本から救助隊も派遣されたほか、政府が仮設住宅の寄贈などの支援を行い、多数の民間ボランティアが台湾を訪れた。これに対して、二〇一一年の東日本大震災に際しては、台湾からは、世界最大級の二百億円を超える巨額の支援があった。その多くが、台湾の国民一人一人からの少額の寄付の積み重ねであったことから、日本人は台湾の人びとの日本に対する温かいまなざしを知って感謝した。今日では、震災に限らず、台風災害その他の大規模災害のたびに、相互の支援が行われている。

台湾の国立歴史博物館の二〇一七年の「地震帯上の共同体―歴史の中の日台震災―」という特別展では、こうした歴史を、日本側の一八〇四年七月十日の出羽象潟大地震、台湾側の一八一五年十月十三日の宜蘭地震に遡って検証した。

日清戦争の戦勝によって日本が清国から台湾を割譲された一八九五年四月の前後にも、双方で地震が繰り返し発生していた。日清戦争中の一八九四年十月二十二日には庄内地震が、一八九六年六月十五日には明治三陸地震があって、日本で大きな被害が出た。一方、台湾では、日本統治が始まって十年ほどの時期に、立て続けに大きな地震に見舞われていた。日本の台湾総督府は、その対処に苦労したであろう。日本統治の最初の二十年間で、マグニチュード五以上の大地震が八回起きていた。すると日本で、一九二三年九月一日、あの関東大震災が発生する。

このように、同一地震帯上にある日台には、地震被害が連続する共通の歴史があった。

これに加えて、毎年、南太平洋で発生する台風の進路を心配しながら暮らす点でも共通している。もっとも、春から夏までの台風は、主として台湾方面へと進み、夏の終わりから秋になると、日本列島方面を目指す台風が多くなるという違いはある。それにしても、大括りに見たとき、自然環境においても日台には共通性が多くみられるのである。

過去の歴史において、日本と台湾は、中国からの圧力を感じ、その覇権的支配に対抗しながら歴史を刻んできたが、今日、日台両国は、史上最強レベルに達した中国の拡張主義の圧力に直面している。

二〇一七年十月、中国共産党第十九回全国代表大会の政治報告で、習近平総書記が明言したように、中国は二十一世紀の半ばまでに世界強国の座に上ろうとしている。その手法は、中国自身が「超限戦」と呼ぶように、軍事力に限らず、経済力、科学技術力で世界をリードし、陸海空に加えて宇宙空間で、さらには情報戦、サイバー戦で優位に立つことで、実弾を飛び交わすことなしに、世界の覇権の座を占めようとするものである。

これに対して、一九九〇年代半ばに民主化を完成させた台湾は、日本と、自由、民主、法の支配という価値観を共有しており、今では、アメリカとともに、相互に協力して「自由で開かれたインド太平洋」を実現するパートナーとなっている。「自由で開かれたインド太平洋」が維持され、繁栄するなら、中国の野望は実現されないだろう。

そして中国の覇権主義と、米中対立の狭間にあって、波風が高まれば高まるほど、日本と台湾とは相互に信頼しあい、助け合える関係になってきたように見える。つまり、厳しい地球環境、自然環境と国際環境によって、今日の日本と台湾の「運命共同体」としての結びつきはかえって強くなっているのではないか。

本書では、「日台運命共同体」という視座から、日台関係の戦後史を描き出すことを主題とするが、本章では、その前史として、そこに至るまでの日台関係の歴史を略述することから始める。

日本と台湾の関わりの始まり

十七世紀初頭、顔思斉と鄭芝龍が率いる海賊集団が台湾の中部、南部に進出した。この顔思斉と鄭芝龍は、漢人だが長崎の平戸を拠点とする、長崎在住の明国人だった。やがてこの海賊は台湾に拠点を移し、中部の魍港（笨港ともいう）から山野の開拓を行い、中国大陸南部福建の漳州や泉州から労働者を連れてきて開墾させた。同時に、福建沿岸を中心に海賊行為も行っていた。

一六二五年に顔思斉が三十七歳の若さをもって病気で亡くなると、その跡を継いだのが鄭芝龍だった。鄭芝龍は、その前、一六二三年に平戸に居を構え、田川マツと結婚していた。こうして鄭芝龍とマツとの間に生まれたのが福松、後の鄭成功である。

鄭芝龍は、平戸のほかに、台湾の笨港や中国大陸福建の泉州にも立ち寄っていたが、一六二八年に福建巡撫の能文燦に招かれると、明国の福建海防遊撃、つまり福建省海上保安庁署長のような官職に就いて大陸中国に居を移した。これに伴って、マツと福松も福建省に移った。

その頃、一六二四年に、オランダが台南に上陸して拠点を築いていた。しかし一六二六年に、台湾北部にはスペインが拠点を築いており、全土の統一的支配には至っていない。

実は、十六世紀後半に豊臣秀吉が台湾の調査を命じたことがあった。そのときの報告書では、原住民の住む台湾を「高山国《たかさんこく》」と記述した。これが転じて、後に「高砂族《たかさご》」という原住民の呼称になったといわれる。

十七世紀初頭、日本の朱印船貿易は、台南の港を中継地として用い、フィリピンのルソン島やインドネシアまで足を延ばして、交易を行っていた。しかし、一六三四年に幕府が鎖国令を出したため、朱印船貿易は終わりを告げ、台南から日本人の姿が消えた。

いずれにしても、十七世紀前半における日本と台湾との出会いは、日本を拠点とする漢人海賊、日本人と原住民との交流、および日本人とオランダ人との交渉であって、明の政権との交渉ではなかった。そもそも、台湾には民国の支配が及んでいなかったのである。

宮古島島民の遭難事件

時は遷って明治維新後の日本と台湾との関係である。一八七一（明治四）年に、宮古島の島民が琉球に朝貢に訪れた帰路、台風に遭遇して船が流され、台湾南東部の海岸に漂着した。乗員は六十九人のうち、上陸する際に三人が溺死して、台湾に上陸したのは六十六人だった。その六十六人は、上陸後に山中に迷い込み、そこで原住民と遭遇した。不幸なことに、言葉が通じず、コミュニケーションがとれないまま五十四人が殺害された。

生き残った十二人は、漢人の楊友旺らに救出され、台湾西海岸に出て鳳山県から台南へと身柄が送られた。さらに福建省の福州を経由して、そこから琉球・宮古島へ返された。

ところで、江戸時代以来、琉球は薩摩藩に対して臣従の態度をとると同時に、清朝に対しても朝貢して、日本と清国に両属のような形になっていた。このため、清国では台湾とともに琉球、宮古島も自国の属邦であると考え、台湾の原住民による宮古島島民の殺害事件を、国内問題と考え、特に問題にしなかった。

ところが日本では、これを日本人が清国統治下の台湾の人びとによって殺害された国際問題、と認識した。それで翌年、一八七二（明治五）年九月に鹿児島県参事の大山綱吉が取り上げると、外務卿の副島種臣、参議の西郷隆盛、同板垣退助が同調した。この問題を国際問題として適切に処理することで、所属が曖昧な宮古島を含む琉球を、日本の領土として国際的に認知させられる。そこで、副島らは、日本駐在の各国公使に対して、琉球の日本帰属を宣言した。

一八七二年十一月、副島種臣を清朝に正使として派遣すると、副島は、首尾よく清朝軍機大臣の文祥から、台湾の原住民には生蕃と熟蕃とがあり、中華文化に服している熟蕃とは違って、生蕃は「化外の民」であり、清朝は支配していないという言質を得た。これは口頭の発言だけだったが、これを根拠に、日本は軍隊を派遣して現地の「生蕃」を征伐することにした。

日本の原住民討伐軍の台湾派遣に対して、英米など列強は反対だったが、日本は構わず、一八七四年五月三日より順次、西郷従道を司令官にした兵員三千六百人を長崎から出港させた。

さて、戦闘が始まると、近代的な装備をもち、訓練された西郷麾下の日本軍に、原住民が対抗できるはずがなく、牡丹社などは焼き尽くされ、ごく短期で戦闘は終結した。日本側にはさしたる被害もなかった。すると、日本の派遣軍はすぐに台湾を去らず、現地の管理のための家屋や病院などを建て、農地の開拓を行った。なお、亡くなった五十四人については、墓苑を設けて埋葬した。今日、この墓地の入り口には「琉球藩民の墓」という看板が立てられ、鳥居が設置されている。

こうして一八八四年九月、日本は内務卿の大久保利通をリ・ゼンドルとともに清国に派遣して、善後策の交渉を行わせた。交渉は難航したが、イギリス公使のＪ・Ｆ・ウェード（Wade）の調停もあって、日清間で北京条約が締結された。

十月三十一日に締結された同条約の内容は次の通りである。

①日本の軍事行動は、自国民保護が目的なので、清国はこれを非難しない。②日本の受難者家族に

対して清国は銀二両ずつ給付する。また、日本が台湾において建設した家屋に対して清国は補償費を支払う。③今後、清国は生蕃を統治し、外国人の航行を保護し、再び同様の殺害事件が発生しないようにする。以上である。

この条約で、清国が宮古島島民は日本人だと認めたので、琉球の日本帰属が国際的に認知された。また、合計五十万両の賠償金を得て、一八七四年十二月、日本軍は台湾から撤収した。

下関講和と台湾の割譲

その後、清国は台湾の地政学的価値を認識し、各地に砲台を建設するとともに、道路建設や鉄道敷設など、積極的に近代化を進めた。この間に、台湾に派遣された清朝の官僚は、沈保禎と丁日昌、そして初代台湾省巡撫となった劉銘伝である。

劉銘伝は、台湾に台北府、台湾府、台南府の三府十一県、一直隷州を置いて統治体制を整えた。一八九一年に劉銘伝が台湾を離れるまでには、基隆から台北までの鉄道が敷かれ、蒸気機関車の騰雲号が走るまでになっていた。

その後、台湾巡撫として沈応奎、邵友濂がごく短期間だけ務めたが、一八九一年九月十五日、新たに唐景崧《とうけいすう》が着任した。

さて、一八九四（明治二十七）年一月、朝鮮半島で東学党の乱が起き、五月に反乱軍が全州一帯を支配すると、五月三十日、朝鮮は叛乱鎮圧のため清国に援軍を要請した。こうなると六月六日、天津条約に基づいて日本も出兵した。乱は容易に鎮圧されたが、その後、清国軍が撤退しないため、朝鮮半島を舞台に日清両軍が対峙することとなり、七月二十五日の豊島沖海戦で戦端が開かれ、八月一日に日本が宣戦布告して、日清戦争の開始となった。中国では「甲午戦争」と称している。

戦闘は朝鮮半島のみならず、遼東半島、東シナ海など陸海で展開されたが、一八九五年三月中旬までに、日本の勝利のうちに停戦となった。こうして三月十九日から、山口県下関の春帆楼において、日本全権の伊藤博文と清国全権の李鴻章との間で、講和条約の交渉が行われた。日本の暴漢が李鴻章を襲うなどの珍事があったが、四月十七日には下関条約の締結に至った。

同条約では、清国は台湾および澎湖島に加えて遼東半島を、日本に永久に割譲することとしていた。さらに賠償金として二億テール、日本円でおよそ三億千百万円を支払うこととされていた。当時、日本は年間の歳入が一億二千万円ほどだったので、賠償金はその二・五倍に達する巨額なものであった。しかし、この条約が結ばれると、遼東半島を日本が領有すること、日本の中国大陸進出を快く思わないロシアの反対するところとなり、四月二十三日、ドイツ、フランスを加えた三か国による遼東半島還付請求となった。いわゆる三国干渉である。明治維新後、初の本格的対外戦争を終えたばかりの日本としては、列強三か国を相手に一戦を交えることは不可能であり、この要求を受け入れて、一旦は割譲が決まった遼東半島を清国に還付することにした。

これによって、日本と清国との間で遼東半島還付をめぐる交渉が行われることになり、十一月八日に北京で遼東半島還付条約が締結された。こうして、日清戦争の勝利によって日本が得た新たな領土は台湾と澎湖諸島だけとなったが、遼東半島の還付の結果として、清国は追加の三千万テールを日本に支払うこととなった。

さて、日本への割譲が決まった台湾では、この決定を素直に受け入れはしなかった。特に、遼東半島が三国干渉によって清国に還付されたくらいだから、ことと次第によっては台湾も清国にとどまれる可能性があるかもしれない。そういう期待感が台湾にあった。しかし、そうはならなかった。清国高官の中には、日本の台湾領有に対して、台湾は難治だから日本は苦労するだけで得るものはない、といった声が聞かれたが、列強が動くことはなかった。

仕方なく、台湾の人びとは自分たちで対処することにして、四月二十五日、台湾巡撫の唐景崧を大統領に祭り上げて、アジア初の共和国である「台湾民主国」を立ち上げた。つまり、清朝は台湾の日本への割譲を決めたが、当の台湾は日本の一部となることを受け入れず、清国から独立することを決めたのである。

この時、台湾民主国では、青地に黄色の虎をあしらった国旗と、「台湾之寶印」と刻まれた玉璽、そして「永清」という元号を定めた。「永清」とは、「永遠に清」ということだから、独立したと言いながら、台湾を見捨てた清国に対する帰属意識が示されていたともいえる。

しかし日本では、四月十七日に署名された下関講和条約を五月八日には批准書を交換して、いよいよ接収のための軍を派遣することとなった。台湾接収の責任者は、初代総督の樺山資紀、そして派遣軍の司令官は近衛師団長の北白川宮能久親王であった。

軍事力による台湾の平定

日本は台湾接収の軍隊を五月二十八日に台湾北西部の澳底の砂浜に上陸させて露営し、樺山全権は三貂角沖合の日本の横浜丸の船上において、清国全権の李敬方を迎えて、台湾割譲の協定書の送達を受けた。これによって、法的には台湾は日本の統治下に入った。しかし実際には、台湾民主国を名乗る勢力を、日本は軍事力で制圧しなければならなかった。

ところで、迎え撃つ台湾側勢力の中心は、福建省で急遽募兵された、寄せ集めの軍隊である。日清戦争を戦い抜き、勝利を収めた日本軍を相手にまともな戦闘ができる状況にはなかった。このため、上陸した日本軍は、双渓、瑞芳を経て獅球嶺から基隆へと、破竹の勢いで進撃し、六月三日までに基隆を陥落させた。

こうなると、台湾側の敗残兵が台北市へ流入し、略奪、暴行を働くことが懸念された。しかも、台湾民主国の大総統の唐景崧は、早くも職を放棄してドイツ船で大陸へと逃亡した。そこで、台北では有力者が協議した結果、敗残兵の流入に加えて、日本軍の入城の際に戦闘となって市街地が破壊される事態を恐れ、使者を立てて平和裏に日本軍を迎え入れ、日本軍によって秩序を保ってもらおうということに決した。その使者となって、台北郊外の汐止まで日本軍の迎えに出たのが辜顕栄であった。

その案内で日本軍は抵抗に会うことなく台北に到着し、さらに台北市民の手引きで城門が開かれたので、無血入城した。

こうして日本の台湾総督府は、六月十七日に、台北で始政式を執り行って、日本による台湾統治が実質的に開始された。

台湾側は、唐景崧が逃亡した後、台南を拠点とする劉永福が台湾民主国の旗を引き継いで戦闘を継続した。この国については、イギリス領事の本国宛報告書では「南台湾共和国（South Formosan Republic）と記述して、唐景崧の国と区別している。これに各地の郷紳の武力も加わって日本軍に抵抗し、台湾人の家を守り土地を守るために怯むことなく戦った。しかしながら、十月二十八日までには、日本軍が台湾全土をほぼ平定し終えた。

日本は、下関条約の規定により、条約発効から二年間、つまり一八九七年五月八日までは、台湾住民に日本人になるか清国人として台湾から離脱するかの選択権を与えた。さらに十一月には、総督府が布告して、台湾から離脱を希望する者は、永住者であろうと一時滞在者であろうと官庁に申し出るものとしたが、台湾を去る際に携帯する財産については関税等を免除することとした。

結局、台湾からの離脱を申請した者は四千四百五十六人、当時の台湾人口の〇・二％未満だった。

大日本帝国憲法と台湾統治の関係

その後の日本による台湾統治については、ここでは詳述しないが、日台の法的関係について若干述べておきたい。

当初は軍事的に台湾の平定を図ったので、台湾では軍政が敷かれたため、法治体制は問題にならなかった。しかし、全土を平定して、平時の支配がはじまると、大日本帝国憲法体制下の法的位置づけが問題となる。すなわち、台湾には憲法が適用されるのかどうかが一八九六（明治二十九）年の帝国議会で論議の対象となった。

憲法がそのまま適用されるとすれば、台湾の住民に対して、徴兵や納税など、内地の日本人と同じ義務が課されるべきである。しかし、日本統治が始まったばかりの台湾では、住民は日本語ができず、日本の法制は周知されておらず、警察や地方制度、学校、医療制度も整っていなかった。また、台湾では、住民が近代国家の制度に習熟しない一方、纏足やアヘン吸引など日本内地にはない、または違法とされる習慣が蔓延していた。さらに、原住民は、それぞれの言語や文化があって、九州より小さい台湾の中に、全く異質な複数の生活文化が併存していた。つまり、現実的には、憲法に基づいて内地の国民と等しい権利、義務を台湾の人びとに求めることは不可能であった。

しかし、大日本帝国憲法の第一条は、「大日本帝国ハ万世一系ノ天皇之ヲ統治ス」とあり、第四条は「天皇ハ国ノ元首ニシテ統治権ヲ総攬シ此ノ憲法ノ条規ニ依リ之ヲ行フ」と定めている。このため、種々の議論はあったものの、天皇を神聖視する君主制の当時において、天皇の統治権が及ばない地が大日本帝国にあるべきではないという認識が帝国議会を支配し、台湾も大日本帝国憲法の下にあることが確認された。

その上で、新たに日本の統治下に入った地として、当分の間は過渡期であるとし、日本の内地とは異なり、立法、司法、行政のすべてにおいて台湾総督の権限を認めて、明治二十九年法律第六十三号、いわゆる「六三法」が制定された。この法律は暫定的なもので、有効期間三年間の時限立法であったが、三年を経ても台湾の実情はまだ内地と同様の統治ができる状況にはならなかったため、明治三十八年三月三十一日まで、つまり十年間にわたって継続した。さらに十年を経ても、内地と同様の法治体制は無理であったため、ほぼ同様の内容で明治三十九年法律第三十一号、いわゆる「三一法」を制定して、台湾においては台湾総督が発する律令《りつれい》に基づいて統治する制度が継続した。このような台湾の例外措置は、大正十年法律第三号、いわゆる「法三号」が一九二一（大正十）年に制定されると、ある程度解消された。「法三号」は、「内地延長主義」を掲げて、一部の例外措置を除いて、日本内地と台湾の統治制度を等しくした。

日本統治下の台湾における民主化の試み

台湾では、昭和十年からは市議会と街庄協議会の議員について、台湾住民による選挙が開始された。選挙で決められるのはそれぞれの議員定数の半数だけで、残りの半数は任命制という制限付きながら、また投票には納税資格要件の制限が付けられていたが、地方議会議員の台湾住民による民選が行われた。この選挙は一度で終わらず、四年後の昭和十四年にも選挙が実施され、市議会議員選挙では、いわゆる内地人、つまり元々の日本人の当選者が多数を占めたが、市町村議会に相当する街庄協議会議員については、台湾人の当選者が八十％を占めた。二回にわたる地方議会の経験で、台湾の人びとは、広く民主的な選挙運動を行い、投票するという貴重な経験をした。三回目は戦争のため、実施されなかった。

つまり、台湾の人びとは、戦後の中華民国体制を迎える前に、日本統治時代に民主主義の洗礼を受けていたのである。

さらに、昭和十八年には台湾は朝鮮半島とともに、衆議院にも議員を送り出すことが決まった。実際には、戦前の衆議院選挙は、昭和十七年二月の総選挙が最後で、ポツダム宣言の受諾によって、日本が台湾の統治権を放棄するまでに、次の衆議院選挙が実施されることはなかった。しかし、昭和二十年三月には、台湾に三議席、朝鮮には四議席という選挙区の割り当てが決定していた。したがって、もし次の衆議院議員選挙が実施されていれば、台湾でも衆議院議員候補が立てられ、選挙運動が展開され、投票が行われるはずであった。

また、昭和十七年には、台湾で義勇兵、陸軍特別志願兵が募集されて、台湾人が帝国軍人になる道が開かれた。さらに、昭和十九年九月には、台湾でも徴兵制も実施されることになった。この結果、少なくとも三万三百四人が戦死し、このうち約二万六千人が靖国神社に祀られている。

また、当初は日本語教育のみで開始された、台湾における学校教育も、日本統治の五十年の間に、しだいに普及するとともに内容も充実され、制度が整っていった。当初は、台湾人は公学校、原住民は蕃人公学校、日本内地人の子供は小学校と、通う学校にも区分があり、教育内容にも差異があったが、昭和十六年以後は、いずれも国民学校に改組され、就学率も七十％を超えた。一九四三（昭和十八）年の統計では、国民学校千九十九校、児童数は九十三万二千五百二十五人に達している。

つまり、台湾は、昭和二十年四月には法制度上は、植民地ではなく大日本帝国の正真正銘の領土となり、憲法の規定が内地とほぼ同様に執行される状況となっていたのである。

台湾の放棄と受降式

戦後の日台関係のスタートラインは、ポツダム宣言の受諾である。ポツダム宣言第八項は、カイロ宣言の条項が履行されるべきであるとし、日本国の主権は本州、北海道、九州及び四国と、連合国が決定する諸小島に限られることを規定した。

ところで、一九四三年にアメリカのルーズベルト大統領、イギリスのチャーチル首相と中華民国の蔣介石総統が会談して合意したカイロ宣言は「右同盟国ノ目的ハ日本国ヨリ千九百十四年ノ第一次世界戦争ノ開始以後ニ於テ日本国カ奪取シ又ハ占領シタル太平洋ニ於ケル一切ノ島嶼ヲ剥奪スルコト並ニ満洲、台湾及澎湖島ノ如キ日本国カ清国人ヨリ盗取シタル一切ノ地域ヲ中華民国ニ返還スルコトニ在リ」とし、台湾および澎湖島は、「中華民国に返還」されるべきであるとされていた。

これらを合わせてみれば、連合国に降伏してポツダム宣言を承諾することにした日本は、台湾や澎湖島の主権を放棄することになり、それはカイロ宣言に従えば、「中華民国に返還」されるということになる。

日本は、一九三七（昭和十二）年から日中戦争を戦っていたが、ポツダム宣言の受諾で連合国への敗戦を認めた日本は、日中戦争にも敗北したことになった。これについて、八月十五日現地時間午前十時、日本時間午前十一時に、蔣介石総統が重慶・中央播電台（中央放送局）からラジオで、「抗戦勝利にあたり全国軍民、および全世界の人々に告げる演説」を放送した。

この中で、蔣介石は、八年間にわたって中国人が受けた苦痛と犠牲を回顧し、これが世界で最後の戦争になることを希望するとともに、日本人に対して一切の報復をしないように求めた。すなわち、クリスチャンでもあった蔣介石は、イエス・キリストの「山上の垂訓」に言及して、「人々からしてほしいと望むことは、人々にもそのとおりにせよ」と、「敵を愛せよ」を引用し、その上で、「旧悪を念わず」と「人に善を為す」が、中国の民族的伝統の高く貴い徳性であると述べ、蔣介石は、「一貫して、日本人民を敵とせず、ただ日本の横暴非道な武力をもちいる軍閥のみを敵と考える」との立場を確認した。その上で、「我々は報復してはならず、まして敵国の無辜の人民に汚辱を加えてはなりません」とし、「我々は慈愛をもって接するのみであります。もし暴行をもって、かつて敵が行った暴行に答え、奴隷的屈辱をもってこれまでの彼らの優遇感に答えるなら、仇討ちは仇討ちを呼び、永遠に終ることはありません」と述べて、日本人への報復を禁じた。これは、後に「以徳報怨」の演説として知られることになった。

これ以後、一九五二（昭和二十七）年四月二十八日の日華平和条約の締結に至る経過の詳細と、法的な意義については第二章に譲る。

昭和二十年八月十五日、台湾人は大日本帝国の一部として、昭和天皇の玉音放送を聞き、日本の敗戦を知った。この結果、台湾は連合国の占領下に置かれることになり、蔣介石の中華民国、国民政府の支配下に入ることが事実上決まった。

これに対して、自らを漢人と考えていた多くの台湾人は、祖国の懐《ふところ》に帰るものと思い、歓迎の気持であった。しかし、一部の台湾人は、下関条約で清国は台湾を放棄した歴史があること、その後の五十年の日本統治を経て、台湾としての民族主義に目覚めていた。このため、台湾には台湾独自の歴史と文化があると考え、中華民国の支配下に入ることを喜ばず、一八九五年の台湾民主国が果たすことができなかった、台湾としての独立国の建国を目指す人々があった。辜振甫などがこれに関わったが、その動きは本格化する前に台湾総督府によって抑止された。

その後、九月二日に東京湾内のアメリカ海軍軍艦、戦艦ミズーリ艦上で、日本政府代表の重光葵外相と、帝国陸海軍代表の梅津美治郎参謀総長が、連合国代表は連合国最高司令官マッカーサーをはじめとして、アメリカ、中国、イギリス、ソ連、オーストラリア、カナダ、フランス、オランダ、ニュージーランド各国代表が、日本の降伏文書に署名した。これに基づいて発せられた連合国最高司令官総司令部の一般命令第一号において、「台湾及北緯十六度以北ノ仏領印度支那ニ在ル日本国ノ先任指揮官並ニ一切ノ陸上、海上、航空及補助部隊ハ蔣介石総帥ニ降伏スベシ」と命じられた。

つまり、台湾にある陸海軍と航空兵力は、蔣介石に降伏すべきものとされた。

こうして十月二十五日になって、台北公会堂、すなわち今日の中山記念堂で受降式が実施された。

なお、八月十五日から十月二十四日までは、従来通りに、基本的には日本が台湾の行政にあたっていたので、台北帝国大学などでは、残っていた教授と学生は、朝礼では宮城遥拝もしていたし、授業は日本語で行われていた。

受降式以後は、中華民国による統治に切り替えられたので、小学校においても日本語と台湾語の使用が禁じられることになり、標準中国語での教育が実施されることになった。

これ以後、当面の日台関係として重要であったのは、日本軍および日本人の引き揚げと、一部日本人の留用であった。一九四六（昭和二十一）年二月から引き揚げが始まり、同年九月までにはほぼ終了したが、その一方で、専門技術者や、台湾の施政権移転の経過措置のために必要な日本人は、台湾に留め置かれて、日本への引き揚げが認められなかった。

台湾から日本への最初の大規模な引き揚げは、一九四六年二月二十一日から四月二十九日までの二か月間で行われた（『台湾協会所蔵　台湾引揚・留用記録　第一巻』〈ゆまに書房　平成九年〉参照）。これに用いられたのは、主としてアメリカから貸与された艦船で、そのほか米軍の管理下にあった旧日本軍の輸送船や商船なども投入された。これによって、わずか二か月ほどで二十八万人が台湾から引き揚げた。詳細は、軍人・軍属の家族が八千二百八人、遺族・留守家族が五万九千九百四十一人、一般の日本人が二十一万五千九百五十六人で、合計二十八万四千百五人である。これが「第一次環送」の結果である。

その後に残された、「留用」者は七千百四十七人、その家族が二万四百三十八人だと記録されている。留用者は、主として医療、教育、研究、専売、電力、糖業、鉄道、港湾、その他の産業関係者である。一方、帰国したところで生活の見通しがつかないという理由で帰国を拒んだ潜伏者、戦後にわざわざ台湾に渡ってきた密航者、台湾人と結婚したが離縁して帰国を待っている日本人、監獄に入っている犯罪者、戦犯容疑者、施設に収容された孤児、療養所に残された高齢者、病人などの残留者もいた。

その後、同年十月から十二月に「第二次環送」が行われた。このときはアメリカが艦船の調達に応じなかったため、日本から台湾への引揚者を載せたり、その他、砂糖や肥料を積載したりと、他用途と並行しての使用となったが、延べ九隻が用いられ、一万八千五百八十五人が帰国した。このうち、留用が解除されて帰国された者が家族を含めて一万六千九百九十七人である。つまり、それ以外は千五百八十八人に過ぎない。これ以後に残された留用者は四千五百六十人であった。

この中には、台湾においておいしいジャポニカ米、蓬萊米の開発を成功させた農学者の磯永吉なども含まれている。なお、磯永吉は、その後も中華民国の農林庁顧問として蓬萊米の普及につとめ、一九五七年に帰国した。

政府レベルでの台湾から日本への引き揚げは、「第三次環送」が、一九四七年五月八日に到着した二千二百三人、そして最後となったのは八月十四日に同じく佐世保に到着した二百三十九人である。

中華民国軍を支援した根本博元中将と白団

さて、戦後における新たな日台関係の開始は一九五二年四月二十八日の日華平和条約の締結をめぐる交渉から始まった。しかし、個人および非公式のレベルでは、その間にも日台双方を結ぶエピソードとして、紹介しておきたいことがある。

その一つは、元帝国陸軍中将、根本博の台湾密航と、金門島守備戦への支援である。根本は、一八九一年の生まれで、蒙古連合自治政府（内モンゴル）に駐在の駐蒙軍司令官として終戦の日を迎えた。終戦を目前にした八月九日に、日ソ中立条約を無視して突如対日開戦に踏み切ったソ連軍は、十五日を過ぎても進撃を止めず、満州方面、内モンゴルの在留邦人はその攻撃の対象となった。内モンゴルでは、日本人住民は約四万人に及んだが、ポツダム宣言受諾、停戦命令の発せられた後の対ソ抗戦は、抗命罪に問われる可能性があった。しかし、根本は、目前の日本人の危機を黙視できず、邦人を万里の長城以南に避難させるまで、敢えて対ソ抗戦を継続した。八月十九日から続いた激戦は三日間に及んだが、これによってソ連軍の侵攻を遅らせ、約四万人の邦人避難を成功させた。なお、避難民その後、麾下の駐蒙軍は撤退を開始して、八月二十七日には無事に長城線に到達した。根本はその後、天津を経て日本へ引き揚げることができた。

翌年四十六年八月に中国での残務を終えた根本は復員して、東京郊外の自宅に隠棲した。

その後、中国においては国共内戦が激化し、蒋介石の国民政府軍が毛沢東の中国共産党軍に敗北を重ね、四十九年には広東省と四川省、海南島などへの撤退、集結を余儀なくされていった。さらに、五月には蔣介石はしばしば台湾へ渡って、中華民国政府、軍が台湾へ移転する準備を密かに進めた。そうした情勢下、六月のある日、根本の元に台湾の関係者から連絡が入り、蔣介石の国民政府軍の支援のために台湾への渡航が招請された。これを受け容れた根本は、六月二十六日に家族にも真相を告げないまま、通訳の吉村是二とともに台湾への密航を企てた。宮崎県延岡からの、漁船での冒険的渡航であった。

なんとか七月十日に基隆に到達したが、密航者として投獄されてしまう。しかし、根本の密航のことが、中華民国軍幹部に伝わると、旧交を得ていた人もあって待遇が一変し、台北に招かれた。その後、八月中旬に蔣介石とも会見し、根本は中華民国軍に顧問として協力することを求められる。こうして根本は、林保源の中国名を用いることになり、八月十八日、台湾の対岸、福建省の厦門にわたり、金門島守備戦を支援することとなった。

国民政府軍は、大陸での拠点維持のための最後の戦闘を展開しており、その一つとして、台湾海峡の対岸の厦門を死守しようと、共産党の人民解放軍の包囲の中、守備戦の準備を進めていた。しかし、厦門に到着した根本は、現地の状況を視察すると、現場の湯恩伯将軍に、厦門を放棄して金門島での守備戦を提案した。湯将軍はこれを受け入れて、金門島の要塞化を進めることになった。

その後も中国各地では人民解放軍の進撃が止まらず、蔣介石の中華民国側支配地域は縮小を続けていたが、いまだ各地に硝煙が漂う中、十月一日に北京の天安門広場で、中国共産党の毛沢東が、中華人民共和国の建国を宣言した。国共内戦は、未だ戦闘の半ばであったが、毛沢東が建国を宣言したことで、各国に共産党の勝利を信じさせ、戦局を一気に終息へ持ち込もうとしたものであった。

この間も金門島では、決戦の準備が進められていた。海岸線には七千四百五十五個の地雷が敷設され、兵員が隠れるためのトーチカ二百が掘られたという。すると根本らの想定の通り、厦門を占拠した人民解放軍は、台湾への上陸作戦を前に、第一波九千人と第二波一万人の投入で金門島の奪取を図ることとし、十月二十五日未明、午前二時頃、金門島北部海岸の各地に各種舟艇で上陸を開始した。

結局、二十七日までの三日間の戦闘で、上陸した人民解放軍は全滅した。上陸に用いた艦船はほとんどが木造であったために、国民政府軍の守備兵に焼かれて撤退もならず、増援部隊の派遣も予定通りにできないまま、武器弾薬を使い果たした人民解放軍は降伏した。

こうして、中国各地で敗戦に次ぐ敗戦を重ねた国民政府軍は、撤退戦の最中に、一局地戦の金門島守備戦において、一閃の勝利を記録した。

戦後の混乱の中、連合国の支配下にある日本政府は、根本の行動に何らの関係も持たなかった。そうしたなか、古寧頭での勝利と金門島の守備の成功は、結果的に、中華民国軍による台湾海峡の制海権、制空権の維持につながり、ひいては朝鮮戦争による米軍の台湾海峡への介入、中台分断の固定化の導火線となるものだった。それゆえ、これは一私人のエピソード以上の大きな意義を持ったといえよう。

また、これとは別に、日中戦争末期の支那派遣軍総司令官、岡村寧次大将を通して、蔣介石からの要請によって、台湾に派遣された旧帝国陸軍軍人の一団、白団があった。岡村大将は、現地最高指揮官として一九四五年九月九日、南京で行われた現地軍の降伏式に臨み、降伏文書に調印した人物である。これを受け取ったのは中華民国軍陸軍総司令の何応欽将軍であった。ところで何応欽は、一九〇九年から東京振武学校への留学経験があり、その時、日本において若き日の蔣介石らと知り合ったという経緯がある。

岡村は、その後も中国にとどまり、残務処理に当たって四九年一月に復員した。その間に先述の要請を受けるとこれを承諾した結果、富田直亮元陸軍少将を団長に最終的には八十三名の団員が台湾に渡ることになった。富田団長は中国名として白鴻亮と名乗ったので、「白団」の名がある。

白団は、一九五〇年から五二年には、円山軍官訓練団において国民政府軍の教育に関与した。この間に、当地では少尉から少佐を対象とする普通班で四千七十一名が、大佐以上を対象とした高級班では六百四十名の学生が訓練を受けたという。このほか人事訓練班や海軍での教育も行われた。一九五二年までといえば、日本は連合国の占領下にあり、日本と中華民国には外交関係がない時期であったから、「白団」は水面下の秘密の行動であり、組織であった。

その後、一九五二年に拠点を台北郊外の円山から石碑に移転して、石碑実践学社における教育訓練が一九六五年まで継続された。結局、一九六五年をもって白団団員はほぼ日本に帰国することになったが、なお五名が残留して一九六八年まで、陸軍指揮参謀大学の教育訓練の見直しに関与した。

このように、一九三七年から四五年まで、中国各地で敵味方となって戦闘を繰り広げた日中両軍であったが、四五年の終戦後に、国共内戦の末期からは、旧帝国陸軍軍人を中心として、中華民国軍の教育のために支援していたのである。しかも、その期間が十五年余の長期にわたったことは、戦後の日台関係史において無視できないものといえる。

富田直亮は、一九七二年には中華民国陸軍上将にまで昇進したが、一九七九年に日本で死去した。なお、遺骨は分骨されて、日本のほか、台湾の新北市樹林の海明禅寺に納められている。

日華平和条約の締結

さて、連合国と日本との講和会議は、一九五一年九月のサンフランシスコ講和会議で処理されることになっていた。しかし、同会議の開催を前に、大きな課題になったのが中国代表権問題である。一九三七年から一九四五年まで、日本が戦った「中国」は中華民国であり、正面の敵軍は中華民国国民政府軍であった。ところが、一九四五年から一九四九年に国共内戦があり、その結果として四九年十月一日には、北京において中国共産党の毛沢東が中華人民共和国の建国を宣言し、蔣介石の中華民国政府は同年十二月七日から、四川省の成都を後にして台湾へと移転していた。このため、五一年の講和会議の時点で大陸中国を実効支配していたのは中国共産党の中華人民共和国であり、日本の交戦相手国であった中華民国政府は台湾にあった。

ところで、戦時中まで、台湾は日本の領土であり日本政府の施政下にあったから、日本と台湾との間に戦争はなかった。したがって、政府という基準で考えれば、日本が講和を結ぶべき相手は中華民国であるが、戦闘の実態からすれば、日本が講和を結ぶべき相手は中華人民共和国政府かもしれなかった。

しかし、この時点で連合国（The United Nations）から派生した国際連合（The United Nations）において、中国を代表する政府は蔣介石の中華民国であって、毛沢東の中華人民共和国は国連に加盟していなかった。そうであれば、連合国と日本との講和会議には、中華民国政府の代表が参加しても不思議ではない。これに対して、国連安全保障理事会の常任理事国であるソ連は反対であり、中国の代表は共産党の中華人民共和国であるという立場をとった。また、同じく国連安保理常任理事国のイギリスもまた、蔣介石の中華民国の中国代表権に異を唱えた。イギリスの極東における重要な植民地であった香港は、戦時中には日本の軍政下に置かれたが、戦争が終結するとイギリスはただちに香港の主権と施政権を再確認していた。その香港の安定した支配のため、イギリスは五〇年一月六日に西側自由主義諸国としては例外的な速さで、中国共産党による中華人民共和国を国家承認していたのである。

これに対して、アメリカは共産党政権を承認しようとせず、蔣介石の中華民国を中国代表政府として遇していたから、サンフランシスコ講和会議は、中国の取り扱いをめぐって紛糾することになった。

一方、中華民国としては、日本が日中戦争の講和を、共産党の中華人民共和国と交渉することは断じて認められないことであった。すでに台湾に移転して、実効統治範囲は台湾と金門・馬祖島および澎湖諸島に限られていた中華民国であったが、国連の原加盟国であり、安全保障理事会の常任理事国として、拒否権をもつ存在でもあった。中華民国としては、日中戦争の講和交渉が、日本と共産党政権との間で行われることなど、認めようがなかった。

結局、アメリカ国務省が折衷案として「中華民国を除く若干の国家が日本と多数国間条約を結ぶ。その後どちらの中国を選ぶかは日本の自主的な選択に任せ、別途、二国間条約を結ぶ」と提案すると、イギリスは同意した。また中華民国には、アメリカ国務省から顧維鈞駐米大使に対して、「日本は必ず中華民国と条約を結ぶことを願うだろう」と伝えられた。

つまり、日中戦争の講和交渉について、サンフランシスコ講和会議からは外して、公式には、どの中国を選ぶかは日本の自主的な選択に任せるという案でまとめつつ、裏面において、日本が蔣介石の中華民国を選ぶという含みで妥協を成立させ、講和会議開催に持ち込んだのであった。

対日講和会議は、サンフランシスコのオペラハウスで、五一年九月四日に、五十二か国の代表を集めて開催された。そこにはソ連、ポーランド、チェコスロヴァキアの共産主義国三か国代表の姿もあったが、中華民国および中華人民共和国代表の姿はなかった。

そして、九月八日、日本と連合国各国のこの条約への署名によって、日本と連合国との戦争状態が終結し、日本の主権が回復されることが決まった。しかし、ソ連、ポーランド、チェコスロヴァキアの三国は、講和条約への署名を拒否した。したがって、この講和条約は、すべての関係国との「全面講和」とはならなかった。

これと併せて、日本とアメリカ政府の間では、日米安全保障条約も署名された。

その後、十月二十六日には、講和条約と安保条約はともに衆議院で承認、十一月二十六日には参議院でも承認された。これによって、五二年四月二十八日には、日本は六年半ぶりに独立を回復することになった。

他方、日本は日中戦争の講和条約交渉を中華民国との間で進めることになる。こうして日本は、サンフランシスコ講和の発効で独立を回復した当日、一九五二年四月二十八日に、台北で日華平和条約を締結することになった。すなわち、日本は、蔣介石の中華民国を日中戦争の講和の相手国とするとともに、これをもって戦後の日本と台湾の正規の外交関係の開始となった。なお、日華平和条約は、その後、六月七日に衆議院で承認、七月五日に参議院で承認の上、八月五日に批准書を交換して発効した。同条約では、条約正文で法的に日中戦争を終結させるとともに、付属の議定書において、中華民国は日本に対する戦時賠償金の請求を自主的に放棄した。詳細については第二章を参照してほしい。

これ以後、日本は、一貫して中華民国をもって中国を代表する政府と認め、一九七二年に至るまで国交を維持した。

日台の経済交流の発展

日本と蔣介石の中華民国とは、一九三七年から一九四五年まで十三年にわたって敵国であり、戦闘を交えていた一方で、日本と台湾は、一八九五年から一九四五年まで五十年にわたって日本の統治下にあったことから、戦後にも人的なつながりが継続していており、これが日台間の交流、協力関係に資することになった。日本統治時代に日本語教育を受けた人々は、流ちょうに日本語を話したから、日本の戦後復興とともに、民間交流の再興は容易であった。

戦後当初は、台湾から日本へは砂糖、バナナなどの農産品が輸出され、日本から台湾へは工業製品が輸出されるところから相互の交流が進められた。バナナは、当初はGHQ向けの商品として輸入されたが、後に、日本の民間向けにも販売された。日本では台湾バナナは人気があり、一九五五年ころまでは、上級品は料亭やホテルが買い占めていたため、高級品の位置づけとなり、フィリピン産バナナなどより高価格であることが定着した。

砂糖については、台湾製糖が一九五〇年には台糖と名称変更したが、神戸工場や営業倉庫を日本国内にも所有しており、台湾で製造した原料糖を日本の工場で精製して販売する体制であった。

こうした中、一九五七年二月二十五日に成立した自民党の岸信介内閣では、対アジア外交を積極的に展開した。首相就任の直前には、外相であった岸が一月二十四日にアジア太平洋地域公館長会議を東京で開き、日本外交の方針として共産圏対策、アジア・アフリカ諸国との友好関係、アジア太平洋地域での通商促進の三点を訓示していた。岸は、首相就任後もしばらく外相を兼任していたが、この間の同年五月から六月にかけて、ビルマ（現ミャンマー）、インド、パキスタン、セイロン（現スリランカ）、タイ、台湾の六カ国を歴訪した。

六月三日に、最後の訪問国として台湾に到着したのだが、これが日本の首相による初めての中華民国訪問であった。同日、蔣介石と会談した岸は、第一に国連中心の外交を行う、第二に日本は自由主義諸国の一員であり、「反共政策を推進して中立を採らない」、第三に、日本はアジアの繁栄なくして日本も繁栄できないとの立場で、アジア外交を進める、という三点を日本の外交方針として説明した。

また、日台関係について、「不幸にも過去に発生した戦争によって両国関係は一度中断したが、戦後は（蔣介石）閣下の寛大な方針のおかげで国交を回復した」と謝意を表し、今後も密接な協力関係を強化していきたいと述べた（以上、前田直樹「日本の一九五〇年代後半台湾政策と台湾海峡の現状固定化―岸首相訪台をめぐって―」広島法学　四十二巻二号、二〇一八年、参照）。

さらに、岸は、日本企業の台湾進出について、業務を拡大できるように便宜を図ってもらえるよう蔣介石に要請した。これには、日本の銀行の台湾進出の意図があったとされる。

このころ、日本にはモータリゼーションの波が押し寄せようとしていたが、同年に日産自動車が台湾の裕隆機器と技術提携を開始した。同社は、六〇年に裕隆汽車（汽車は中国語で自動車のこと）と名称変更して、日産車の製造販売を台湾で展開した。こうして、台湾の町では、日産車を多く見かける状況が一九八〇年代初頭まで続いた。

なお、裕隆汽車は一九八六年に、日産車をベースに「飛羚一〇一」を独自開発して、台湾国産車として販売した。二〇〇三年からは、裕隆日産汽車を別会社として、日産車の台湾での販売を今日まで継続している。また、二〇〇九年からはラクスジェン（Luxgen）のブランド名で、台湾の国産高級車を製造販売している。

他方、トヨタ車の台湾における製造は一九八四年に国瑞汽車が台北に設立されてからである。台湾では後発であったが、今日では、台湾で販売される自動車でシェア第一位を維持している。なお、二位はホンダであり、日産は三位となっている。いずれにしても、上位を日本車が独占しているため、台湾の町では日本車の比率が非常に高い。このことが、台湾の町の景観が日本と似て見える理由の一つとなっている。ただし、台湾では、自動車は右側通行で左ハンドルなので、販売される日本車は日本国内仕様とは異なっている。

また、電気製品製造では、松下電器が一九六二年に台湾松下を設立、また六三年には台湾三洋電機が設立されている。このように、六〇年代に台湾は、日台関係が再構築されるとともに、日本企業のアジアにおける海外生産拠点として発展することになった。

その背景には、台湾に対するアメリカの支援と、中華民国が採った経済発展策もあった。すなわち、先述の通り、朝鮮戦争を契機にアメリカは台湾問題への関心を高めたが、一九五一年にアメリカの協力の下で、台湾に「経済安定委員会」が設立され、五三年から第一次四か年経済建設計画が展開された。これによって、紡織、食品加工、合板、肥料などの工業発展が図られた。こうして、台湾では、いくつかの工業品は、国内需要を自給自足で満たせるようになった。さらに、一九六〇年に、国民党政府は「十九点財経改革措置」を発動し、経済への統制を削減して自由化を進めることとした。輸入の自由化を進め、関税改革を行い、海外への輸出を奨励するため、低利の借款による促進策をとり、投資環境を整備して、海外からの投資を惹きつけようとした。

工業製品の海外輸出のためには、当時、台湾の労働力が国際的には低廉であったことが武器となった。さらに、六五年からは「高雄加工輸出区」の整備を開始した。これによって、六三年には工業生産額が農業生産額を上回るようになっている。日本企業の台湾進出は、こうした流れに乗ったものであった。

周鴻慶の亡命事件

さて、その一九六〇年代に、日台関係を揺るがす外交問題が発生した。それは、一九六三年十月に発生した、周鴻慶の亡命事件である。同年九月から東京の晴海で開かれていた「六三年世界油圧機械見本市」と日本の機械・工業技術の業界視察の為に訪れていた中国の油圧機械訪日代表団の通訳であった周鴻慶が、台湾の中華民国大使館への亡命を試みたが、最終的に、中国に送り返されることになった事件である。同事件をめぐる経緯の詳細は第三章を参照されたい。

周鴻慶亡命事件は、中国への帰国を前に、亡命を希望した周鴻慶を、日本政府が保護して、台湾への亡命意図を確認しながら、その後は中国関係者の説得工作を許し、最後には本人が意図を翻すという、実に奇妙な経過をたどった事件であった。この事件は、台湾の中華民国当局者からみれば、日本の不適切な対応で、亡命希望者の人権を損ねることになったものであり、また、日本が、国交のある中華民国より、国交のない中華人民共和国の意向を重視した結果であって、許容できない重大問題であった。

このため、中華民国としては、一時は張厲生駐日大使の辞任と、大使館員の本国召喚という外交関係断絶一歩手前の処置を決断し、実行するに至った。日本政府としては、これを放置することはできず、元首相の吉田茂を特使として台湾に派遣する。こうした日本側の謝罪と、日台関係再建の努力を、最終的には中華民国側が受け入れ、翌年六月十一日には、新大使として魏道明が日本に派遣され、七月三日から大平正芳外相が台湾を訪問、これに応える形で八月十二日には、中華民国総統府秘書の張群が来日、同月二十日に池田隼人首相とも会談して、日台関係の修復が確認された。

こうした事件発生の背景には、日台関係の維持、発展を希望しながら、日本と大陸中国との関係の修復、発展を期待するという、日本の独立回復以来の二重の対中政策の存在があった。すなわち、一九五二年の連合国の対日講和の発効と合わせて、日本は日中戦争の講和条約を台湾の蔣介石政権と締結したが、その半面、そもそも講和の相手は中華民国ではなく、大陸の中華人民共和国であるべきだという主張は、与野党の中に存在した。

既述の通り、日中戦争の戦場は大陸中国であり、日本軍の戦闘の相手は、台湾人ではなく大陸の中国人であった。その間、台湾は日本の領土であって、日本軍が台湾人を相手に戦争をした事実はない。戦争相手国は、確かに中華民国であり、その限りで中華民国との講和に合理性があるが、実際に戦争をした大陸中国との和解がないことについて、日本には釈然としない思いがあった。

しかし、大陸中国の政権は中国共産党であり、日本を含む自由民主主義諸国と共産圏との対決が国際社会の基本構図となっていた東西冷戦時代には、日本が中華人民共和国と積極的に外交関係を締結することは容易ではなかった。とはいえ、辛亥革命以前から、日本は清朝への革命運動支援の拠点であったし、辛亥革命以後には、南満州鉄道の敷設や鉱山開発など、いわゆる満州地方に限らず、日本政府・軍および日本企業は大陸進出を目指していた。それが、満州事変と日中戦争によって、日本と大陸中国は長期的な敵対関係に陥るが、他方、一貫して日中の交流は多種多様に展開されており、日本の国際戦略のなかで対中政策の比重は大きかった。

それだけに、五二年以後の日本と台湾の関係、当時のことばでいえば「日華関係」と同時並行で、対中交渉と貿易の試みが継続されていたのである。

日中国交正常化の背景

さて、一九四九年十月一日の、北京における、毛沢東による中華人民共和国の建国から、この新中国について世界的に国家承認の第一波があった。朝鮮戦争の勃発を挟んで、ほぼ一年のうちに、ユーゴスラビアを除くソ連圏諸国はいずれも国家承認したし、ノルウェーを除く北欧諸国も認めた。これ以外で、早期に国家承認したのは、前述のイギリスである。その後、中華人民共和国国家承認の第二の波は、一九五五年からで、アジア・アフリカ諸国に到達した。六三年までに、このころまでに独立を果たしたアフリカ諸国は、いずれも中国を国家承認した。アジアではこの間に、アフガニスタン、ネパール、シリア、セイロン（後のスリランカ）、カンボジア、イラクとラオスが承認した。

それ以外のアメリカ大陸及びヨーロッパを中心とする国ぐにに、アフリカの残りの国ぐにには、一九七〇年以後に第三波として承認した。七〇年代を通じて、この波が押し寄せたが、そのうちの一つとなったのが、一九七二年九月二十九日に日中国交正常化を果たした日本である。

一九六〇年代までは、世界で中国を承認した国は過半に達せず、しかもソ連圏と新興国が中心であったから、日本としては、中国との交易の実現と発展に意を用いながらも、台湾の中華民国との国交を保つことに大きな問題はなかった。これまで、西ドイツ、イタリア、オランダ、ベルギー、ルクセンブルク、スペイン、ポルトガル、カナダ、オーストラリア、ニュージーランド、そしてアメリカも、中国との国交を開いてはいなかった。

いずれにしても、日本は、独立を回復して以後は、外交関係はないものの、事実上の交流によって経済貿易関係を築く努力を継続した。すなわち、一九六二年十一月には、日本側の対中窓口であった元通産大臣の高碕達之助と、中華人民共和国側代表でアジア・アフリカ連帯委員会主席の廖承志（Liào Chéngzhì、後の中日友好協会会長）とでまとめた覚書、すなわち「日中長期総合貿易に関する覚書」が締結された。これに基づく貿易は、一九六七年十二月まで継続した。これをもって五年間の期限切れを迎えたため、翌一九六八年には、自民党の衆議院議員、古井喜実が訪中し、三月六日に覚書「貿易会談コミュニケ」を調印。その後は一年ごとに両国の交渉者が覚書を交わす形式となり、ＭＴ貿易（Memorandum Trade）と改称された。この貿易関係は、日中国交正常化によって公式の国家間交渉による経済交流に置き換えられるまで、すなわち一九七三年まで続いた。

民主化運動の海外展開

経済発展が進む中、一九六〇年代、七〇年代を通じて、政治的には台湾は国民党一党支配体制が継続し、蔣介石・蔣経国親子が強い指導力を維持した。これに対して、権威主義体制に挑戦し、民主化を求める運動が根強く展開されていた。

例えば、一九六四年には、台湾大学の彭明敏教授と、大学院生の謝聰敏、中央研究院の助手・魏廷朝とともに発表したのが「台湾自救運動宣言」であった。同宣言文は、「極右の国民党」と「極左の共産党」のあいだにこそ、自分たちの進むべき道があるとし、蔣介石政権の「中国は一つでありそれは国民党の中華民国である」という主張も、毛沢東の中国共産党が主張する「中国は一つでありそれは共産党の中華人民共和国である」という主張もともに間違っており、現実には「一つの中国、一つの台湾」が存在している、と主張した。また、台湾省に本籍がある「本省人」と、それ以外の省に本籍がある「外省人」という省籍による差別はなくすべきで、全台湾の協力が望まれると、述べていた。

しかし、この「宣言」は、出版直前に反国民党政府の活動、思想を取り締まる特務員に知られて、彭明敏らは逮捕、拘束されることになった。その後、一九七〇年一月に彭明敏は国外への亡命を果たし、海外から台湾の民主化運動を支援することになった。このため、彭明敏は二十三年間にわたって故国、台湾の土を踏むことができなかった。

このほかにも、同時期に海外留学して、国外での生活を通じて民主主義を肌で知り、台湾の民主化を進めようとした留学生、台湾は中国ではないとして、台湾として独立することを求める「台湾独立」運動に身を投じた留学生たちがいた。いずれにせよ、こうした留学生たちは、国民党政府のブラックリストに掲載され、帰国すれば逮捕・投獄されるから、海外にとどまって運動を継続することになった。

こうした人々の中に、国連大学の職員となって世界各地をめぐっていた羅福全、日本に滞在して昭和大学の教授になった黄昭堂、津田塾大学の教授になった許世楷、早稲田大学の講師になり、マスコミで辛口のコメンテーターとして活躍した金美齢などがいる。つまり、台湾の権威主義体制の時代、日本は、アメリカとともに、台湾の民主化運動、台湾独立運動の拠点の一つとなっていた（羅福全の生涯については浅野和生編著『日台関係を繋いだ台湾の人びと　2』〈展転社、二〇一八年刊〉、許世楷の生涯については同『日台関係を繋いだ台湾の人びと』〈展転社、二〇一七年刊〉を参照のこと）。

これらの人びとは、例外なく、台湾が民主化され、言論が自由化された一九九〇年代半ばになるまで、帰国ができなかったが、李登輝総統による台湾の静かな革命（寧静革命）が成果をあげると、二十数年ぶりに台湾へ戻ることができた。羅福全と許世楷は、二〇〇〇年に政権交代で民進党の陳水扁政権が誕生すると、相次いで中華民国政府の駐日代表を務めることになる。

台湾の国連脱退

一九四九年に大陸中国に中華人民共和国の建国が宣言され、蔣介石の中華民国が、実質的に台湾に加えて、彭湖島、金門・馬祖島などいくつかの島嶼のみを実効支配する政府となったのちも、台湾の中華民国は、国連において原加盟国として、安全保障理事会の常任理事国であり続け、主要国としての立場を保っていた。

しかしながら、先述のとおり、一九六〇年代までに世界の半数に近い国々が中華人民共和国との国交を結び、台湾との国交を断絶する。また、国交を保っていたアメリカのニクソン政権は、一九六九年から中国との関係改善を模索し始めた。

各国が中国との国交締結を進めるうえで、一つの転機になったのはカナダと中国との交渉であった。一九七〇年に中国共産党は、カナダとの国交交渉において、「台湾は中華人民共和国の一部であると承認する」という表現に固執せず、カナダ側が示した、「台湾は中華人民共和国の一部であるという中国の主張に留意（take note）する」という表現に同意したのである。これによって、台湾が中国の一部であるということを承認（recognize）しなくても、中国との国交を持てる道が開かれた。

一方、国際連合を舞台とする中華人民共和国の加盟問題は、一九六三年以来、毎年の総会で議論が行われたものの、出席国の過半数の支持を得ることはなかった。しかも、当初から、「中国」の代表権を中華人民共和国に認め、その加盟を承認するには、単純過半数ではなく、三分の二多数が必要であるとする「重要事項」指定がなされていたため、一九七〇年の第二十五回国連総会において、共産党の中華人民共和国の国連加盟に賛成する国の数が、反対する国の数を初めて上回ったものの、可決にはいたらなかった。しかし、この時点で、中国の国連加盟は時間の問題という情勢となったとみられた。

こうして迎えた一九七一年の国連第二十六回総会には、中国の加盟を提案するアルバニアほか二十二か国による決議案が提出されたが、その内容は、「中華人民共和国の合法的権利を回復させる」とともに「国連安保理の五つの常任理事国の一つであることを承認する」こととし、さらに「蔣介石の代表を」「国連とすべての国連組織」から「ただちに追放する」というものだった。その前年までの「中華民国」の追放という語が「蔣介石の代表」の追放へと置き換えられ、中華民国をそもそも合法的存在として認めない姿勢を強めていた。

一方、日本はアメリカとともに、共産中国の国連加盟を「重要事項」に指定することで、ハードルを上げてきたが、七一年には、アルバニア決議案の可決を妨げることは困難と判断し、中華人民共和国の国連加盟を認めるが、台湾の中華民国の追放は阻止するという方針をとった。こうして、日本は中華民国の追放を「重要事項」に指定する、いわゆる「逆重要事項」指定決議の提案国となった。つまり、国際的な存在感を高めている中華人民共和国の国連加盟は、もはや押しとどめ難い趨勢であり、日本としても認めざるを得ないが、今までの経緯からしても、日本と台湾の密接な関係からしても、国連原加盟国である中華民国の国連追放の決議は三分の二多数を必要とする「重要事項」であるべきだと考えたものである。また、国連加盟国の多数は、中国の加盟を支持するにしても、台湾の中華民国の追放に積極的に賛成はしないだろうという判断があった。

七一年九月二十五日に国連総会が開会すると、上記の二案とは別に、アメリカが、国民党政府に対して、安全保障理事会の常任理事国のポストのみを退かせ、加盟国としては残留させる「二重代表制決議案」を提出した。

結局、総会では、「逆重要事項指定決議」の可決のために日本は各国に働きかけ、採決前夜には外務省は可決の可能性があると観測していたが、投票が行われると、賛成五十五、反対五十九、棄権十五、欠席二で否決された。一方、続いて採決されたアルバニア決議案は、賛成七十六、反対三十五、棄権十七、欠席三の圧倒的過半数の賛成で可決された。この結果、「二重代表制決議案」は採決も行われなかった。

中華民国の国連代表は、採決を前に議場を退席して、抗議の意を表したが、二度と国連の席に戻ることはできなくなって、今日に至っている。

いずれにしても、台湾の中華民国の国連脱退問題をめぐっては、日本は、最後まで台湾の席を守るために努力を尽くしたといえる。ただし、「漢賊並び立たず」で、中国共産党の中華人民共和国を、中華民国という正統な政府に対する反乱団体と規定し、国家としての存在を認めてこなかった蔣介石政権としては、アメリカが提案した「二重代表制」を受け入れるつもりはなかった。その意味では、国際社会が中国の存在を受け入れる趨勢となったとき、中国の存在を全面否定して、両立の可能性を認めなかった蔣介石の中華民国が、国連の席を守ることは不可能であった。

日中国交正常化と日華断交

その頃、日本では自民党の佐藤栄作内閣が長期政権化していたが、政権の命脈が尽きようとしていた。すでに一九七二年五月に、戦後一貫してアメリカの施政下に置かれてきた沖縄諸島および大東島などが、日本に返還されることが決まっていた。そうしたなか、一九七二年六月に衆議院で内閣不信任案が提出されると、十五日には与党自民党の反対多数でこれを否決したが、翌日、十六日には、佐藤首相は、自民党の両院議員総会で自民党総裁、および首相辞任の意思を表明した。こうして七月七日、後継の自民党総裁が田中角栄に決まると、沖縄返還を花道に、佐藤内閣は総辞職した。

実兄の岸信介と同様に、佐藤栄作は、親台湾派の政治家であって、日中の交流促進に反対というより、台湾との関係断絶を強く懸念し、日台関係の維持に腐心した。その佐藤の退陣と、親中派の田中内閣の成立は、日中国交正常化を一気に進ませることとなった。田中は、就任後の初閣議において、日中国交正常化の推進を発表した。

他方、台湾では、この五月二十日に蔣介石と厳家淦が正副総統として就任式を行い、新たな任期をスタートさせた。これに伴い、六月一日に蔣介石の息子の蔣経国が、日本の首相に相当する行政院長に就任した。これは、台湾で新たな時代への助走が始まったことを意味した。

その蔣介石の中華民国は七月二十日、日本政府が国際信義と条約義務を尊重し、正しい判断をして「中共の陰謀」に乗らないように、との声明を出した。さらに、彭孟緝駐日大使が大平外相を訪ねて、日中国交交渉の動きをけん制した。また、八月八日には、中華民国政府が中国唯一の正統政府であるとする声明を、蔣経国行政院長が発表した。同声明において、蔣経国は、「日本政府が両国の国交を損ない、アジア太平洋地区の平和と安全を害するすべての行動を停止し、歴史上の重大なる過ちをおかさないよう警告する」と述べている（松本彧彦『台湾海峡の架け橋に』見聞ブックス　平成八年）。

しかし、八月十五日、田中首相は、周恩来総理の招請に応じて、訪中することを明らかにした。さらに、大平外相は、日本と中華人民共和国との関係正常化協議が達成された時点で、中華民国との外交は断絶することになると発言した。当然、これに対して、翌日には中華民国の彭孟緝大使から厳重な抗議の申し入れがあった。しかし、大平外相は「日中正常化は時の流れであり、中華民国との外交関係を維持しえないことに関しては断腸の思いである」と述べるだけだった。

こうして、八月末からのハワイにおける日米首脳会談の主題の一つとして「中国問題」が取り上げられることになった。当時のニクソン大統領は、この年の二月に訪中を果たしていたため、田中首相としては早期の訪中の意欲が強かった。八月三十一日に行われた首脳会談で、田中はニクソンに、自ら訪中して日中国交正常化を果たすこと、それによって中華民国との外交関係は断絶せざるを得ないことを伝えた。

これに先立つ八月二十三日、田中総理は、日中国交交渉を進める日本政府の立場を中華民国に予め伝える特使を派遣することとし、その任を自民党副総裁の椎名悦三郎衆院議員に依頼した。外務省としては、日米首脳会談前に椎名特使派遣を実現したかったのだが、中華民国側は、断交通達の特使を喜んで受け入れる立場になく、特使派遣は延び延びになった。

そこで、特使受け入れの交渉役を委ねられたのが、当時、自民党職員として全国組織委員長付であった松本彧彦であった。松本は、外務省からの正式の依頼を受けたのち、九月十日、椎名悦三郎特派大使秘書という公用旅券で台湾を訪問することになった。訪台した松本は、十二日に総統府秘書長の張群に面会し、椎名特使受け入れを懇請した。すると翌十三日、沈昌煥外交部長が宇山厚駐中華民国大使を招いて、椎名特使受け入れを通達した。しかし合わせて、「日中国交正常化を目指す日本の動きは背信行為であり」両国間の関係と両国民の友情を損なうものであるとし、「中華民国政府は、日本の対中共接近の動きに対して強く反対」であることを、改めて言明した。

ところで、自民党としては、九月五日に総務会において、日中国交正常化協議会の意見を集約し、「日中国交正常化基本方針」を党議決定した。そこには、「日中国交正常化にあたり我が国政府は」「特に我が国と中華民国との深い関係にかんがみ、従来の関係が継続されるよう十分配慮のうえ交渉すべきである」と記されていた。この「従来の関係」という文言は、中華民国支持派からは、外交関係も含むものと解釈され、日中推進派は外交関係を除いた部分の関係、と解釈された。

さて、椎名特使の一行二十数名の一団は九月十七日に台北に入った。このころ、まだ戒厳令下で、集会やデモが禁じられていた台湾であったが、台北の松山空港ビル周辺には、椎名特使一行の訪台に反対する市民の一群が集まっていた。特使一行を乗せた日本航空機が着陸し、所定の駐機場に到達すると、外交特使としての扱いであるため、その場に出迎えの車両が用意されており、一行がその場で乗車した車列は、ただちに軍用のゲートを通って、サイレンを鳴らした警備車両の先導で街路へ出た。同行した松本氏の記述によれば、空港を出たところで群衆がその車列に襲い掛かり、警察は排除しようとしたが、プラカードで車の屋根やボディを叩いたり、生卵や饅頭を投げつけたりしてきたという。松本と浜田幸一衆院議員が搭乗していた車両は、窓ガラスを割られて、ガラスの破片が車内に散乱する事態になった。

九月十八日、沈昌煥外交部長、蔣経国行政院長、張群総統府秘書長その他と会談を行った椎名特使は、日本国民の多数派は「日中正常化は大事だから、ぜひやってほしい。しかし、台湾との断絶は不賛成」だとし、自民党日中国交正常化協議会の結論は、台湾との「従来の関係」を維持するという「含蓄のある言葉」を用いて、これに外交関係を含むという前提で北京政府と交渉すべきことを決定した、と伝えた。なお、先の大平外相発言については、日中正常化のあかつきには日華平和条約が何ら影響を受けずに存続するわけはないという論理的なことを云ったまでで、田中総理の口からはまだ「日中国交正常化のあかつきには、日華国交は消滅」という発言はない、と説明していた。

同日午後に行われた特使一行と台湾の国民大会代表十名、立法院院長ほか委員十二名、監察委員七名、台湾省議会議員三名、台北市議会正副議長、その他の傍聴人という、民意を代表する人々との会談が行われた。この場でも、椎名特使は、自民党の決定として「貴国とのあらゆる方面の従来の関係というのを継続していくということに立脚して、国交正常化の話し合いを進めていくべきであるという決定をみた」と述べ、「従来の関係とは外交関係も含めてその他あらゆる関係」と重ねて説明した。

その結果、この会合は、断交のケースを想定して憂えていた人々が、椎名特使の説明によって、取り越し苦労だと感じ、なごやかな雰囲気で終わった。九月二十二日に中華民国国民意代表の秘書らがまとめた記録では、十八日の会談で、双方の出席者は「正義を守るという精神は全く一致」していると感じた、としている。つまり、一方的に日本が不当な決断をして、中華民国を切り捨てて、日中国交正常化に邁進することはないと感じたと記している。

しかし、この時、椎名特使が届けた田中首相の蔣介石総統あて親書の内容は、両国関係に穏やかな結果をもたらすものではなかった。すなわち「即今の時勢に鑑み日中国交正常化の時機已に熟すとして政府の決断を仰望すること誠に止むを得ぬ情勢」とし、「是れ我々が慎思熟慮して北京政府と新に建交する所以」としたうえで、「貴国との間に痛切なる矛盾抵触を免れず」と、日中国交正常化を進めることで、中華民国との国交継続が困難であるとの意を伝えるものであった。

実は、田中の決断は、一気呵成に日中国交正常化を実現させようというもので、一度の訪中で決着をつけるというものだった。しかし、そのことは田中首相と大平外相、その他ごく一部の側近だけが知る事項であった。このため、日中国交正常化を実現した場合に当然に想定される、台湾の中華民国との国交断絶の善後策を日本政府として公式に準備を進めていなかった。

この点について、九月二十五日から北京で行われた日中国交正常化交渉における田中角栄首相と周恩来首相の首脳会談の第四回、二十八日の協議で、同席した大平正芳外相の説明は以下の通りだった。日中国交正常化後、台湾にある日本の大使館・総領事館は公的資格を失うが、在留邦人が三千九百人、その他多数の日本人旅行者があり、その生命・財産の保護が必要である。さらに、民間レベルの経済交流は容認される。そこで、当面は残務処理のため、上記の大使館・総領事館は事務を継続することになる。また、ある一定期間の後、それらがすべて撤去された後に、「何らかの形で民間レベルの事務所、コンタクト・ポイントを相互に設置する必要が生ずると考える。このことについて中国側の御理解を得たい」と述べたのである。

これに対して周恩来首相からは「日本側は、台湾との間で『覚書事務所』のようなものを考えているのか？」「日本側から、主導的に先に台湾に『事務所』を出した方が良いのではないか？」という、積極的承諾の返答があった。すると大平・田中は「まあ『覚書事務所』のようなものを考えている」と明らかにした（データベース「世界と日本」：「田中総理・周恩来総理会談記録」、https://worldjpn.grips.ac.jp/documents/texts/JPCH/19720925.O1J.html より）。

いずれにしても、日中首脳会談前に、日台関係の事後措置について、具体的な準備に入ってはいなかった。むろん、その理由の一つには、すでに述べた台湾への事前の通告と、それに対する台湾側の反応があった。

さて、田中首相、大平外相をはじめとする訪中団が日本を出発したのは九月二十五日のことであった。この日から、日本側の田中首相、大平外相、二階堂官房長官と外務省中国課長と、中国側の周恩来首相、姫鵬飛外交部長（外相）、廖承志外交部顧問、韓念龍外交部副部長とによる首脳会談が四日にわたって四回持たれた。また、大平外相と姫鵬飛外交部長の外相会談が、二十六日と二十七日に都合四回行われた。これらの交渉の結果、九月二十九日、日本時間午前十一時十八分に、日中共同声明に田中首相と大平外相、そして周恩来首相と姫鵬飛外相が署名した。

同共同声明は、その一項で、「日本国と中華人民共和国との間のこれまでの不正常な状態は、この共同声明が発出される日に終了する」と定め、この日をもって、両国関係が正常化したことを宣言した。第二項では、「日本国政府は、中華人民共和国が中国の唯一の合法政府であることを承認する」として、それまでの台湾の中華民国を中国の合法的な代表とは認めないことを明らかにした。そして第三項で、「中華人民共和国政府は、台湾が中華人民共和国の領土の不可分の一部であることを重ねて表明する」と確認し、ただし「日本国政府は、この中華人民共和国政府の立場を十分理解し、尊重」するとした。この「十分理解し、尊重」するというのは英文では「fully understands and respects」としている。

なお、同調印後の北京プレスセンターでの大平外相と二階堂官房長官の記者会見では、日本と台湾の中華民国との関係について、大平外相が「なお、最後に、共同声明の中には触れられておりませんが、日中関係正常化の結果として、日華平和条約は、存在の意義を失い、終了したものと認められる、というのが日本政府の見解でございます」と述べて、日華関係の断交を声明した。

さて、日華断交については、日本政府はこの記者会見での発表以上の公式手続きをとっていない。一九五二年に締結された日華平和条約は、国会での議決を経た批准書の交換という公式の手続きをとった国際条約であったにもかかわらず、議会手続きをとることもなく、外務大臣の記者発表をもって無かったことにした、ということには法治国家日本として、大きな疑問がある。

これに対して、中華民国は、「日本総理田中角栄と中共偽政権頭目周恩来は、共同声明を発表し、双方は本年九月二十九日から外交関係を樹立したと表明し、同時に日本外務大臣大平正芳は、中日平和条約および中日外交関係はこれによりすでに終了した旨言明した。中華民国政府は、日本政府のこれら条約義務を無視した背信忘義の行為に鑑み、ここに日本政府との外交関係の断絶を宣布するとともに、この事態にたいしては日本政府が完全に責任を負うべきものであることを指摘する」という厳しい対日断交宣言を発した。ここでは、中華人民共和国首相の周恩来について、「中共偽政権頭目」として、蔣介石の中華民国政府としては、中国を国家として認めない立場を鮮明に表している。

即日で帰国した田中首相と大平外相であったが、翌三十日、自民党本部で開かれた自民党両院議員総会において、共同声明第三項について、大平外相は次のように説明した。すなわち、台湾について「中国側は『中華人民共和国の領土の不可分の一部』と主張したが、日本側はこれを『理解し尊重する』とし、承認する立場をとらなかった。つまり、従来の自民党政府の態度をそのまま書き込んだわけで、両国が永久に一致できない立場を表した」と述べた。

ところが、当時、栗山尚一条約課長が時事通信社の依頼によって書いた「日中共同声明の解説」においては、台湾についての認識が、大平外相とは異なっている。その文中の「四、台湾の地位（第三項）」において、「台湾が中華人民共和国の領土であるかどうかといった法律的判断は別として、過去の経緯に照らせば、台湾は、カイロ、ポツダム両宣言が意図したところに従い、中国に返還されるべきものであるというのが日本政府の政治的な立場であり、この立場は今後とも堅持されるものである。したがって、わが国としては、台湾が中国の領土となることについてなんらの異議はなく、台湾独立を支援する意図も全くない」と説明している。

　しかし、日中共同声明第三項では、最後に「ポツダム宣言第八項に基づく立場を堅持する」とあり、その意味は、ポツダム宣言の受諾で日本は、台湾の主権、統治権を放棄したので、これ以後、台湾の帰属については何かを言う立場にはないというのが公式見解である。そうだとすると、台湾が中国の領土となるかどうか、についても異議があるともないとも、言うべき立場にはない。むしろ、大平外相は、台湾が「中華人民共和国の不可分の一部」という主張を受け入れず、台湾の中華民国を国家として認めて国交を継続することはできないが、中国共産党の中国とは別であるということについて、「永遠に一致できない」という強い表現を使ったことは、日中国交正常化を決めた自民党として、台湾がいわゆる中国の領土になることについて異議があることを示したものである。その大平外相の説明自体が、「中国側は『中華人民共和国の領土の不可分の一部』と主張した」という文言であるように、「中国」という語の用い方が複雑であって、日中共同声明第三項の「中国」は、歴史的、地理的、文化的概念としての「中国」であると思われるが、大平外相の説明での「中国側」の「中国」は、中華人民共和国のことである。

　今日では、中国といえば、通常は中華人民共和国を指し、中華民国は台湾と呼んでいるが、「中国」という語のもつ多義性が、日台関係、あるいはインド太平洋地域の平和と安定を考えるときに、しばしば問題の源ともなっているのである。

交流協会と亜東関係協会の設立

さて、日本と台湾との断交、当時の表現では日華断交の後の日台関係はどのように維持されることになったか、以下に説明する。

国交は断絶したが、日本と台湾には双方に在留自国民が多数いたばかりでなく、旅行者やビジネスの交流は盛んであった。したがって当然、日本と台湾を結ぶ公的なパイプの維持は必須であった。このため、十二月一日に、日本側の対台湾交渉窓口機関として、民間団体としての交流協会が設置され、翌二日には、台湾側の対日交渉窓口機関として、表向き民間団体である亜東関係協会が設けられた。双方は、東京と台北に本部を置いたが、そのほか交流協会は高雄事務所を、亜東関係協会は大阪弁事処、大阪弁事処福岡分処を置いて、事実上の領事業務を分担することとした。

さらに同月二十六日、台北において「財団法人交流協会と亜東関係協会との間の在外事務所相互設置に関する取決め」が調印された。日本側の署名者は、交流協会代表の堀越禎三と板垣修、台湾側の署名者は亜東関係協会代表の張研田と辜振甫であった。

同取決めの主な内容は以下の通りである。

まず、両協会は、「自国民が相手方に在留し、あるいは旅行するに際し、その入域、滞在及子女教育等につき便宜が得られるよう援助するため、並びに民間の経済、貿易、技術、文化その他各種の関係の円滑な発展を促進するため」に相互に在外事務所を設置するものである。その事務所について、以下に四項目が掲げられている。第一項では、事務所の設置個所を掲げ、第二項では、派遣する所員の数を、「三〇名をもって限度とし、業務上の必要に応じ、相互の話し合いによって増員することができる」と定めている。このほかに現地雇用の補助員を置くことができる。また、在外事務所とその所員には、国内法令の許す範囲において必要な支持と協力並びに便宜を与えられるよう努力することとしている。

三項には、在外事務所の業務として、「①相手方に在留する自国民の身体、生命及び財産並びに相手方にある自国の法人及び自国民が相手方において設立した法人の財産及び権益が侵害されることなく十分な保護を与えられるよう、関係当局との折衝その他一切の必要な便宜を図ること」から⑭まで列挙している。以下、子女の教育や、貿易、投資、技術協力等に関しての、民間諸取決めの締結などを業務としている。いずれも、基本的に「関係当局との折衝その他一切の必要な便宜を図る」か、「一切の必要な活動を行う」「必要な調査、連絡を行う」など、民間の組織として、当局に働きかけることを規定している。

しかし、こうした民間組織の業務、あるいは両協会間の取決めは、日本および中華民国の政府が国家として支持しない限り実効性を持たない。これを保障しているのは、日本側では、十二月二十六日に二階堂官房長官が発表した「財団法人『交流協会』と『亜東関係協会』との間に民間取決めが調印された。『日中関係正常化』に伴い、現在わが方と台湾との間に外交関係はないが、至近距離にある日台間に民間レベルで人の往来、貿易、経済など各方面の交流が存続していくことは、いわば自然の流れであり、このため双方の民間事務所が、今回調印された取決めに基づいて各種の業務を運営していくに際し、政府としても、わが国国内法令の範囲内で、できる限りの支持と協力を与える方針である。なお政府としては、日台間を往来する中国人の出入国、在留、身体、財産の安全等については、わが国国内法令の範囲内で、実質的に、従前に比べて不利にならないよう配慮したいと考えている」との談話である。

他方、台湾側では、同日、「中華民国外交部は、政府は亜東関係協会及びその駐日各弁事処の業務に対し、十分支持と協力をすると表明した。外交部は駐日大使館と各総領事館を十二月二十八日閉鎖後、亜東関係協会東京弁事処、大阪弁事処、及び大阪辨事処福岡分処を同日成立し、直ちに関係業務を処理する」と、沈昌煥外交部長が発表した。

つまり、これら二つの「談話」が、両協会の事業を政府が支援することについての唯一の保障であり、国家間の交流の基礎なのである。それ以来今日まで、半世紀にわたって、基本的にこの状況には変化がない。つまり、日本と台湾との交流には、なんらの法的な基礎がないまま、交流協会と亜東関係協会を双方の窓口として、相互の約束が取り交わされることで、保たれているのである。

日華大陸問題研究会議と「アジア・オープン・フォーラム」

日本と台湾との国交が断絶されて以後、相互の交流を補完する機能を果たしたのが「日華大陸問題研究会議」であった。同会議は、一九七一年の中華人民共和国の国連加盟と、中華民国の国連脱退、さらにはニクソン訪中発表という衝撃の中から、日本と中華民国の結びつきを維持、強化せしめるとともに、中国一辺倒になりつつあった日本の世論に対して、一石を投じようとするものであった。中華民国の総統府の機関であった国際関係研究所の呉俊才主任から、同研究所が日本で発行する学術研究誌の『問題と研究』の社長を務めた桑原寿二が要請を受け、同研究会議を開催する運びとなった。第一回の会議は、七一年十二月末に台北で開催され、日本側団長を慶應義塾大学の中村菊男教授が務めた。

以来、七二年の国交断絶を挟んで、同会議は原則として年に一回、日本と台湾で交互に開催され、中国大陸問題をテーマに、双方の学者が研究成果を交わすかたちで、日台の交流を維持、深化させた。また、同会議には、双方の国会議員も参加し、主催国の政府関係者とも接触して両国政府間の意思疎通のパイプとしての機能も果たした。

なお、第二回会議では宇野精一が、第三回から第十八回までは桑原寿二が団長を務めた。その後、笠原正明、古屋奎二、高野邦彦の各氏が団長を務め、二〇〇四年三月に台北で開催された第三十一回会議まで続けられた（同会議と「アジア・オープン・フォーラム」については、楊合義著『日台を繋いだ台湾人学者の半生』展転社、二〇二〇年を参照）。

また、時代は下るが、日本と台湾の政府間交流を補完する役割を果たした「民間の」会議に「アジア・オープン・フォーラム」がある。この会議は、李登輝総統と中嶋嶺雄（当時、東京外国語大学教授）

の企画によって実現されたもので、学術交流にとどまらず、財界の著名人が参加して日台相互の交流を深める場となったことが特色である。同会議は、一九八九年から二〇〇〇年まで、十二回にわたって開催されたが、参加者としては、日本側では、合田周平、飯田経夫、石井威望、高坂正堯などの学者のほか、住友電工の亀井正夫、西武セゾングループの堤清二、ソニーの井深大、東京電力の平岩外四、トヨタ自動車の豊田章一郎など、財界の重鎮が顔を揃えている。また、台湾側でも、李登輝総統のほか、外交部長（外務大臣）の銭復、総統府国策顧問の曾永賢、経済建設委員会主任の林金莖、総統府顧問で元駐日代表の馬樹礼、立法委員の謝長廷（後、行政院長、駐日代表）などの政治家、そして中華民国工商協進会理事長の辜振甫、奇美実業会長の許文龍、台湾輸送機械会長の彭栄次（後、亜東関係協会会長）などの財界人が出席した。

このように、断交後の日本と台湾の関係については、政府間交流が正面からできないため、議員交流が進められた以外に、学術、財界の民間交流の形で維持、深化が図られることになった。

日台間の空路の断絶と再開

日本と台湾との間の航空路には、一九五九年以来、日本航空が運航しており、台湾側では、一九六七年以後は中華航空が就航していた。日本と台湾の間の航空路線については、日華断交後も継続していたが、日中間の航空協定が結ばれ、日本と中国との間に定期便が就航することが決まると事態は紛糾した。

中国は、日中間の航空協定締結を求めるに際して、中国と台湾の航空機が空港に並び立つことがないようにすること、台湾の航空機が中華民国の旗、つまり国旗である青天白日満地紅旗を使用しないこと、日台間の航空協定の消滅などを条件として求めてきた。田中内閣としては、国交正常化に際して日中航空協定の締結を約束していたため、この条件に沿って日中間で交渉が進められた。中国側の要請を受けて、日本の外務省および運輸省が、日台間には日本航空は就航しない、中国が成田空港を使用し、台湾の中華航空は羽田空港を使用する、中華航空という社名と旗の意味について、日本政府が認識を明らかにする、などの提案をまとめると、自民党はこれを承諾した。

これによって、七四年四月二十日に、いわゆる日中航空協定、正式には「日本国と中華人民共和国との間の航空運送協定」が締結された。このとき、中国との約束を守るため、大平外相は「日本政府は、台湾機にある標識をいわゆる国旗を示すものと認めていない。中華航空が国家を代表する航空会社であるとは認めていない」という談話を発表した。

この談話は、中華民国から見れば国旗を侮辱し、国家の尊厳を損なうものであって許しがたいもので、沈昌煥外交部長は、直ちに日本と台湾の間の航空路の停止を発表した。こうして翌日の便を最後として、日本航空も中華航空も、日台間の航空路線を閉じることになった。

こうなると、日本と台湾との間の往来には、大韓航空機などいわゆる第三国の航空会社の直航便を使うか、香港を経由するしかないという、極めて不便な状況に陥ってしまった。当然、日台間では、空路再開の試みがなされたが、中華民国にとっては国家の尊厳にかかわる問題だけに、容易に事態の打開ができなかった。

そうしたなか、七四年十二月九日に田中内閣が総辞職して、三木武夫内閣が発足し、外相も大平正芳から宮澤喜一に更迭となった。つまり、日中国交正常化の首相、外相が舞台を去ると、事態打開への道が開けることになった。こうして空路閉鎖から一年余りを経た一九七五年七月、宮澤外相が、台湾と国交を有する国々が「青天白日旗を国旗として認識している事実をわが国は否定しない」と議会答弁で語ったことで、日本と台湾の航空会社による空路の再開に向けた動きが具体化することになった。

日本側では、日本航空に代えて、八月に子会社として日本アジア航空を設立し、九月十五日に東京―台北線を就航させた。翌年七月には大阪―台北線も開設された。一方、台湾の中華航空も七五年十月一日から台北―東京線を就航させて、相互運航が実現した。

ところで、一九七八年に成田空港が国際空港として開業すると、羽田空港は国内線専用空港として使用されることになったが、日中航空協定の趣旨を守るべく、日中間の国際線を成田空港に移す一方、日台間の国際線を羽田空港に留めおくこととなった。これによって、羽田空港国際線として、日本と台湾の航路だけが維持されることとなり、この状況は二〇〇二年まで続いた。この間、東京近郊の旅客で、台湾に向かう人にとっては、都心に近い羽田空港が利用でき、しかも国内線への接続が良かったため、この状況をメリットと感じた人が少なくなかった。その後、二〇一〇年には、羽田空港が再び国際空港として使用されるようになり、台湾への空の旅は、成田からでも羽田からでも楽しむことができるようになって今日に至っている。

断交後の日台貿易と人的往来

また、日中国交正常化と日華断交にも関わらず、長年の経済交流と人的往来の実績から、日本と台湾の間は密接であり、他方上野動物園へのパンダの到来や、各地で開催された安価な中国物産展は注目を集めたものの、日中間の経済関係は、急速に拡大することはなかった。一九七二年当時の日台間の往来は日本から台湾が二十七万七千七百一人、台湾から日本が四万七千五百三十六人であったが、日中間では、日本から中国が八千五百十二人、中国から日本は九百九十四人に過ぎなかった。その後、一九八〇年には、日本から台湾は六十五万四千六百五十二人へ、台湾から日本は二十三万五千五百四十九人に増加した。一方、同年の日本から中国は七万千四百七十三人、中国から日本は一万八千三百三十六人へと急増した。

さらに一九九〇年には、日本から台湾が九十一万四千七百五十人、台湾から日本は六十一万六六百五十二人へと順調に拡大している。同年の日本から中国は三十六万六千五百五十人、中国から日本は十一万七千八百十四人でこれも急増しているが、まだまだ日台間が日中間をはるかに上回っていた（人的往来および経済交流の数値は、楊合義著、「日本と台湾海峡両岸との関係（一九七二

〜一九九二）」（『問題と研究』一九九二年九月号、第二十一巻十二号）による」。

これを、貿易額で見ると、一九七二年には日台間の貿易総額は、十四億二千二百七十四万ドルで、同じ年の日中間の貿易総額十一億三万ドルであった。それが一九八〇年には、日台間が七十五億二千六百六十七万ドルとなり、日中間は九十四億百七十万ドル、一九九〇年には日台間の二百四十四億七百八万ドルに対して日中間は百八十一億八千三百四万ドルであり、八〇年代には中国との貿易総額が台湾を上回ったが、九〇年前後には再び台湾との貿易が対中貿易を凌駕する状況であった。

ここで特徴的なのが貿易収支である。日本は対台湾では一貫して貿易黒字であり、七二年には六億六千九百二十六万ドル、八〇年には三十一億七千九百七十九万ドル、九〇年には七十七億三千百六十五万ドルの黒字を出している。これに対して、日本は対中貿易では一貫して赤字であり、七二年でも一億千七百八十万ドル、八〇年には七億五千四百九十六万ドル、九〇年には五十九億二千三百九十八万ドルの赤字であって、言ってみれば、対中貿易の赤字を対台湾貿易の黒字で埋めているかのような状況だった。

新時代の到来を告げた李登輝訪日問題

先述の通り、日台間の積極的な経済交流は、一九六〇年代の到来とともに開始され、日本から多くの企業が台湾に投資し、あるいは技術供与して台湾工場での生産が拡大していた。一九七二年までは日台間に国交があったため、人的往来も、企業進出についても国家間の交渉が円滑に行える状況であった。

一方、台湾側では、中華民国政府の上層部は、主として大陸から戦後に台湾へ移転した、いわゆる外省人が中心であって、彼らは日本語を話さず、日本に敵対的感情を持つ人も少なくなかった。しかし、対中関係が厳しい敵対関係であるなか、台湾移転後の中華民国の発展のためには、対日経済関係を緊密化させざるを得なかった。一九八七年まで戒厳令が継続し、国民党一党支配が継続するなか、政権中枢には蔣介石、張群、何応欽など、明治末に日本に留学経験のある人々がいて、戦後の対日関係構築のキーパーソンとなった。

他方、日本側では、一九五五年に自民党一党優位体制が構築され、一九九三年に至るまで三十八年間にわたって自民党政権が継続していた。したがって、高度経済成長期の日本は、台湾との交流については、自民党の台湾派と国民党のキーパーソンとの安定した人脈関係によって継続されることになった。日本側で、その役割を担った国会議員は、岸信介、佐藤栄作、椎名悦三郎、藤尾正行、森喜朗らの人びとであった。

つまり、当時の日華関係は、自民党と国民党との安定したパイプによって継続されていたのであり、日本側には、終戦時における蔣介石総統の「以徳報怨」の演説と、それに沿った中国在留日本人の帰還への協力への感謝の念が通底していたといえる。

このような日華関係に変化をもたらし、後に日台関係として相互関係を強化させ、発展させる契機となったのが李登輝総統の登場であった。

李登輝は、第二次大戦中に京都帝国大学に留学していたが、学徒動員の一環として帝国陸軍軍人となり、そのまま終戦を迎えた。復員した李登輝は、京都帝大には留まることができず、台湾に帰って台湾大学に学ぶことになった。台湾大学から、アメリカのアイオワ州立大学、後にはコーネル大学に留学して博士号を取得し、台湾大学の教授になるなど、農業経済学の学徒として順調なキャリアを積んでいた。その傍ら、台湾の農業振興に関わる行政にも関与した。

しかし、一九七〇年代に、国際的孤立を深めた中華民国では、一九七二年に行政院長となった蔣経国が、中華民国体制の台湾土着化を進める十大建設の政策を進めるとともに、台湾人エリートの登用を企て、李登輝や林洋港らを抜擢した。

こうして、李登輝は農業振興担当の無任所大臣として行政院政務官に取り立てられ、そこでの実績を踏まえて台北市長から台湾省政府主席、さらに一九八四年に副総統に就任した。すると一九八八年一月十三日に蔣経国が急逝し、憲法の規定によって、李登輝が総統の任に就いた。

総統に就任する以前の李登輝は、折に触れて来日していたし、一九六〇年代には、職務で数か月にわたって日本に滞在したこともあった。とはいえ李登輝は、国民政府の中で特に注目される存在ではなく、来日が日本社会で話題になることは無かった。それが、一九八八年に総統に就任すると、日中共同声明の一つの中国原則と、台湾を中華人民共和国の不可分の地方とする中国の主張を「理解し尊重する」日本であれば、李登輝の訪日を受け入れることはできないことになった。

さて、一九八八年一月十三日に総統職に就いた李登輝であったが、一九九〇年までは蔣経国の残任期を務める暫定的な総統であった。この間の李登輝は、目立った立ち居振る舞いを抑制していたようだ。しかし、一九九〇年三月の国民大会において、総統に李登輝、副総統に李元簇が選出され、李登輝は自前の六年間の任期を得ると、ここから、李登輝による台湾民主化推進が始まった。

李登輝による改革が日本人に注目されるようになったのは、九一年十二月に、国民大会代表および立法委員のうち、いわゆる万年代表、万年議員がすべて引退したところからであった。そして九一年には国民大会代表の総改選が、さらに九二年には、立法委員の総改選が実施された。しかも、これらの選挙では、国民党に限らず、他の政党から候補者が出て、自由な選挙運動に基づいて投票が行われた。

そうした折に、『週刊朝日』が一九九三年七月二日号から一九九四年三月二十五日号にわたって、司馬遼太郎の『街道をゆく』シリーズとして「台湾紀行」を連載し、さらに、司馬遼太郎と李登輝総統の特別対談が、同誌一九九四年五月六・十三日号に掲載された。この対談において、李登輝の語った「場所の悲哀」という言葉が台湾の内外に衝撃を与えた。

すなわち、李登輝は、「いままでの台湾の権力を握ってきたのは、全部外来政権でした。……国民党にしても外来政権だよ。台湾人を治めにきただけの党だった。これを台湾人の国民党にしなければいけない」と語った。さらに現職の総統であり、国民党主席である李登輝が、その国民党の統治を「外来政権」だと言い切ったのである。

国民党主席でもある李登輝の発言は、大陸から移転してきた国民党長老たちおよび外省人二世にとっては、裏切りと映ったであろう。また、台湾の多数派である戦前からの台湾人およびその子孫、いわゆる本省人からは、李登輝総統が国民党主席であるかどうかにかかわらず、自分たちの代弁者と見えたであろう。

そして李登輝は、「最終的には、総統の選挙を民選で、直接にやる。これで台湾人は満足します」とも語った。つまり、国名がなんであれ、憲法がどうであれ、総統の民選が実現すれば、それによって台湾は、言ってみれば市町村議会議員から大統領までが、国民によって選出される国になる。その国は、台湾人の国になるということだろう。

李登輝総統は、その一年後の九五年八月九日に総統副総統選挙罷免法を制定させ、総統の直接選挙に道を拓いた。九五年九月五日、中央選挙委員会は、初の総統直接民選を九六年三月二十三日に実施すると決定した。選挙が、その通りに実施されると、五十四%の得票率で、李登輝・連戦の国民党ペアが当選した。いずれにしても、これによって台湾人が外来政権に支配されてきた歴史には終止符が打たれたのである。

九一年十二月二十一日の国民大会代表、九二年十二月十九日の立法委員選挙の実施で、それぞれ台湾の民意によって新たな国民大会代表と立法委員がすべて選出された時から、九六年三月二十三日の李登輝総統の選出までの間に、台湾の中華民国は、一発の銃弾も飛ぶことなく、国家が生まれ変わってしまったのである。その間の、九一年十二月三十一日をもって、一九四七年と四八年に、かつて中国全土で選出された国民大会代表と立法委員はすべて退職した。さらに一九四七年選出の国民大会代表によって九〇年に選ばれた李登輝総統の歴史が九六年をもって終わりを告げた。九六年五月二十日に、第九期総統としての李登輝の任期が始まったとき、中華民国は紛れもなく台湾の政権になっていたのである。

しかし、新たな日台関係の始動は、これより少し早かった。李登輝総統が、実務外交を発動したためである。一九八九年三月のシンガポール訪問を皮切りに、李登輝は、中華民国総統という名称にこだわらず、受け入れてくれる国を訪れ、首脳会談を実現させた。李登輝がシンガポールを訪問したとき、国歌斉唱をしない、国旗掲揚をしない、礼砲を打たないという、国家元首の受け入れとしては、まことに非礼なかたちで迎えられ、さらにリー・クアンユー首相の指示で、李登輝は「台湾から来た総統」と呼ばれた。これに対して、李登輝総統は「不満だが受け入れられる」とした。これが実務外交の始まりである。

この路線に則って、李登輝は、各国への訪問を試みる。日本訪問については、一九九四年十月に広島で開催が予定された、アジア競技大会がその機会として選ばれた。こうして、八月十七日に、アーマド・ファハド・アジア・オリンピック評議会（ＯＣＡ）会長が、李登輝総統を広島アジア大会に招待したいとする意向を、広島アジア競技会大会組織委員会を通じて外務省に伝えた。しかし、李登輝訪日には、中国の強い反発が予想されるため、外務省は李登輝総統の訪日について、再考を求めた。他方、中国はすばやく反応して、この日、中国を訪問していた加藤紘一・自民党政調会長に対して、江沢民総書記が、「受け入れることを歓迎しない。村山首相にも伝えてほしい」と述べ、ただちに拒否の圧力をかけた。

すると、アーマドOCA会長は、九月十二日、中国オリンピック委員会に対して、広島アジア大会には、開催国以外の政治家は招待しないとする声明を発して、事実上、李登輝総統の招待を取り消した。こうして十四日には、台湾からOCA宛に、李登輝は広島アジア大会に出席しないとの通知が出された。

このように、李登輝総統の訪日は、それがスポーツ大会への出席であっても、中国が必死の反対行動に訴えるため、今日の外務省のスタンスでは、実現不可能であることが明らかになった。この問題はその後も尾を引いて、台湾としては李登輝総統の代わりに誰を送るかが問題となった。最終的には、行政院副院長・徐立徳の開会式への参加が実現したが、中国に義理立てした村山富市首相は、徐立徳と同席しないためか、自国で開催される大会であるにもかかわらず開会式を欠席した。

また、この九四年十一月にインドネシアのボゴールで開催予定のAPEC非公式首脳会議についても、台湾の外交部としては、李登輝総統の出席実現を目指していた。

その傍ら、十月二十二日には、日本で開かれたAPECの中小企業担当相会合において、担当の橋本龍太郎通産大臣と、台湾の江丙坤経済部長（経済大臣に相当）とが会談をもった。このように、日本を舞台とする国際会議で、日本と台湾の閣僚が会談をしたのは、一九七二年の日本と中華民国の国交断絶以来のことであった。

これに対して、中国は、呉用可国家経済貿易委員会外事司副司長が、経済担当閣僚同士までは容認するが、国家を代表する者の会談は認めないことを明言した。このため、村山内閣は、「日中関係を重視しており、日中共同声明を基礎として、友好関係を発展させていきたい」として『二つの中国』を支持することはない」と改めて表明した。

結局、李登輝総統は、この年のインドネシアのＡＰＥＣ非公式首脳会談への出席を断念したが、これは李登輝総統への正式の招待状が発せられるが、李登輝が遠慮して出席せずに代理人を送るという形をとったものである。

これ以後、李登輝の訪日問題に加えて、九五年には李登輝の母校、アメリカのコーネル大学が卒業式典の記念行事での講演に招待したことによって、日台関係、日中関係に加えて米中関係、米台関係が動揺した。結局、中国の強い反対の中、李登輝は予定通り六月七日に渡米して、六月九日にコーネル大学のオーリン講座で〝Always in my Heart〟「民之所欲・長在我心」（民の欲するところ常に我が心に）と題して、英語で四十五分間の講演を行った。これによって、中国からの台湾に対する圧力はさらに増し加わる結果となった。いわゆる「文攻武嚇」である。中国は立て続けに軍事演習を行い、さまざまな機会に台湾を、そして李登輝を攻撃する言論を展開した。

このような雰囲気の中、五月二十三日に、村山首相は、ＡＰＥＣ非公式首脳会議について「ボゴール、シアトルでとった方針を踏襲する」と発表して、李登輝訪日を認めないことを確認した。

最終的に、ＡＰＥＣ大阪会議には、李登輝総統が参加できなかったばかりでなく、広島アジア大会では認められた徐立徳行政院副院長の出席も認められず、工商協進会名誉理事長で、台湾海峡交流基金会理事長の辜振甫が首脳会議に出席することとなった。

なお、広島アジア大会と、ＡＰＥＣ大阪会議をめぐる李登輝訪日問題は、第三章に詳述している。

地震をめぐる日台相互の絆

李登輝政権の末期、一九九九年九月二十一日午前二時ころ、台湾中部、集集付近を震源とする大地震が発生した。マグニチュード七・六、震源近くでは、断層がずれて学校のグラウンドに数メートルの段差が生じるなど、地震のエネルギーの大きさをうかがわせるものだった。李登輝総統は、地震発生後一時間を経ずして対策本部を立ち上げ、翌朝には現地に赴いて陣頭指揮をとった。

この地震に際して、日本の支援は早かった。震災当日、各国に先駆けて台湾に到着したのは、日本政府が派遣した国際緊急援助隊の合計百四十五名だった。この援助隊は、日本での通常の行動のとおりに、被災地で活動し、がれきに埋もれた被災者を探索しては、救出に努めた。残念ながら遺体で発見されれば、敬礼して、黙とうをささげ、家族に「救命できずに申し訳ない」とお詫びする姿が、台湾のテレビで放映された。その日本人の姿が、台湾人の日本観に影響を与え、「あのとき台湾と日本の関係がぐっと近づいた」と李登輝は後に語っている。また、このときの日本人の姿が、日本人を直接に知らない若い世代の台湾人に、日本統治時代の台湾人には困難が多かったが「日本人には良いところもあった」という戦前世代の対日観への理解を得る契機になった。

そもそも、日本と台湾とは同じ太平洋プレート上に乗る、地震の共同体である。去る二〇一七年六月二十七日から十二月三日まで、台湾の国立歴史博物館が「地震帯上的共同體─歴史中的台日震災─」という特別展を開催した。これに先立って、日本の国立歴史民俗博物館は、同年一月十一日から二月十九日まで「台湾と日本─震災史とともにたどる近現代」という特集展示を実施していた。日台の博物館は二〇一五年十一月に「展示協力協定書」を交わしており、両展示会はこれに基づいて開催されたものであった。

同展示は、一八〇四年七月十日の日本での出羽象潟地震（M七・〇）と一八一五年十月十三日の台湾での宜蘭地震（M六・七）以後、今日までの双方の地震について紹介し、その被害状況と、震災を後世に伝えようとした資料を展示した。

台湾が下関条約によって日本の領有となる一八九五年前後の記録でも、一八九二年四月二十二日には台湾南部地震（M六・〇）があり、一八九四年十月二十二日には庄内地震（M七・〇）と九六年六月十五日に明治三陸地震（M八・二）がある。さらに、日本の領有となった台湾では、一九〇四年四月二十四日に西南部烈震（M六・一）、同年十一月六日に嘉義斗六烈震（M六・一）、一九〇六年三月十七日に嘉義梅山地震（M七・一）、一九一六年八月二十八日に塩水港烈震（M六・六）、同年十一月十五日に台中烈震（M六・二）、さらに一九一七年一月五日と七日に埔里激震（M六・二とM五・五）があった。つまり、台湾は、二十年間に八回の大地震を経験した。すると、一九二三（大正十二）年九月一日、日本を関東大震災（M七・九）が襲った。さらに一九二五年五月二十三日には北但馬地震（M六・八）と一九二七年三月七日の北丹後地震（M七・三）と続く。

以上の経過からは、日本と台湾が、同じ地震帯の上にあることを感じざるを得ない。そしてそれぞれの地震では、多くの尊い命が失われている。犠牲者の数は、明治三陸地震では二万二千人、関東大震災では十万五千人にも及ぶが、台湾の嘉義梅山地震でも千二百五十八人など、大きな被害が出た。

近年では、一九九五年一月十七日の阪神淡路大震災（M七・三）、九九年九月二十一日の台湾の集集地震（M七・三）、さらに二〇一一年三月十一日の東日本大震災（M九・〇）と二〇一六年二月六日の高雄美濃地震（M六・六）、そして二〇一六年四月十四日と十六日（M六・五とM七・三）の熊本大地震が発生した。阪神淡路では六千四百三十七人、集集地震では二千四百四十四人、三・一一東北大地震では一万八千四百四十六人が、高雄美濃地震では百十七人、そして熊本地震では二百二十五人が亡くなった。

このうち、阪神淡路大地震のときは李登輝政権であり、台湾からの支援が到着した。そして、この震災の復興のために用意された震災復興住宅が、次の集集地震のときには台湾に運ばれ、台湾の人びとの一時しのぎの家にも用いられた。また、集集地震では、日本からも拓殖大学の学生など、多くのボランティアが台湾へ渡って、震災復旧の作業に従事した。このときの出会いが契機になって、現地で、普通の台湾の人びとと日本の若者たちが接するさまざまな機会をもたらし、日台の多様な世代の気持ちを近づける結果となった。震災をめぐる日本と台湾相互の支援と心のつながりについては、第五章を参照してほしい。

実は、一九九〇年代前半まで、日本から台湾を訪れていた観光客の中には、台湾で女性遊びに主眼をおいた団体客が少なからずあったことは事実である。それゆえ、男性の団体旅行で台湾へ行くといえば、眉をひそめる女性たちがいた。ビジネスでの往来は多かったが、日本人の誰もが台湾に行くというわけではなかった。しかし、震災復興支援が一つの突破口となって、台湾には老若男女を問わず訪れるようになった。こうして、台湾において、日本に対するイメージが変わったのと同様に、日本においても台湾イメージが変わることになった。

これに対して、二〇一一年三月十一日の東北大震災では、台湾の人びとは世界第一といわれる二百五十億円を超える義援金を日本に提供してくれた。人口二千三百万人ほどの台湾で、すべての人が千円ずつ拠出したような巨額である。しかも、実際、その大半は、多くの国民からの少額の寄付であった。台湾の人びとは、日本の震災の被災者に対して、心からの同情を寄せてくれたのである。

陳水扁政権下の日台関係——一九七二年体制打破の試み

二〇〇四年七月七日に台北駐日経済文化代表処に着任した許世楷駐日代表は、着任にあたり、中華民国憲法の改造、日米台連携の強化、文化学術交流の拡大を三大使命としていたが、これに加えて、日台間の「七二年体制の見直し」をテーマに据えた。例えば、翌二〇〇五年四月二十一日に日本駐在の台湾メディアと懇談した許世楷は、「目下国際情勢も台日の国内情勢も大きく変化しており、『七二年体制』を見直し、台日関係の正常化を図るべきだ。日本は少なくとも対米関係の基礎となっている『台湾関係法』に類するものを先に制定し、台日関係を増進させるべきだ」と強調した（『台湾週報』二〇〇五年四月二十二日）。

さらに六月三十日、就任一周年記念の台湾の駐日記者との懇談会で、「七二年体制」の見直しについて、「これは私が就任二年目を迎えるにあたり、引き続き推進すべき重点となる。台日の外交上の権益を保障し、両国の新たな交流体制の確立に向けて、日本が台米間の『台湾関係法』に類する法を制定することを期待する」と述べていた。

この呼びかけに呼応して、筆者が東京財団の委託研究として、同年十月十二日に発表したのが「日台関係基本法」であった。同法の策定にあたっては、日台関係研究会（当初は日華関係研究会）の初代会長であった浅野一郎元参議院法制局長の指導を仰いで、日本の既存の法律との整合性や実現可能性に配慮した私案とした。

その内容は、以下の通りである。

日本と台湾との相互交流の基本に関する法律（略称：日台関係基本法）

〔目的〕

第一条　この法律は、アジア太平洋地域の安定と繁栄の実現のため、日本および日本人と台湾および台湾人との通商・貿易・文化その他の交流を発展させることを目的とする。

〔基本理念〕

第二条　①日本および日本人は、台湾および台湾人に対して、より広範、密接かつ友好的な商業上、文化的その他の関係を維持および促進する。

②アジア太平洋地域における平和と安全の基礎の上に日本の外交が運営されることは、日本にとって政治、安全保障および経済上の利益であり、国際的に有意義である。

〔法律上の権利の保障〕

第三条　台湾人がわが国の法律によりこれまでに取得し、または今後取得する権利は、公共の福祉に反しない限り保障される。

〔情報の共有〕

第四条 アジア太平洋地域の安定と繁栄の実現のために必要と認めるときは、日本政府は台湾政府に対して必要な情報を提供することができる。

〔相互交流に関する事項〕

第五条　日本と台湾の相互において、それぞれ日本人および台湾人の身体、生命および財産の保護その他に関する事項、台湾人および台湾に在留する第三国人の日本への入国その他に関する事項、日本と台湾との経済、貿易、観光等に関する事項、並びに日本と台湾との学術、文化およびスポーツの相互交流等に関する事項は、財団法人交流協会と亜東関係協会との取り決め（一九七二年十二月二十六日署名）によって処理するものとする。財団法人交流協会は、この取り決めを変更しようとするときは、総務大臣の承認を得なければならない。

〔台湾側機構〕

第六条　①日本政府は、亜東関係協会およびその職員の申請により、亜東関係協会の日本における法人格の付与およびその職員の外交官に準ずる特権および免除の取扱いの措置を講ずることができる。

②前項の措置を講ずるにあたって必要があるときは、日本政府は、法改正の措置を講ずるものとする。

第七条　この法律において「亜東関係協会」とは、日本と台湾との相互交流に関する事項について権限を有する、台湾によって設立された亜東関係協会と称する機構をいう。

この私案は、台湾では主要紙に大きく取り上げられ、注目された。従来、アメリカで一九七九年に成立した「台湾関係法」になぞらえて、「日本版　台湾関係法」の制定を求める声が多かったが、これ以後、「台湾関係法」に代えて「日台関係基本法」という語もしだいに定着してきた。

同法の制定については、与党・自民党への働きかけも行ったが、特に翌二〇〇六年九月に安倍晋三内閣が成立すると、親台湾の安倍政権への期待感があった。このとき、実弟の岸信夫氏が、自民党の日台若手議連の会長に就任して、日台議員外交において存在感を示していたことから、議員立法としての制定に期待がかかった。しかしながら、第一次安倍内閣がわずか一年で総辞職となったため、その期待は潰えることになった。

光華寮訴訟の奇怪な最高裁判決

そうしたなか、同法の制定の必要性を際立たせることになったのは、二〇〇七年三月二十七日、最高裁判所がいわゆる「光華寮訴訟」について、第一審差戻しの判決を下したことだった。

この「光華寮訴訟」は、第二次世界大戦中に京都帝国大学の中国人留学生のための学生寮となった建物をめぐる訴訟である。当時の中国人とは、中華民国の学生であったが、一九五二年十二月、日本と国交を結んだ中華民国が、この寮を所有者から買い取った。なお、所有権移転の登記が完了したのは一九六一年である。

その後、一九六六年から中国において文化大革命が開始されると、寮生の中にこれを支持する留学生が出てきて、文化大革命、毛沢東主義、中国共産党を称揚する垂れ幕を建物の外壁に垂らすなどの行為に出た。所有者の中華民国は、このとき蔣介石総統の時代であって、反共主義、「大陸反攻」「復興中華」をスローガンとして掲げていたのだから、毛沢東や文化大革命を礼賛する留学生の居住を許容するわけにはいかなかった。

そこで、一九六七年九月に、家主である中華民国政府が、寮を占有する中国人留学生に対し立ち退きを求める訴訟を京都地裁に提起した。このとき、日本は中華民国と外交関係を有していたが、京都地裁は判決を出さないまま時が経過し、十年を経た一九七七年九月十六日になってようやく判決を出したが、それは原告側、つまり中華民国の敗訴であった。

この間の七二年に日中国交正常化と日華断交があったが、判決は、それ以後も中華民国が台湾とその周辺諸島を支配しており、事実上の国家形態を維持していることを認め、原告の当事者能力を認めた。しかしながら、日本政府が日中共同声明第二項で、中華人民共和国政府を唯一の合法政府と承認したため、「中国」の公有財産である光華寮の所有権は、中華人民共和国に移転しているものとして、中華民国が居住する留学生の立ち退きを求めることはできないとし、立ち退きを求めた原告の敗訴とされたのである。

当然、これに対して原告、つまり光華寮の家主である中華民国はこの判決を不服として、大阪高等裁判所に控訴した。するとそれから五年後、一九八二年四月十四日に大阪高等裁判所が、今度は逆転して、原告勝訴の判決を出した。この控訴審判決では、第一審と同様に、中華民国に訴訟の当事者能力を認めたうえで、光華寮は単なる学生寮であって、国家の代表機能をもつ大使館や領事館とは異なり、日本による国家承認の切り替えがあったとしても、それによって所有権が新たな承認国家、つまり中華人民共和国に移転するとは言えないとし、第一審判決を破棄して、京都地裁に差し戻した。また、この判決で大阪高裁は、中華民国から中華人民共和国への継承は、「不完全継承」であるとの見解を示し、台湾に旧政府の実体があることを認めた。

この結果、京都地裁では八六年二月四日に差戻第二審判決を下したが、ここでは、従来と同様に、原告である中華民国の当事者適格を認めたうえで、新政府が成立した後も旧政府が領土の一部を実効支配していると認めた。つまり台湾に中華民国政府が存続していることを認めたことになる。

さらに、旧政府が所有する外交にかかわる財産や国家の権力を行使するための財産は、その財産の所在国である日本が、国家承認を中華民国から中華人民共和国に切り替えた結果、新政府つまり中華人民共和国に引き継がれるが、外交や国家権力の行使と無関係な財産についてはそうではないと判断した。つまり、この訴訟の場合には、単なる学生寮なので、旧政府つまり中華民国が引き続き所有権を維持するとして、原告の中華民国の請求を認めて、光華寮を占拠している中国人留学生に立ち退きを求め、合わせて裁判費用の支払いを求める判決を出した。

ところが、中国人留学生の背後には中華人民共和国の支援がついて、当該留学生たちはこの判決を不服として大阪高等裁判所に控訴した。すると大阪高裁は、素早く審理を終えて、翌八七年二月二十六日に、職権で原告の表記を「台湾（本訴提起時 中華民国）」と改めたうえで、京都地裁の差戻第一審判決をほぼ踏襲して、台湾の中華民国勝訴の判決を下した。

ここまでは一審の京都地裁が異常に時間をかけたことは不審であるが、ほぼ司法機関としての政治的独立性が保たれていたように見える。しかし、大阪高裁が差戻第二審判決を下すと、この問題はにわかに重大な政治問題と化すことになった。すなわち、中国訪問中の与野党の国会議員に対して、中国政府高官がこの判決の不当性を訴え、このままでは日中関係が悪化するという圧力をかけてきたのである。

当然、光華寮を占拠している中国人留学生は、最高裁に上告した。

中国からの圧力は日を追って激しくなり、中国側は、この判決は、「一つの中国」原則に反して、「二つの中国」もしくは「一つの中国と一つの台湾」を容認するもので、日中共同声明や日中平和友好条約に違反すると主張した。これに対して日本側は、日本の三権分立制度について説明し、裁判所の判断は行政府から独立したもので、日本政府としては「一つの中国」の立場は変わっていないし、日中友好の方針にも変化はないと応じた。

すると中国側は、三権分立かもしれないが、日本政府としては一つであり、日本政府が中国政府と「一つの中国」に合意して日中共同声明に署名したのだから、裁判所も同共同声明の趣旨を汲むべきである。さらには、中曽根首相は最高裁判所に出向いて、日中共同声明と日中平和友好条約に示された日本政府の立場を説明すべきだ、とまで主張した。

当時の最高実力者の鄧小平も、会談した日本の政治家に対して光華寮裁判について不満を述べたし、李鵬首相は、日本国憲法の条文を引用して、この裁判について日本政府を非難した。さすがに、中曽根首相は最高裁判所に出向かず、自民党総裁任期の満了によって、十一月六日に首相を辞任した。

このため、新たに発足した竹下内閣は、日中関係の修復に腐心することになった。竹下首相は、日中共同声明と日中平和友好条約を順守する方針を繰り返し説明して、「一つの中国」原則を守ることを確認した。その結果、大阪高裁判決から二年を経て、ようやく事態は沈静化して、日中関係が旧来の軌道に復した。

以上の経緯の中、最高裁判所は光華寮問題の上告を受理したものの、一向に審理に手を付ける様子が見えなかった。時はたち、この裁判を受理した時の最高裁判事がすべて定年退職した後も審理が進められる様子がないまま、気が付けば満二十年が経過し、二〇〇七年を迎えることになった。光華寮裁判は、最高裁で係争中の案件のなかでもっとも古いものとなっていた。

さて、その前年九月、五年余り続いた小泉純一郎首相に代わって安倍晋三が首相となった。自民党内閣としても保守的色彩が強いとみられていた安倍首相であったが、周囲の予想に反して、就任するとただちに日中関係の修復、強化に優先的に手を付けた。こうして訪米より先に訪中を果たした安倍首相は、翌年春の温家宝首相訪日の約束をとりつけた。

すると、最高裁判所は、突如として光華寮事件に手をつけ、二〇〇七年一月二十二日に、「訴訟の原告である中国を代表する権限を持つ政府は、中華人民共和国と中華民国のどちらであるか」について上告人である中国人寮生側と被上告人である中華民国側の双方に意見を求めることとし、その意見書の提出期限を同年三月九日と定めた。

これに対して一月二十五日、訴訟当事者ではない中華人民共和国の外務省報道官が定例会見で「光華寮問題は一般の民事訴訟ではなく、中国政府の合法的権益と、中日関係の基本原則に関わる政治案件だ。中国政府はこれに高度な関心を寄せている。日本側が、中日共同声明の原則に照らし、問題を適切に処理することを希望する」と述べ、露骨に圧力を加えた。

冷却期間となるべき二十年を経ても、この問題はホットな政治問題であり続けたのである。こうした環境の中、三月二十七日、最高裁判所の第三小法廷は、この訴訟の原告を「国家としての中国」すなわち「中国国家」であるとした上で、日本政府が日中共同声明により「中国国家」の政府として中華人民共和国政府を承認したことから、中華民国はもはや原告当事者ではなくなったという判断を示した。つまり、一九七二年九月二十九日の段階で、この訴訟は中断していたのだが、第一審の京都地方裁判所は、中華民国駐日本国特命全権大使が「中国国家」の代表権を失っていたことを見過ごすという誤りを犯して、不用意にも判決を出してしまった。それ以後の大阪高裁、差戻第一審の京都地裁、差戻第二審の大阪高裁も同様で、すべての審理と判決は、そもそも行われるべきではなかった。もし中断した裁判を継続するとすれば、それは中華人民共和国が訴訟当事者となって行うべきだと判断した。このような論理で、最高裁は、差戻第二審の大阪高裁判決を破棄、京都地裁の第一審に差し戻した。四十年の時を経て、途中は全部不要な審理、判決だったから元のところに差し戻すという判決だった。

しかも、最高裁は、この判決の被上告人について、つまり光華寮の家主である中華民国に対して、職権でその表示を「旧中華民国　現中華人民共和国」と肩書きを添えて「被上告人　中国」とした。つまり、この裁判について、日中共同声明に依拠して判決をくだした最高裁は、同共同声明では、「中国」という言葉と「中華人民共和国」という言葉が異なる意味で用いられており、歴史的、地理的な本質的存在として「中国」があり、それが時に「中華民国」であったり「中華人民共和国」であったりするという論理を展開したことになる。つまり、京都地裁や大阪高裁が、中華民国および中華人民共和国の実態に注目して、一九七二年ではなく一九四九年の前後で、中国が二つの政権に分かれ、中華人民共和国は大陸中国だけを実効支配した結果、国家の不完全継承となって、台湾には中華民国という実態が存在すると認定したのと異なり、最高裁判所は、日中共同声明の解釈論のみによって、一九七二年の前後で、法律上の中国は、中華民国から中華人民共和国にとって代わられたので、中華民国の特命全権大使は、日本にとっては存在しないと判断したわけである。

この判決は、今日の日本における台湾の中華民国の法的地位を如実に示すものになった。日中共同声明を含めて、現行の日本の法令の中に、中華民国という文言は一切ない。一方、台湾については、日本と台湾の運転免許証相互承認によって、道路交通法施行令第三十九条の四に「台湾」がある。これによって二〇〇七年九月から、台湾人は、台湾の運転免許証に日本語訳を添えることで、日本国内で運転できることになり、二〇〇八年十月一日からは、台湾の運転免許があれば日本の運転免許が取得できる制度になっている。これは相互主義で、日本人も台湾において同様の扱いを受けられることになっている。

しかし、これ以外には、日本の法令に台湾が出てくることはない。それゆえ、中華民国にしても台湾にしても、光華寮問題のような訴訟になったとき、日本の司法において十分な法的保護を受けられるかどうか疑問である。特に、光華寮訴訟の経過を見ると、一九八七年の大阪高裁判決以後の最高裁の対応には、中国の圧力の影を見ざるを得ない。法治国家日本において、このような事態が繰り返されないようにするためには、台湾の人びとの法的権利を明示した、上述の「日台関係基本法」のような法の制定が不可欠である。

なお、同法の案については、その後、二〇一三年に「日本李登輝友の会」が、「政策提言」としてまとめ、さらに二〇一九年には、これをリニューアルして、今度は「日台交流基本法」として、その制定を求める「政策提言」を発出して、与野党各方面に訴えた。

前述のとおり、筆者は当初「日台関係基本法」として提案していたが、二〇一九年には「日台交流基本法」へと名称を変更したのである。実は、二〇一七年一月一日に、日本の交流協会が「日本台湾交流協会」に名称変更し、五月十七日には、台湾の亜東関係協会も「台湾日本関係協会」に名称を変更していた。この名称変更の背景として、中華民国政府が、中国代表権に執着して、中国あるいは中華という名称に固執した時代が去り、国家の実態である「台湾」という名称を許容することになったこと、合わせて台湾の人びとの多くが「台湾アイデンティティ」を抱くようになったことが指摘できる。

こうした時代の変化に鑑みて、筆者および日本李登輝友の会として、名称変更に踏み切ったものである。実は、二〇一六年から台北駐日経済文化代表処の代表として、実質的に台湾の駐日大使である謝長廷氏からも、「日台関係基本法」を「日台交流基本法」にしてはどうかとの示唆を受けたことがあった。

ところで、今日では、日本、台湾をとりまく地域について、かつての「アジア太平洋地域」にかえて「インド太平洋地域」が用いられるようになった。二〇一四年八月に安倍首相が「インド太平洋」構想を打ち出し、これにアメリカ、オーストラリア、インドなど各国が賛同したものである。台湾でも、二〇一九年、あるいは二〇二〇年十月十日の双十節での祝賀演説において、蔡英文総統が「インド太平洋」構想に言及している。こうした情勢からすれば、上述の「日台関係基本法」は、名称を「日台交流基本法」と変更するほかに、第一条、第二条、第四条の「アジア太平洋地域」を「インド太平洋地域」と書き変えることが適当であろう。

馬英九政権下の尖閣諸島問題

一九六九年五月、国連アジア極東経済委員会が、その前年の十月から行われた黄海および東シナ海の大陸棚における沿岸鉱物資源の共同調査の報告書を公表した。この報告は、東シナ海大陸棚の海底及び黄海下の堆積物に、石油及び天然ガスが埋蔵されている可能性を指摘した。特に、台湾の北方に広がる浅い海底の、台湾島の広さの数倍の領域については、世界的な産油地域になるかもしれないと示唆した。

これが、尖閣諸島海域に対する関心が台湾、中国において高まる契機になり、関係国間の利害対立が表面化することにもなった。

例えば、中華民国は、この海域への主権を主張するとともに、台湾の中国石油公司とアメリカのパシフィック・ガルフ社との間の石油探査契約を承認した。

さて、尖閣諸島は、魚釣島を中心に、南小島、北小島、久場島、大正島の五つの島と三つの岩礁からなる、面積およそ六・三平方キロの島嶼である。台湾の北東、石垣島や西表島の北に位置している。島の上には昔、日本人が鰹節工場を設けていたが、その後に廃止された。周辺の海は良い漁場だとされており、戦後は、日本の漁民も台湾の漁民も漁場として使ってきた歴史がある。

一八九五年一月、日本は尖閣諸島の領有を宣言したが、そのときは日清戦争の最中であり、まだ台湾を領有してはいなかった。その後、日清戦争停戦の後、四月十七日に調印された下関条約で、台湾は日本の領有に帰したので、尖閣諸島が台湾に属するにしても南西諸島に属するにしても、それから一九四五年まで、尖閣諸島が日本の領土であることについて特に問題はなかった。

台湾が日本に領有されていた間も、日本は、尖閣諸島を台湾の行政区に組み入れたことがなく、南西諸島に属するものとしていた。そして戦後は、沖縄などとともに尖閣諸島をアメリカが接収して、射爆場として用いていた。したがって、一九七二年の沖縄返還に際して、尖閣諸島の領有権も日本に帰したというのが日本の立場である。

無人島ではあるが、日本としては石垣市に属するとしており、魚釣島は石垣市登野城二三九二番地である。これに対して、台湾としては宜蘭県頭城鎮の住所を当てている。

さて、一九七二年の「沖縄返還」で、尖閣諸島も日本に返還されることになると、返還前から中華民国は、尖閣諸島は中華民国の領土なので、これを日本に返還するのは間違いだと主張した。当時はまだ、中華民国は日本ともアメリカとも国交があったので、正面から声を上げたのである。つまり、中華民国は、日本に対してだけではなくアメリカに対しても抗議した。

このため、当時、アメリカにいた中華民国の留学生たちは、「釣魚島を中華民国に返還せよ」と、一月十九日および三〇日に、シアトル、ニューヨーク、サンフランシスコ、ロサンゼルス、シカゴなど、全米各地でデモを繰り広げた。当時の台湾では、権威主義体制で、自由な政治的言論が認められず、政府批判の言論は規制されていたが、この問題では政府公認のかたちで政治的デモンストレーションが展開された。ちょうど訪米した当時大学生の馬英九は、アメリカで、初めて台湾人による学生運動、デモ行進に遭遇し、衝撃を受けたという。

さらに、馬英九が台湾に帰国したのちの六月十七日、台湾における戦後初の学生デモとされる、台湾大学保釣会による「六一七示威デモ行進」が組織された。これは蔣介石政権公認のデモ行進だったので、台北で多数の大学生が参加した。このときに最前列を歩いていた学生の一人が、馬英九であった。

つまり、馬英九個人にとって、初めて日本と向かい合った政治運動は、尖閣諸島問題での日本批判だった。さらに、一九七二年九月、先述のとおり椎名悦三郎自民党副総裁が、田中首相の特使として、中華民国に派遣されたとき、椎名特使一行を迎えた松山空港でのデモ隊、群衆の中に、馬英九は混ざっていた。

その後、馬英九は、アメリカのハーバード大学に留学して博士論文を書くが、そのテーマは「怒海油争」という、東シナ海の海底資源をめぐる国際法上の問題、つまり尖閣諸島の帰属問題を扱ったものである。

その後、台湾に戻り、総統府の第一局副局長に三十一歳の若さで就任した馬英九は、一九八六年に「海洋法から尖閣列島および東シナ海の領土権問題を論ずる」という著書を出版している。つまり、馬英九にとって、尖閣諸島問題は政治運動の柱の一つであった。

ところで、馬英九は二〇〇六年の七月十日から日本を訪れ、総統選挙への準備として、日本の政治家とパイプ作りを目指した。当初、六日間の予定で来日し、国民党の対中宥和姿勢に対して日本人の理解を得たいとして、自民党の森喜朗元首相、武部勤幹事長、福田康夫元官房長官、公明党の浜四津敏子代表代行らと会談し、安倍晋三官房長官、麻生太郎外相とは電話会談を行った。この後、馬英九は関西を訪問する予定だったが、台湾に台風が接近して被害が予想されたため、日程を短縮して十三日に帰国した。

当時の日本で、安全保障上の脅威となっていた、北朝鮮のミサイル開発、発射実験問題について、訪日中の馬英九は、東アジアにおいて朝鮮半島と台湾海峡の二つの火薬庫を同時に作ってはならないと述べ、「一つの中国」原則によって台湾が対中関係を正常化して中台関係を安定化させ、台湾海峡の平和維持を実現することが日本の安全保障にもつながる、と発言した。また、中国の脅威を減らし対中関係で経済的なチャンスを増大させるという考え方は、日本の政治家でも国民党と同じだと分かったとして、対中宥和政策は日本においても一定の理解が得られたものと、訪日の成果を強調した。しかし日本滞在中のインタビューで、国民党が、二〇〇〇年の民進党陳水扁政権誕生以来、アメリカからの武器購入予算に反対して、武器購入が実現しなかった事実について質問されると、馬英九は、将来の武器購入について明確な姿勢を示さなかった。このため、日本側には、馬英九の真意に対して疑問が残る結果になった。

いずれにしても当初の予定を消化できずに帰国したため、馬英九は、翌二〇〇七年十一月二十一日に、翌年一月の総統選挙に向けて選挙キャンペーンも終盤にさしかかるタイトなスケジュールのなかで、二泊三日の予定で再度の訪日を果たした。

二度目の訪日を前にした記者会見で、日本の台湾統治について問われた馬英九は、「許せるが、忘れない」という、やや厳しい対日観を見せた。その一方で、大正十年から十年間の難工事で、烏山頭ダムと嘉南大圳という壮大な灌漑設備を台湾南部に完成させた八田與一技師の功績に触れて、良いことも一部にあったと認めた。さらに、日米安保条約を支持しつつ、日台の相互実務関係を強化させるという持論を展開した。

十一月二十一日に同志社大学を訪れた馬英九は、「東アジアの平和と繁栄へのビジョン」と題して講演し、自分は「反日でも親日でもなく、日本を深く理解したい」という希望を述べた。さらに日本の台湾統治について、誤った政策の下で多くの人が命を落とし、国家の尊厳も傷ついたと批判した。

しかし過去は過去として、今後はアジアに軸足を置いた新たな視点にたって、日台関係を強化することが必要であるとし「未来志向の台日関係を築こう」と呼びかけた。このために、日本との自由貿易協定締結を目指し、留学生交流など文化、教育事業、ロングステイなどの観光交流を促進する考えを示した。

二〇〇八年五月二十日、中華民国総統に就任した馬英九は、就任演説の中で外交指針を語り、台湾を国際社会で尊重されるメンバーにさせるため、「尊厳、自主、実務的」な外交、弾力性のある外交を掲げた。また、東アジアで進む経済統合に台湾も加わり、東アジアの平和と繁栄に積極的に貢献するという目標を掲げた。

しかし、馬英九政権の最大の外交目標は、中国大陸との関係改善であり、それに次いでアメリカとの関係であったため、この大統領就任演説には「日本」という語が一度も出てこなかった。これに対して、馬総統の就任式のために訪台していた日華議員懇談会の平沼赳夫会長は、不満を表明した。このため、馬総統が、就任式後に日本からの参加者と懇談する場を設ける場面もあった。

馬英九の国民党としては、対大陸関係の改善にきわめて積極的で、三月末に総統選挙が終わると、ただちに準備を開始して、馬英九総統着任前の四月十一日から十三日に中国で開催された博鰲会議（ボアオ・アジア・フォーラム）には、副総統に着任予定の蕭万長が両岸共同市場基金会の代表の立場で会議に参加した。このとき、蕭万長は胡錦涛国家主席と会談をもった。

このように予め準備を進めていたので、六月十三日、五月二十日の馬英九政権発足から三週間ほどしか経ていなかったが、台湾側の海峡交流基金会会長江丙坤と、中国側の海峡両岸関係協会会長の陳雲林による第一回の江陳会談が中国で開催された。この両岸トップ会談では、それまでは台湾と中国の間の交流が、香港や石垣島など第三国地点を経由して行われていたが、航空機による直航を開始することが決定した。

その後、中国と台湾で交互に開催された何度かの江陳会談の末、二〇一〇年六月二十九日に、両岸経済協力枠組み協定（ＥＣＦＡ）が締結された。これによって、通常の国家間でいう自由貿易協定の枠組みができ、全体の具体的合意形成に先立って、一部を先行実施する「アーリーハーベスト」の措置が始まった。

「熱血少年」が「熱血中年」へ？

こうして、馬英九総統就任後二カ月目には、台湾と中国の間に直行便が飛ぶようになっていた。しかし、そのすばやい対中政策進展中に、対日関係に大きなトラブルが発生した。

二〇〇八年六月一〇日午前三時二十三分、尖閣諸島の魚釣島南約十キロの日本の領海内で、警備中の海上保安庁の巡視船「甑《こしき》」（九百九十六トン）が、台湾の遊漁船「聯合号」（十六人乗り）と接触し、一時間ほどして「聯合号」が沈没する事件が起きた。台湾人の乗組員が三人と釣り客十三人は海上保安庁によって全員救出されたものの、領海侵犯であるとして、日本は船長を拘束した。

これに対して中華民国は、尖閣諸島を自国の領土と主張しており、その海域で自国の船が日本の海上保安庁の巡視船に衝突、沈没させられたので、日本に対する非難の声が台湾の一部から上がることになった。実は、この時期の馬政権は、対中外交で頭が一杯で、対日関係についてはほとんど用意ができていなかった。

このため、総統府（大統領官邸）は、事件発生から三日が経った十二日になってから、ようやく正式の記者会見を開いた。これまでに、台湾の一部世論は沸騰して、対日強硬派の人たち、尖閣諸島問題活動家のような人たちは、日本を非難しただけではなく、馬英九政権は日本に対して弱腰だ、と批判した。

野党民進党の立法委員団からも、外交部（外務省に相当）の態度は軟弱であるとして、頼幹事長が「外務省は台湾の漁民を護らず、事故現場の近くにいた台湾側の海岸巡防署の船を後退させたとは何事だ」と批判した。

馬英九が台北市長当時の二〇〇四年に、尖閣諸島をめぐって日台間に摩擦が生じたときには、「一戦をも惜しまず（不惜一戦）」という威勢のよい態度であったのに、総統になると同じ問題でなかなか国民の前に姿も現さなかったので「かつては釣魚島を護ろうとする熱血青年だったのに、馬英九は大統領に当選したら腰抜けになったのか」と言われていた。

十二日の大統領官邸の発表によると、釣魚島は中華民国の領土であり、宜蘭県頭城鎮大渓里という住所である、政府としては釣魚台を護る決心は一貫している、日本が中華民国の領海で漁船に衝突、沈没させて、その船長を拘束したことに対して厳正に抗議する、それゆえ船長を即時釈放し、賠償金を支払え、ということであった。また、馬政権では、この事件を契機に、海岸巡防署の船舶は装備を強化し、武装力を高めることにした、と述べた。また、馬総統は「釣魚台問題では、かつては熱血青年であったが、今でもなお熱血中年である」とのコメントを出した。

許世楷代表の無念の辞任

その後、間もなく日本が船長を釈放して帰国させ、相互の話し合いが行われて、一か月あまりで両国関係は落ち着きを取り戻した。しかし、その過程で、当時の台北駐日経済文化代表処の許世楷代表は、望まざる形で辞任することになった。許世楷は、民進党政権時代に駐日代表に着任していたが、馬英九国民党政権になってからも留任して、引き続き職務にあたっていたところ、この事件に遭遇した。そしてこの事件の関係で本国に召喚され、議会で説明を求められた。その時、立法委員から、許代表は台湾の国益を守らないで日本側にたつ「漢奸」だという、侮辱的な言葉を浴びせられた。これに対して、許代表は、辞任をもって応えたのである。

その後、しばらくの期間、駐日代表の後任者が決まらない事態となった。日台関係が緊迫しているのに、台湾を代表する責任者が不在となって困っていた日本の交流協会のスタッフがマスコミから「許代表が辞任されたので後任を決めることになるでしょうが、後任としてはどういう人物が好ましいと思いますか」と質問されたとき、思わず「許世楷代表のような方がよい」と答えた。つまり、日本としても、許代表の辞任は望まないところだった。

このように、馬英九政権の発足から半年間の日台関係は、前途多難を思わせる状況であった。

「台日特別パートナーシップ」の発動

すると馬政権は、十月に「台日特別パートナーシップ（Taiwan Japan Special Partnership）」政策を打ち出した。聯合号事件が収まったころには、対中関係も一段落して軌道に乗りつつあったので、改めて対日政策に取り組むこととし、馬政権としては、対日関係について積極的な関係改善策を打ち出したのである。

これは、日本と台湾の間で民間、経済面の特別緊密な関係をさらに発展させること、地域、文化的関係を共有すること、今までの関係をさらに延長し、さらに発展的な関係を構築することを目標としていた。また、「台湾と中国の関係がよくなると日本と台湾の関係にもよい影響がある」という立場をとった。そして尖閣問題については、主権論は棚上げにして漁業権問題の解決に当たることとした。

以下に二〇〇八年から二〇一一年に至る時期の日台関係について略述する。まず、二〇〇九年十二月、それまでの東京、大阪、横浜、福岡、琉球の駐日代表処に加えて、台湾は札幌分処をオープンさせた。台湾の人々にとって、北海道は魅力的な観光地であり、年間に二十万人以上の人が北海道を訪れていたから、現地に台湾を代表する公的機関が必要となったのである。

また、二〇〇九年から日台間でワーキングホリデーがスタートした。若者が、相手の国に働きながら長期の滞在をするためのビザを発給するための合意である。日本から台湾、台湾から日本の双方向で、それぞれ年間二〇〇〇人ということでスタートしたが、その後、一万人にまで拡大した。

こうして日台関係の緊密化策が一つずつ実現していたところへ、二〇一一年三月、東日本大震災が発生した。この地震を契機とする日台の交流については第五章に詳述している。

ところで、馬英九政権では、日本と台湾との懸け橋のシンボルとして、土木技師の八田與一を高く評価し、顕彰してきた。日本統治時代に八田技師が設計、施工にあたった嘉義の烏山頭ダムと嘉南大圳（農業用水路）は、台湾の農業に大きく貢献したため、ダムのほとりに墓地が設置されて、毎年墓前祭が行われていた。馬英九は、二〇〇八年五月、総統就任直前のタイミングでこれに参加した。その後、馬政権下で、一九二〇年代のダム工事の住宅跡などを整備し、八田與一邸や技術者、工事関係者の家も再現し、記念公園とした。その公園のオープン記念式典が二〇一一年五月八日に行われると、これにも馬英九総統自身が参列した。

ただし、その公園の八田邸の傍らに設置された説明看板に、馬総統の手で「台湾を愛した外国人」と記されているのは正しくない。当時の事実からすれば、八田與一は、日本の領土であった台湾のために貢献したのだから、「台湾を愛した日本人」である。

「日台絆イニシアチブ」で交流促進

さて、東日本大震災の年、二〇一一年七月十四日、交流協会と台湾側の亜東関係協会は「日台絆イニシアチブ（厚重情誼イニシアチブ）」に合意した。これは、東日本大震災からの復興支援と観光の促進をセットで進めるものだ。つまり、復興支援のためにも東北地方、さらに、日本各地に台湾からたくさんの客に来てもらって、日本経済が元気になれば、復興促進にもつながるとの考えであった

このため、台湾の観光旅行業者を、政府関係者とともに日本に派遣して観光地を巡らせた。また、青少年交流の促進には修学旅行の形で日本を訪問させることがよいとして、百六十人の学校長を日本に送ることとした。同イニシアチブには、学術交流として、地震研究において相互に協力すること、原子力エネルギーについての情報の共有も含まれていた。

この年九月、第一期安倍政権の辞職後、一国会議員となっていた安倍晋三が台湾を訪問した。総統府で馬英九総統に会った際に、馬英九は「二〇一一年になってから、日本からの訪問団と会うのはこれで十二回目です」、「政権についてからだと、あなた方が九十番目になります」と述べ、自分は反日ではないから、日本からの訪問客には会うようにしているということをアピールした。さらに台湾側が、日本の大震災に対して手を差し伸べているのは、「台湾はかつてに大震災に見舞われ、あるいは八・八水害という大きな台風被害もあった。その時には、日本から心温まる支援の手を差し伸べてもらった。だから、今度は私たちがお返しするのが当たり前だ。困難に遭遇した友人に対してやるべ

きことをしているだけだ」と述べた。

日台間で深まる経済関係

その後、九月二十二日に日本と台湾の間の「民間投資協定（正式には、投資の自由化促進および保護に関する相互協力のための財団法人交流協会と亜東関係協会との間の取決め）」が合意された。これは、日本側の交流協会と、台湾側の亜東関係協会という「民間団体」の協定なので、「民間投資協定」である。

内容としては、一方の側の投資家、つまり日本側あるいは台湾側の投資家あるいは投資財産は、相手の区域内において、自国の投資家および投資財産に与えられる待遇より不利にされないことを決めたものである。言い換えれば、日本人が日本国内で投資をした場合と、台湾人が日本国内で投資をした場合とが同じに取り扱われる、その逆も同様とすることを決めた。また、自国内で、他の国と比較して不利益な取り扱いを受けないこととした。つまり、アメリカ人が日本に投資した場合と比べて、台湾人が日本に投資した時に不利になる差別を受けないし、日本人が台湾に投資した場合も、中国やイギリスの投資家と比べて日本人が不利に扱われないことを定めた。いわゆる最恵国待遇の規定である。

次に締結されたのは、オープンスカイ協定であった。正式には「日台航空協議の修正」だが、これによって定期便を運航する航空会社の会社数の制限がなくなった。また、東京以外の各空港から台湾の各空港へ飛行する便数も制限がなくなった。その上、以遠権によって相互に相手国の空港に降りた飛行機が、そこから別の空港、他国へと飛ぶことも認められた。

この結果、わずかの間に路線が拡大して、一年半で便数が四十五％増加することになった。使用される空港も、それまでの日本側で成田空港、関空、福岡空港だけから、茨城空港、静岡・富士山空港、小松空港、宮崎空港へと拡大した。台湾も、桃園、松山、高雄以外の地方空港に日本の飛行機が直接乗り入れられることになった。

それから、対日産業連携架け橋プロジェクトが合意された。具体的には「ゴールデンアジアファンド」など、日本の中小企業やベンチャービジネスなどが台湾に進出するとき、積極的に資金を提供することにしたところ、日本では三菱ＵＦＪキャピタルが参加した。一方、台湾側では、創新工業技術移転株式会社（Industrial Technology Investment Corporation）が応じて、当初は六百万ＵＳドルの基金でスタートした。

また、台日イノベーションパークとして、台南科学工業園区および南部科学工業園区の中に、日本の中小企業やベンチャービジネスが、台湾側と合弁あるいは単独で、台湾に進出する場合のための、日本企業用の用地を用意することにした。

東京と福岡で故宮博物院展を開催へ

文化的なことでは、二〇一三年の四月に、宝塚歌劇団が台北公演を実施したところ、チケットは全て売り切れた。日ごろ、宝塚に特に関心があるとも思えないような台湾の人たちまで、せっかくの機会だからと、わざわざ見に行ったためである。

二〇一四年春には、故宮博物院展を東京国立博物館、そのあとは福岡の九州国立博物館で、同じ展覧会が開催された。これは、日本で初の試みである。従来、台湾の故宮博物院の文物を日本に持ち込んで展覧会を実施したとき、大陸中国から展示物の返還を求められた場合の対応について問題があったため、日本での展覧会は実施されてこなかった。これについて、二〇一一年三月、日本において、海外の文物を保護する「海外美術品等公開促進法」が成立したことにより、日本で故宮博物院展が開催できることとなった。

実は、馬英九政権の一期目の総統就任式典と異なり、二〇一二年五月二十日の、二期目の就任式典では、馬総統は、日本に言及した。すなわち、馬英九は、「台日関係は過去四十年来で最も良好な関係である」と述べ、一九七二年九月の日華断交以来、日本と台湾の関係がもっともよいと評価していた。実際、この年の日本と台湾の貿易総額は五兆六千九百億円であり、日本にとって台湾は世界で四番目の貿易パートナー、台湾にとって日本は二番目の貿易パートナーであった。

第二期政権発足と尖閣諸島国有化問題

ところが、この前後から日台関係には尖閣問題が、再び大きな影を落とすことになった。

二〇一二年三月十六日、中国の公船が尖閣海域において領海侵犯を行ったが、そのうちの一隻は、中国で最新鋭の船だった。このほかにさらに二隻が同行していた。しかも、そのタイミングに合わせて、人民日報が「日本の実効支配の打破が目的である」と書きたてた。つまり、尖閣諸島の海域は日本が実効支配をしていたが、これを打ち破って中国の海にするために領海侵犯をしかけたのである。

その一か月後、アメリカのヘリテージ財団に招かれてシンポジウムに参加していた石原慎太郎都知事が、「尖閣諸島を東京都が購入する」と発表した。これは、すでに尖閣諸島の地権者との話をつけた上での発表だった。

すると、もともと尖閣諸島問題が紛糾しかけたところで、石原都知事が係れば、尖閣諸島をめぐって日中関係の軋轢が大きくなると危惧した野田佳彦首相が、尖閣諸島を日本政府が購入することとし、七月七日、日本政府は正式に、尖閣諸島の購入を発表した。

このとき、日本政府が購入することにしたのは、尖閣諸島のうち、魚釣島と北小島と南小島の三つである。このうち魚釣島には、標高三百六十三メートルの山もあるが、三つ併せて二十億五千万円ほどで購入した。

この間の二〇一二年五月七日には、玉澤徳一郎氏の後任として、亜東親善協会の会長に安倍晋三が就任した。一方、馬英九政権が二期目に入ったので、五月三十日づけで、台北駐日経済文化代表処の代表が、馮寄台から沈斯淳に交代となった。

東シナ海平和イニシアチブ推進綱領を発表

こうした情勢において、八月五日、馬英九総統が、「東シナ海平和イニシアチブ」構想を発表した。中華民国は、尖閣諸島の主権は中華民国にあると主張しているが、「争議は棚上げして和平互恵共同開発でいこう」と提唱した。つまり、主権問題は議論せず、平和的に、実行上の取り扱いについて話し合いをしようということで、最重要課題とされたのは漁業協定の締結だった。

そうした事態の進展のなかで、わざわざ終戦記念日の八月十五日に、香港の活動家などが、大挙して尖閣諸島海域に入り、十四人が上陸した。もともと、この香港の団体は、台湾の団体と連動して上陸しようと計画していたが、台湾側は、馬政権の方針によって、台湾の船がこの海域に出ることを阻止した。そういうわけで、香港の船だけが出て、尖閣諸島に上陸したが、中国が台湾と連動しているという構造を示そうとして、香港の活動家は上陸時にわざわざ中華民国の国旗、青天白日満地紅旗を、中国の国旗である五星紅旗とともに掲げた。

これに対抗するため、日本人もその後、尖閣諸島に上陸した。

そうしたなか、九月七日、馬英九が、ヘリコプターで台湾本島の北に浮かぶ彭嘉嶼という島を訪問した。これは、総統自ら尖閣諸島近くの島に出向いて、尖閣諸島が中華民国の領土であるとアピールするデモンストレーションであった。同時に、その島で、東シナ海平和イニシアチブの実施案を発表した。すなわち、まず台湾は日本と、領土権を棚上げして漁業権および資源開発や自然保護についての話し合いで合意を目指す。尖閣諸島の海域には、絶滅危惧種のアホウドリなどがたくさん生息しているので、共同でその保護にもあたろうという考えである。また、台湾は中国とも尖閣諸島問題について話し合いを行うことにし、日本と中国の間でも話し合いを進めることを期待する。つまり、台湾と日本、台湾と中国、日本と中国が、三角形の話し合いで、領土権を棚上げして、合意を目指そうというものだった。しかし、馬英九の構想は、日台の関係と、日中、中台の関係を同列に置き、中国が主権問題を棚上げにした話し合いに応じることを期待している点で、現実離れした中国認識に立脚したものであり、全く進展しなかった。

中国での反日暴動の頻発

馬政権が、この時期に行動に出たのは、平和的な話し合いを実現させるためには、日本は尖閣諸島を国有化すべきではないというアピールのためでもあった。まだ間に合うので、政府による購入を思いとどまらせようということである。

これに続いて九月十日、馬政権は日本政府に向けて、公式に、国有化を思いとどまるようにメッセージを送付した。しかし、日本政府は、予定通り、九月十一日に土地登記を終え、尖閣諸島を国有化した。

その結果、中国各地で激しい反日暴動が繰り返されることになった。日系のスーパーマーケット、デパートが打ち壊しに合い、商品が略奪され、日本料理店は襲撃され、所有者が誰かに関係なく、ただ日本車というだけで破壊された。このため、北京その他の日本人学校では、運動会が中止に追い込まれた。

しかし台湾では、そのような大騒ぎはなく、九月二十三日に台北市内でちょっとしたデモがあっただけだった。それも平和的に秩序だって行われ、交流協会の事務所前でシュプレヒコールなど挙げたが、中国の五星紅旗を出そうとした人をみつけると、周りの人が抑え込んでそれを阻止するという場面もあった。

台湾の反応として日本で大きく報道されたのは、九月二十五日の、大量の漁船による尖閣海域でのデモンストレーションであった。漁船四十隻ほどと、それに伴走した海巡署の船十隻ほどで、合計五十隻あまりが、この日に尖閣諸島の海域に入った。これに対して、日本では海上保安庁の船が迎える態勢をとり、一触即発の状況となった。台湾の漁船と日本の巡視船が衝突すれば、二〇〇八年の騒動の再燃となるため、日本も台湾も過度の接近を避け、日本の海上保安庁と台湾の海巡署の船の間で、放水合戦となった。その映像が、日本のテレビニュースでも流され、かなりの衝撃を与えることになった。

玄葉外相が「台湾の皆さんへ」メッセージ

実は、日本側では、玄葉光一郎外相などは、八月中から、台湾との漁業権交渉再開を模索しており、九月中にも話し合いが始まるのではないかという観測が流れていた。まさに九月二十五日には、交流協会の今井正理事長が台湾を訪問して、予備会談が始まるところだった。

つまり、台湾漁船のデモはその日に合わせて行われたもので、同日午後五時くらいに今井理事長が台湾の楊進添外交部長（外相）と会うと予想された日の午前中に、放水合戦が行われた。

ところで、香港の活動家の尖閣諸島上陸と、台湾の漁船のデモンストレーションには本質的な違いがある。すなわち、香港の活動家は、尖閣問題は、自分たちの生活の糧の問題とは無関係で、純粋に政治行動として実施しているのに対して、台湾の宜蘭あたりの漁民は、尖閣諸島海域で漁業ができるかどうかは生活の問題だった。

遡れば、尖閣諸島海域の漁業権をめぐる日台間の話し合いは、一九七〇年代から続いており、これまでに十六回にわたって話し合いがもたれたが、交渉が妥結に至ることはなかったのである。このため、今回の話し合いでも、また同じ結果になる可能性があったので、漁民たちは結果を出させようとして、圧力かける行動に出たものである。それで、漁船は「魚を取らせろ」という旗を掲げてデモンストレーションをしたのだが、それを午前中には終えて、帰港した。

しかし、日本に対して明確に国有化の中止を申し入れた翌日に日本が国有化を実行したため、馬英九政権としては、抗議の意志を表明するために、三か月前に東京に着任したばかりの沈斯淳駐日代表を本国に召還していた。

それでも、中華民国の建国記念日として、十月十日の双十国慶節を祝うパーティーは東京でも予定通り開催することとなった。この二〇一二年には十月五日にホテルオークラ「平安の間」で開催の運びであったが、沈代表はその前日の十月四日に日本に帰任して、パーティーを主催した。

すると十月五日に合わせて、日本政府では、玄葉外相が「台湾の皆さんへのメッセージ」を発した。国交が無い、政府間関係がない台湾に向けて、外務大臣がメッセージを発したのは、国交断絶以来の画期的な出来事だった。「中華民国」とは言わず、また台湾の政府向けではなく、「台湾の皆さん」に向けることとで、非政府間の実務的な関係の範囲内に収めたというつもりだろう。

このメッセージは、「日本と台湾は民主、平和、法治という共通の基本的価値観がある。そしてそれに基づいて長年の良好な国民感情と深い相互理解が続いてきた」と述べ、この一年間、民間投資協定やオープンスカイ協定ができて、日台の実務協力関係は非常に発展しているとし、「震災に対して示された台湾からの深い友情、あふれるばかりの破格の支援には心から感謝しています」と謝意を伝えた。しかし、「翻って個別の問題がありますが」といっても、具体的に尖閣諸島問題などを挙げることはしなかったが、「それに対しては冷静かつ大局的な見地から対処しようではありませんか」、と呼びかけた。「幸い、台湾側から東シナ海平和イニシアチブおよびその推進綱領が発表されました。これはまさに冷静かつ大局的な見地から対処しようという私の主張と基本的に同じ考え方から出てきているものだと理解しております」との認識に立って、まずは日台漁業協議を再開しようと提案し、「これを早期に再開して、建設的な話し合いができることを期待しています」と結んだ。

これに対して、台湾の外交部は、「これを評価する」と反応した。これによって、交渉再開の目途がついた形となって、その晩には予定通り日本の政治家や各界の親台派を招いたパーティーが開催されたので、筋書に沿って外交が進められたように見える。

日台漁業協定の話し合い開始

十月十日、双十節の当日、台北での式典において、馬英九は「我々は領有権、漁業権を護り、地域の平和を推進する」と述べ、さらに「わが国の領土侵犯については受け入れることはできず、領有権は揺らぐものではない。釣魚台海域は、百年余り前から我が国の漁民が操業していた漁場であって、わが国政府の巡視船はこの海域において引き続き漁民を保護し、海の国境線を護っていく」と、わざわざ尖閣諸島問題についての原則的立場を表明した。

この双十節の祝賀式典に参加するために、日本から国会議員団二十六人が台湾を訪れていたが、馬英九の総統挨拶の内容を前日に知ったため、急遽、訪台議員団は、式典を全員欠席して抗議の意思を示した。しかし、その後の馬英九が同席するレセプションには全員が出席して、日台親善を深める意図を示した。つまり、尖閣諸島問題で日本が主張すべきことは主張するが、本質的に日本と台湾は緊密な関係を築かなければならないので、その両面を表す行動をとったのだという。

このため、漁業権交渉についての日台当事者の話し合いは、当初の予定よりは遅れて、十一月三十日から再開された。

これに対して、翌二〇一三年一月二十四日に、合意達成を阻止するかのように、台湾の中華保釣協会が、その所有する船「全家福号」で出港して、尖閣諸島に上陸しようとした。この船に、四隻の台湾の海巡署の巡視船が随行したが、これは、「全家福号」の保護と同時に、過激な行動の阻止のためであった。すると、このタイミングに合わせて中国の公船が現れ、中台共同行動を示そうとした。

この時、台湾の巡視船は中国の公船に向けて電光掲示板で「中華民国の海域から直ちに離れよ」というメッセージを中国語で示した。つまり、ここは「中華民国」の海だから「中華人民共和国の船は出ていけ」と宣言したもので、尖閣諸島問題をめぐって、台湾は中国と共同行動はとらないという意思を示したのである。二〇〇八年の政権成立以来、対中関係の宥和に努めてきた国民党馬政権だが、尖閣諸島問題について台湾は中国と手を組まない、という具体的な行動であった。

尖閣問題で台湾が中国と共闘しない理由

その一か月ほど後、二〇一三年二月十九日、台湾の外交部は、「台湾が中国大陸と合作しない立場」という文書を公表した。これにより、五つの論点から、台湾は尖閣諸島問題では、中国とは共闘しないことを説明した。

第一点は、法的な論拠からであり、中華民国が尖閣の領有権について重視していることは、カイロ宣言と日華平和条約であるとし、カイロ宣言では、日本が「中国から盗取した領土」を中華民国が取り戻すと言っており、日華平和条約は、尖閣に具体的に触れていないが、主権の移譲について定めたもので、尖閣も移譲された範囲に当然含まれるとした。つまり、カイロ宣言と日華平和条約によって、尖閣諸島は中華民国の主権下に入ったと主張している。ところが、中国共産党は、最初から日華平和条約を認めていないのだから、尖閣諸島の問題で、台湾と中国が共闘できるはずがないことになる。

第二は、尖閣諸島の領有権問題の解決方法について、中国と台湾の考え方が違うことである。台湾は、東シナ海平和イニシアチブを打ち出し、構想も手順も明確にした。そこでは、日本だけではなく中国に対しても呼びかけたが、中国はこれを無視して、全く対応していない。だから中国とは協力できない。しかも、台湾が平和な話し合いを目指しているのに対して、中国は過去において周辺の海域、地域の領土問題では常に武力を行使しており、その点でも台湾の考え方と異なる。

三番目は、そもそも中国は台湾の統治権、主権を認めていない。尖閣諸島問題は、主権の問題であるので、主権国家同士でなければ話し合いはができないが、中国は台湾の主権を認めないので、協議はできない。

四番目は、台湾が日本と平和的な話し合いを進めた結果、漁業協定が結ばれようとしているのに、中国の態度や手法は、それを壊すものでしかない。台湾と日本の間では、主権は棚上げして、争議は抜きにして、漁業権交渉で合意を得ようとしているのに、これを妨害しているのが中国である。妨害している相手と、協力することなどできない。

最後に、五番目として、全体の情勢として、東アジア地域のバランスや国際社会の懸念がある。台湾は、日本列島から連なる西太平洋の防衛ラインである、いわゆる第一列島線の上に位置している。その西の終着点が台湾である。ところが、中国が採用している安全保障構想は、第一列島線を突破しようとするものである。海・陸軍を大幅に増強して、軍事力でこれを突破しようとしている。そもそも台湾は、アメリカおよび日本と、政治、経済、国防の分野で、長期にわたって高度な共通利益を共有してきた。そこで、尖閣諸島問題をめぐって台湾と中国が手を結べば、日本ばかりではなく、アメリカも中台の対応を非常に心配することになる。台湾としては、日本、アメリカとの協力関係を続けられなくなってしまう。ひいては、東アジアの軍事バランスを壊すことにもなる。したがって、台湾としては中国と、この問題で協調できない。

以上のように、これまでの尖閣諸島をめぐる経緯だけではなく、東アジアの安全保障情勢に言及して、台湾としては、日本およびアメリカと高度な協調関係を保つことを目指すため、尖閣諸島問題について、中国とは協力できないことを明示した。

「日台民間漁業協定」の締結

尖閣諸島について、台湾が明確な意思表示をしたため、日本としては、漁業協定の締結に進みやすくなった。

その前提となったのが、日本の政局の変化であった。二〇一二年十二月、衆議院の解散総選挙で自民党が圧勝して、三年ぶりに自民党の安倍政権が誕生した。すると首相に就任して間もない安倍首相は、日台漁業協議については早期に締結するように、という指示を関係者に出した。つまり、安倍首相は、政権のスタートともに取り組むべき課題の一つとして、尖閣諸島海域の漁業権問題を意識していた。

そうしたなか、日本と台湾との間に刺さっていたトゲがあった。それは、二〇一二年三月十一日、東日本大震災一周年の追悼式典において、世界最大の義捐金を日本に送ってくれた台湾の代表者に、指名献花をお願いしなかった大失態である。しかし、二〇一三年三月十一日の二周年追悼式典では、台湾の代表者を他国の代表者と同様に取り扱い、指名献花をお願いした。これは、安倍政権による台湾尊重の現れでもあった。

その二日後、三月十三日に日台漁業協定の第二回予備会談が開かれ、四月十日、台北において日台漁業協定の調印となった。

その内容は、台湾の漁船は、合意された期間、承認された漁法によって、尖閣諸島の海域で漁業をしてよいというものだ。この海域の指定では、相当に日本側が譲歩しており、日本と台湾の中間線から大幅に日本側に入ったところまで、台湾漁船の操業を認めている。一括りに尖閣諸島の海域というが、この協定で合意された台湾漁船が操業を認められた海域は、石垣島の東から宮古島の西にいたるたいへん広いものである。つまり、日本の領海に入ることは認めていないが、排他的経済専管水域（EEZ）のなかでも台湾の漁民の方は操業できるという内容である。

このため、四月十七日に仲井真沖縄県知事が、政府に対して、日本が譲歩しすぎだとして、この合意を撤回して欲しいとの要望を提出したほどである。

しかし、翻ってみれば、この譲歩によって、日本と台湾の間で、三十年以上の懸案となっていた尖閣諸島周辺での漁業権問題に片を付けたわけである。

近年の日本政府の台湾認識

さて、馬英九政権下の日台関係については上述の通りであるが、馬英九が最初の総統選挙中に訪日を重視していたことは、日台関係のある側面を示している。

前述のとおり、二〇〇八年の総統選挙に向けて、国民党の馬英九候補も、民進党の謝長廷候補も、選挙運動期間中に日本を訪問した。これは、台湾の選挙制度として、中華民国パスポートの所持者に選挙権が認められており、在日華僑にも相当数の有権者がいるので、その票の獲得のために日本で選挙集会を開催するということが一つの理由である。それと同時に、総統になる前に、日本の政界とのパイプを作ることが目的である。

このときの馬英九の訪日についてはすでに述べたが、民進党の謝長廷候補も二〇〇七年十一月に訪日して、京都と東京で講演会を開催した。京都大学に留学経験をもち、修士号を取得した謝長廷は、日台関係重視について日本側から危惧されることが少なかったため、東京の講演会では、在日華僑向けの投票呼びかけを重視していた。

その八年後、二〇一六年総統選挙に向けた選挙戦では、国民党の朱立倫候補は選挙運動期間中に来日しなかった。しかし、台北市長在任中の二〇一二年三月に訪日しており、このときには東京の帝国ホテルで投資説明会を開催した。朱立倫は、台北市林口区のアウトレット業者誘致計画や台北港特定区、新荘スマート産業パーク、樹林樹新などの重要投資誘致計画を紹介して、百社近くの日本企業から参加申込があったという。

これに対して民進党の蔡英文候補は、二〇一五年十月六日から四日間の日程で訪日し、東京で講演会を開催したほか、安倍首相の地元、山口県に足を延ばし、安倍首相の実弟である岸信夫衆議院議員の案内で各地を訪れた。安倍首相とも非公式に接触したとされ、安倍政権とのパイプつくりを進めた。

こうした経緯もあって、蔡英文の総統当選が決まった二〇一六年一月十六日に、岸田文雄外相は「台湾の総統選挙において蔡英文氏が選出されました。同氏の当選に祝意を表するとともに、本件選挙が円滑に実施されたことは、台湾において民主主義が深く根付いていることを示すものとして評価します」『台湾は我が国にとって、基本的な価値観を共有し、緊密な経済関係と人的往来を有する重要なパートナーであり、大切な友人です。政府としては、台湾との関係を非政府間の実務関係として維持していくとの立場を踏まえ、日台間の協力と交流の更なる深化を図っていく考えです」との談話を発表した。

また、参議院議員の江口克彦が同年五月十一日に書面質問で、「日台関係及び『日台関係基本法』の制定に関する質問主意書」を提出して、日台関係の現状について、および李登輝友の会が平成二十五年に、「台湾の地位を法的に明確に規定する必要性を踏まえ、平等互恵を原則とする日台関係の発展を目的とする『日台関係基本法』の早期制定」を求めて「政策提言」を提出したことについて、安倍首相の見解を質した。

これに対して、安倍首相は、蔡英文の総統就任式当日である五月二十日づけで書面答弁を行い、「台湾との関係に関する我が国の基本的立場は、昭和四十七年の日中共同声明第三項を踏まえ、非政府間の実務関係として維持するというものである。政府としては、このような基本的立場に基づき、我が国との間で緊密な経済関係と人的往来を有する重要なパートナーである台湾との間においてこのような実務関係が着実に発展していくことを期待している」として、「七二年体制」の枠組みを維持しながらも、前向きの姿勢を示した。また、二〇一一年の東日本大震災および二〇一六年熊本大地震への台湾からの多大な援助に対しては、日本政府として、あるいは首相として謝意を表してきたことを明らかにした。

しかしながら、李登輝友の会からの政策提言については、「御指摘のような政策提言は受け取ったが、その概要については、政府としてお答えする立場にない」という素っ気ない返答に終わっている。

日本台湾交流協会と台湾日本関係協会の「民間協定」の締結

すでに述べたように、日本と台湾との間には、相互関係の前提となる法令が全くない。基本的には、一九七二年十二月二十六日の、当時の交流協会と亜東関係協会の間の覚書と、これに対する二階堂進官房長官談話と沈昌煥外交部長談話を基礎として、「非政府間の実務関係」が維持されている。ところで、この「実務関係」は、七二年から二〇一〇年まで大きな進捗がなかったが、それ以後、徐々に関係強化が進められてきた。

その基礎となったのは、二〇一〇年四月に結ばれた、「財団法人交流協会と亜東関係協会との間の二〇一〇年における日台双方の交流と協力の強化に関する覚書」である。一九七二年の覚書が、「在外事務所設置」に際して、その基本的機能を定めただけのものであったのに対して、この覚書は、日台関係の「交流と協力の強化」のための行動指針となっている。

その第一項は、「双方は、地震、台風等に係る防災・災害復興の経験を相互に共有するとともに、防災対策、被害の軽減、突発事件への対応、災害復興等の分野の専門家間の協力が強化されるよう努力する」としている。この一年後の二〇一一年三月に東日本大震災が発生し、台湾から多大な支援があったことを想起すると、この覚書締結のタイミングにいささかの感慨を禁じ得ない。

このほか、第二項で国際犯罪対策での協力、第三項で出入境管理と密輸防止、第四項では、海上の安全、第五項では、貿易・経済に関する情報交換、第六項で中小企業の協力関係促進、第七項で省エネ・新エネルギー開発での協力、第八項で農業・漁業協力、第九項で観光交流、第十項で自治体交流、第十一項で研究・留学生交流、第十二項でメディア交流、第十三項で文化交流、第十四項で、全般的な情報交流、第十五項で台湾研究及び日本研究の交流の強化を掲げており、包括的な関係強化を目指したものである。

第八項の農業・漁業協力については、既述のとおり、この三年後の四月一〇日に、いわゆる「日台民間漁業取決め」（正式名称「公益財団法人交流協会と亜東関係協会との間の漁業秩序の構築に関する取決め」）となって結実した。

この基本指針に沿って、それ以後、多数の協定、覚書が交流協会と亜東関係協会の間で締結されてきた。また、既述のごとく、二〇一七年一月一日には、日本側の交流協会が公益財団法人日本台湾交流協会に、台湾側の亜東関係協会が同年五月十七日から、台湾日本関係協会に名称変更になった。これは、当初の名称が、当時の日本、台湾、中国の基本事情からのやむをえざる事情で、まことに曖昧で何を目的とした団体か不明な名称でスタートさせざるを得なかったことからすると、日台双方の関係強化が進み、台湾の自己認識が変わったことが反映されたものとして高く評価できる。

すなわち、台湾が中国ではない台湾であることを日本と台湾の双方が認めたこと、そして日本が中華民国を台湾として扱い、中国の一部ではない名称で公式関係を持つことに「一つの中国」原則を掲げる中国が反対することは明らかであったが、それを意に介さず、日本が対台湾関係の前進を決断したことは、意義深いといえる。

二〇一〇年以後に双方の協会が締結した協定、覚書の主なものは次のとおりである。

二〇一一年十一月十日、「民間航空業務の維持に関する交換書簡」が交わされたが、これはすでに述べたように、いわゆる「オープンスカイ協定」であって、相互に、地方空港間を含め多様な航空路線を柔軟に拡大できることになった。これがその後の、日台間の旅客数の飛躍的な増大に資することになった。そもそも、航空機が多数飛ばなければ、日本人と台湾人の往来を増大させることはできなかった。

同年十一月二十二日、「投資の自由化、促進及び保護に関する相互協力のための財団法人交流協会と亜東関係協会との間の取決め」が締結された。これ以後、日本から台湾への、日本食レストランやラーメン店チェーンなどの進出が拡大したことは、日本を訪れる台湾人の急増とあいまって台湾における日本文化の存在感を高めることとなった。

このほか、出入国管理分野における情報の交換と協力についての覚書（二〇一四年十一月二十七日）、原子力エネルギーの平和利用に関する覚書（同年同日）、観光事業の発展に関する協力についての覚書（同年同日）が相次いで締結された。また、独占禁止法の効果的な執行のため、競争法適用に関する了解覚書（二〇一五年十一月二十六日）、所得税についての二重課税の回避と脱税防衛のための取決め

（二〇一六年六月十五日）、さらには防災実務に係る交流と協力の強化についての覚書（同年十一月二十六日）、製品安全分野での交流と協力の強化についての協力覚書（同年十一月三十日）、言語教育の交流と協力についての覚書（同年同日）、税関に関する協力の取決め（二〇一七年十一月二十二日）、文化交流の協力に関する覚書（同年同日）も締結された。そして、海難捜索救助分野の協力に関する覚書が二〇一七年十二月二十日に交わされている。

また、この間に地方都市間協定が大幅に拡大してきた。これには、二〇一六年に着任した台北駐日経済文化代表処の謝長廷駐日代表の方針もあって、二〇二〇年十月までには日台の姉妹都市協定は九十五に達している。同じく二〇一六年四月に締結された鎌倉、江ノ島を走る江ノ島電鉄（通称：江ノ電）と、「天灯飛ばし」で有名な観光地「十分」への路線である瑞芳と平渓を結ぶ台湾のローカル線、平渓線との友好鉄道協定など、日台の鉄道間や鉄道の駅間の協定も多数結ばれてきた。

以上のように、蔣介石の「以徳報怨」の恩義に報いようという日本人の意識と、日本統治時代からの日台相互の人的結びつきを基礎とする戦後の日台関係は、李登輝政権期を画期として質的転換を遂げてきた。台湾の民主化とともに、多様な台湾人と多様な日本人の交流が拡大して、国民党の李登輝、民進党の陳水扁、馬英九政権期、民進党の蔡英文政権期を通じて、日台間の緊密度は高まってきたのである。さらには日台の各種交流関係について多くの協定、覚書が交わされ、国民各界・各層の結びつきは大幅に強化されてきた。この背景には、地震帯を共有する日本と台湾の、大地震のたびに交わされる相互支援があったことも忘れることができない。

ますます深化する日台運命共同体

　しかし、日台運命共同体のもう一つの側面について思いを馳せると、この間の日台関係の深化が、きわめて重要な点で不十分であることを指摘せざるをえない。すなわち、日台運命共同体の陰の主役、中国との関係である。

　既述のように、日本も台湾も、歴史を通じて大陸中国との緊張関係を保ってきた。言い換えると、中国からの圧力に対抗する点において、日本と台湾は運命共同体であった。この側面は、中国国内が分裂状況で内部抗争が継続するときには相対的に影が薄くなるが、統一国家が成立して、経済的・軍事的に強大化するとき、顕著になる。

　遣隋使の昔、聖徳太子は日本の対中独立を鮮明にしなければならなかったし、元寇に際しては武力をもって独立を維持しなければならなかった。一方、日本が軍事力による拡張主義をとると、中国への領域拡大を目指して失敗してきた。豊臣秀吉の朝鮮出兵には、朝鮮を越えて唐、天竺まで進む夢想があったし、大東亜戦争でも、満州国建国から華北、華中、さらに華南へと支配領域を拡大しながら日本は敗戦を迎えた。

　日本も台湾も、十七世紀にはオランダの東アジア進出に直面したが、台湾はその後、清朝によって支配されるに至った。しかし、十九世紀には日本の支配下に入り、文字通り運命をともにすることになった。日本が大東亜戦争を展開すれば、台湾は南進の基地となり、アメリカ軍の空襲を受けた。

戦後、台湾は中華民国の支配を受け、一時的に文字通り中国の一部となった。しかし、国共内戦の結果、台湾海峡で分断され、台湾に中華民国政府が移転し、中国は中国共産党の支配下に入った。建国期の中国は、台湾併呑を目指したが、朝鮮戦争の勃発でこれを果たせず、アメリカの介在でしばしの間、台湾海峡の波風は収まったように見えた。

しかし、二十世紀から二十一世紀の声を聞くころになると、世界の工場となった中国は、軍事力を拡大させ、経済と軍事を背景に国際的影響力を強化して、周辺への圧力を高めてきた。さらに、江沢民以後には、台湾併呑の意図を露わにし、南シナ海の軍事基地建設を進め、空母を建造して就航させ、千基をはるかに超えるミサイルを台湾、日本、アメリカに向けて配備して、習近平の中国は、対外拡張と覇権獲得の意欲を明らかにしている。

つまり、中国が強大化しつつある今、日本と台湾は、歴史的な運命共同体としてのあり様を、またも明らかに自覚させられつつある。

二〇一七年以後、アメリカは中国共産党政権の拡張主義の意図を明確に認識し、対抗措置を講ずるとともに、米台関係の強化を進めてきた。二〇一八年三月の台湾旅行法、十二月のアジア再保証イニシアチブ法、二〇二〇年のタイペイ法、また二〇一八年以来の国防授権法を通じた、台湾への武器売却の促進と、アメリカが主催する軍事演習への台湾軍の参加の容認など、関係強化の立法措置が、共和党と民主党の協力の下で急速に進められてきた。

しかし、日本は、台湾との関係においてなんらの法的基礎がない状態を続けている。また、日本政府は、「七二年体制」の呪縛から逃れられず、日中共同声明の「一つの中国」原則から脱却できないため、日台関係が「非政府間の実務的関係」にとどまっている。その制約の中で、日本と台湾の関係者は最善の努力をつくし、数々の協定、覚書を交わして、密接かつ自由な相互交流を実現しているが、増大しつつある中国からの圧力に対応するには、今や、この制約を突破しなければならない段階に来ている。

前述の協定の中に、日本と台湾の二重課税の防止や税関での協力を定めたものがある。これらは、普通に考えて「非政府間」の協定で実施可能なものではない。「非政府間」という建て前がすでに限界に来ていることは明らかだ。

二〇一九年二月二十八日、産経新聞のインタビューに答えた蔡英文総統は、「東アジアに位置する台湾と日本は同じ脅威に直面している」と強調し、「安全保障協力の対話のレベルを上げることが非常に重要だ」と日台の当局間対話を呼びかけた（産経新聞　二〇一九年三月二日朝刊）。まことのその通りであるが、これに対する日本政府の反応は、菅義偉官房長官と河野太郎外相から、口をそろえて「日本と台湾との関係は，非政府間の実務関係を維持していくというので一貫しておりまして，この立場に基づいて適切に対応してまいりたいと思います」という、従来の形式的説明を一ミリも超えないものだった。

中国からの脅威は現実である。過去の原則論だけで対応できるほど甘くない。日本政府は、「非政府間の実務関係」の積み重ねで日台関係強化を実現してきており、その実績は評価すべきもので、関係者の努力を多とするものだが、ことが安全保障問題となれば「非政府間」で対応できるものではない。

尖閣諸島周辺での中国公船の日本漁船による航行と漁業を妨害する動き、周辺海域の実効支配を実現して、尖閣諸島を中国の支配下に置こうとする露骨な行動は、香港問題をめぐる民主派の弾圧、香港の自治の抹消を図る立法、行政措置、南シナ海での人工島の建設とその軍事基地化、外洋海軍の強化と空母の建造、第一列島線を越えて太平洋に展開する海空軍の行動とあいまって、今日の中国共産党政権の覇権志向を明確に示している。これに対抗するには、日本は、日米同盟を基軸としつつ、日台の安全保障協力の強化を図る以外に方法がない。その第一歩が、日台交流基本法の制定であり、日台の情報共有と、安全保障にかかわる共同訓練の実施であろう。

日本と台湾は、運命共同体である。だからこそ、それにふさわしい法的関係を、政治、経済、文化的関係とともに早急に築かなければならないのである。

主要参考文献

林金莖『梅と桜』（産経出版　一九八四年）

林金莖『戦後の日華関係と国際法』（有斐閣　一九八七年）

竹内実編『日中国交基本文献集　下巻』（蒼蒼社　一九九三年）

松本彧彦『台湾海峡の懸け橋に』（見聞ブックス　一九九六年）

浅野和生『台湾の歴史と日台関係』（早稲田出版　二〇一〇年）
浅野和生編著『日台関係と日中関係』（展転社　二〇一二年）
浅野和生編著『台湾民主化のかたち』（展転社　二〇一四年）
浅野和生『親台論』（ごま書房新社　二〇一四年）
浅野和生編著『中華民国の台湾化と中国』（展転社　二〇一五年）
浅野和生編著『一八九五－一九四五　日本統治下の台湾』（展転社　二〇一六年）
楊合義『決定版　台湾の変遷史』（展転社　二〇一八年）
楊合義『日台を繋いだ台湾人学者の半生』（展転社　二〇二〇年）
浅野和生「馬英九政権下の日台関係」（『日本と台湾』第十六巻第六号　二〇一三年八月　日台関係研究会）

第二章　戦後初期の日台関係——終戦から日華平和条約締結まで

国立台湾師範大學博士課程　渡辺耕治

カイロ宣言とポツダム宣言

一九四五年八月十五日正午、昭和天皇（一九〇一〜一九八九年）が「終戦の詔書」を朗読した音声の録音をラジオで放送し、日本は「ポツダム宣言」を受諾して米英中ソを中心とする連合国に敗戦したことを国民に告げた。所謂「玉音放送」である。日本が降伏した時、台湾は日本最南端の領土であり、日本の外地に属していた。従って、台湾でも「玉音放送」をラジオで放送して、日本が敗戦したことを伝えた。

日本が受諾した「ポツダム宣言」は、一九四五年七月二十六日、米国大統領トルーマン（Harry Truman 一八八四〜一九七二年）、英国首相チャーチル（Winston Churchil 一八七四〜一九六五年）、中華民国国民政府主席蔣介石（一八八七〜一九七五年）の三国首脳の名で発表したものである。「ポツダム宣言」は戦後日本に対する処理方針を明記し、十三項から成る。主なものを確認すると、以下の通りである。（一）日本軍国主義の排除（第六項）、（二）連合国による有期の日本占領統治（第七項）、（三）カイロ宣言に基づく日本領土の縮小と限定（第八項）、（四）日本軍の武装解除（第九項）、（五）戦争犯罪人の処罰、民主化と基本的人権の確立（第十項）、（六）日本軍に対する無条件降伏の最後通告（第十三項）。その中で、台湾に関する条項は第八項であり、以下のように記述している。

カイロ宣言の条項は履行されるべきものとし、また、日本の主権は、本州、北海道、九州、四国

及びわれわれが決定する周辺小諸島に限定するものとする

「ポツダム宣言」第八項で記述している「カイロ宣言」は、一九四三年十一月二十二日から二十七日に、米国大統領ルーズベルト（Franklin Roosevelt　一八八二〜一九四五年）、英国首相チャーチル、中華民国国民政府主席蔣介石の三国首脳がエジプトの首都カイロにおいて首脳会談を行い、対日戦争の進展状況と軍事作戦、日本の敗戦を想定した戦後処理などを協議し、翌月の十二月一日、領土不拡張の原則、日本の領土縮小方針、日本の無条件降伏を柱とする宣言を米国国務省が発表したものである。「カイロ宣言」の主な内容は以下の通りである。

（一）三大同盟国は日本の侵略を制止し、これを罰するために戦争を遂行しつつあり、何ら自国の利益を要求するものではない。従って、三大同盟国は領土拡張の意図は持たない。
（二）第一次世界大戦以後日本が奪取し、または占領した太平洋における一切の島嶼を剥奪する。
（三）満洲・台湾・澎湖島の如き、中国が盗取された一切の地域を回復する。
（四）日本と交戦中の諸国と協調して、日本の無条件降伏をもたらすに必要な行動を続行する。

カイロ会談は、米国大統領ルーズベルトの提案で開催された会議であるが、中華民国にとっては、国際デビューを果たした会議であった。即ち、近代以降不平等条約下にあった中華民国は、カイロ会談を通じて連合国を代表する三大同盟国の一国として、米英両国と肩を並べる機会を獲得したのである。中華民国は、第二次世界大戦中に西欧列強から相次いで不平等条約を撤廃させることに成功し、大戦を通じて中華民国の国際的地位を高めた。

「カイロ宣言」は、日本の戦後処理について、日本が侵略によって獲得した領土をすべて没収し、戦後日本の領土を縮小させる方針を明記している。その中で、台湾に関しては、米英両国はカイロ会談において中華民国が戦後台湾及び澎湖諸島を統治することに支持を表明したため、「カイロ宣言」で台湾及び澎湖諸島を中華民国に返還するよう日本に迫った。こうして、中華民国は「カイロ宣言」において米英両国の保証、即ち、お墨付きを得たため、「カイロ宣言」発表した後に台湾接収計画の準備に着手する。

「カイロ宣言」の効力に関する研究は、今日まで数多く発表されているが、政治的立場により、その違いは顕著である。二〇〇八年三月、陳水扁（一九五〇年〜）総統（大統領に相当、在任期間は二〇〇〇年五月〜二〇〇八年五月）は、英国紙のフィナンシャルタイムズの取材を受けた時、「カイロ宣言」の効力について、三つの問題を提起した。

（一）日時が記されていない。

（二）米英中三カ国首脳の何れの署名もないため、事後による追認もなく、また授権もない。

（三）そもそもコミュニケではなく、プレスリリース、声明書に過ぎない。

また、楊貴智は二〇一九年一月に出版した『中華民國斷交史』の第二章「中華民國落腳臺灣」において、「カイロ宣言」の性質を次のように指摘する。「(「カイロ宣言」発表時)日本は敗戦するか否か、日本が敗戦した後に中華民国は台湾を取り戻すか否か、此等はすべて仮説の問題であり、しかも、当事国の日本はカイロ会談に参加していないため、「カイロ宣言」を根拠として戦後の台湾主権帰属を取り決めることが出来ない。「カイロ宣言」は当時の米英中三国首脳のコンセンサスのみ確認することが出来るため、覚書に類似する性質を有している」。

これに対して、馬英九(一九五〇年〜)前総統(在任期間は二〇〇八年五月〜二〇一六年五月)は、「カイロ宣言」は法的拘束力の要件を備えた条約協定の文書であると主張する。馬英九がその根拠の一つとして提示しているのは、米国国務省が一九六九年に出版した『米国一七七六〜一九四九条約及び国際協定編纂(Bevans, Treaties and Other International Agreements of the United States of America 1776-1949)』であり、「『米国一七七六〜一九四九条約及び国際協定編纂』の第三巻において「カイロ宣言」が収録されているため、法的拘束力を有する条約又は協定である」と主張する。さらに、馬英九は「『米国一七七六〜一九四九条約及び国際協定編纂』第三巻には、「カイロ宣言」だけでなく、「ポツダム宣言」と一九四五年九月二日に日本と連合国が取り交わした「降伏文書」も収録されているため、此等の文書はすべて国際法の拘束力を有する条約又は協定である」と主張する。

しかし、『米国一七七六〜一九四九条約及び国際協定編纂』に収録されている文書は、国際法上条約の要件を満たしていない文書が含まれている。米国は国内で国際条約を批准させる場合、代表者の署名と事後の議会審議による承認、即ち、議会の批准を得なければならず、歴史上最も有名な事例は「ベルサイユ講和条約」である。米国大統領ウィルソン（Woodrow Wilson 一八五六～一九二四年）は、講和会議において重要な役割を果たした主導者であったが、米国議会は「ベルサイユ講和条約」を批准しなかったため、米国は「ベルサイユ講和条約」を正式に承認しなかった。つまり、一九一九年にドイツと連合国が締結した「ベルサイユ講和条約」は、『米国一七七六～一九四九条約及び国際協定編纂』第二巻（四三頁～二四〇頁）に収録しているが、米国上院が国際連盟への加盟を否決したため、条約の拘束力を有していないのである。米国議会で「ベルサイユ講和条約」が否決された後、米国は多国間で締結した「ベルサイユ講和条約」とは別に、ドイツと二国間による平和条約を締結した。

以上のことから、「カイロ宣言」と「ポツダム宣言」は『米国一七七六～一九四九条約及び国際協定編纂』に収録しているが、「カイロ宣言」は、米英中三カ国首脳の署名がなく、当事国の日本は不参加であり、米国議会の承認も得ていないため、条約の効力を有していない。「ポツダム宣言」に至っては、米英中三カ国首脳の署名はある（当時、チャーチルと蔣介石はポツダムに不在であったため、両者はトルーマンが代理で署名することに同意した）が、米国議会の承認を得ていないため、条約の要件を満たしていない。

次いで、「カイロ宣言」と「ポツダム宣言」で記述している語句に着目して見ると、米国の公文書『カイロ及びテヘラン会談議事録（Foreign Relations of the United States: Diplomatic Papers, The Conferences at Cairo and Tehran, 1943）』は、「カイロ宣言」の見出しを「新聞公報（Press Communique）」と書き記している（四四八頁～四四九頁）。また、『米国一七七六～一九四九条約及び国際協定編纂』第三巻で収録されている「ポツダム宣言」の見出しは、「米英中三国首脳による宣言（Proclamation by the Heads of Governments, United States, China and the United Kingdom）」と記述している（一二〇四頁～一二〇五頁）。従って、米英中三カ国が公布した「カイロ宣言」と「ポツダム宣言」は、「声明」又は「覚書」に類する文書である。

中華民国の台湾接収

日本は「ポツダム宣言」を受諾して敗戦した後、一九四五年九月二日、外相の重光葵（一八八七～一九五七年）、大本営参謀総長の梅津美治郎（一八八二～一九四九年）など日本全権代表団は、東京湾に停泊していた米国軍艦ミズーリ号の艦上において連合国各国代表と「降伏文書」に調印した。日本は「降伏文書」に署名した時、「ポツダム宣言」の条項を誠実に履行することを誓い、さらに連合国に無条件降伏した日本軍支配下の全ての軍隊は、連合軍最高司令官の命令に従い、敵対行為を中止することを約束した。つまり、日本は「降伏文書」において「ポツダム宣言」の条項を誓ったことによって、「ポツダム宣言」は降伏文書の一部となり、その第八項によって「カイロ宣言」に基づく義務も負うようになったのである。こうして、日本は中華民国政府との講和条約、即ち、「日華平和条約」を調印し、「サンフランシスコ平和条約」及び「日米安全保障条約」の発効日となった一九五二年四月二十八日まで

表一：1895年以降の台湾帰属に関する文書の一覧表

下関条約（Treaty of Shimonoseki, 1895年4月17日署名）第二条	
China cedes to Japan in perpetuity and full sovereignty, the following territories together with all fortifications, arsenals and public property thereon: (b) The Island of Formosa together with all Islands appertaining or belonging to the said Island of Formosa. (C) The Pescadores Group, that is to say, all Islands lying between the 119th and 120th degrees of longitude east of Greenwich and the 23rd and 24th degrees of north latitude.	清国ハ左記ノ土地ノ主権並ニ該地方ニ在ル城塁、兵器製造所及官有物ヲ永遠日本国ニ割与ス 二　台湾全島及其ノ附属諸島嶼 三　澎湖列島即英国「グリーンウィチ」東経百十九度乃至百二十度及北緯二十三度乃至二十四度ノ間ニ在ル諸島嶼
カイロ宣言（Cairo Declaration, 1943年12月1日発表）	
It is their purpose that Japan shall be stripped of all the islands in the Pacific which she has seized or occupied since the beginning of the first World War in 1914, and that all the territories Japan has stolen from the Chinese, such as Manchuria, Formosa, and the Pescadores, shall be restored to the Republic of China.	同盟国ノ目的ハ日本国ヨリ一九一四年ノ第一次世界戦争ノ開始以後ニ於テ日本国ガ奪取シ又ハ占領シタル太平洋ニ於ケル一切ノ島嶼ヲ剥奪スルコト並ニ満洲、台湾及澎湖島ノ如キ日本国ガ清国人ヨリ盗取シタル一切ノ地域ヲ中華民国ニ返還スルコトニ在リ
ポツダム宣言（Potsdam Declaration, 1945年7月26日発表）	
the terms of the cairo declaration shall be carried out and japanese sovereignty shall be limited to the islands of honshu, hokkaido, kyushu, shikoku and such minor islands as we determine.	カイロ宣言ノ条項ハ履行セラルベク又日本国ノ主権ハ本州、北海道、九州及四国並ニ吾等ノ決定スル諸小島ニ局限セラルベシ
一般命令第一号（General Order No.1, 1945年9月2日発布）第一条第イ号	
The senior Japanese Commanders and all ground, sea, air and auxiliary forces within China, (excluding Manchuria), Formosa and French Indo-China North of 16 degrees North latitude, shall surrender to Generalissimo Chiang Kai-Shek.	支那（満洲ヲ除ク）、台湾及北緯十六度以北ノ仏領印度支那ニ在ル日本国ノ先任指揮官並ニ一切ノ陸上、海上、航空及補助部隊ハ蒋介石総帥ニ降伏スベシ
日本国との平和条約（Treaty of Peace with Japan, 1951年9月8日署名）第二条（b）項	
Japan renounces all right, title and claim to Formosa and the Pescadores.	日本国は台湾及び澎湖諸島に対するすべての権利、権原及び請求権を放棄する
日本国と中華民国との間の平和条約（Sino-Japanese Peace Treaty, 1952年4月28日署名）第二条	
It is recognized that under Article 2 of the Treaty of Peace with Japan signed at the city of San Francisco in the United States of America on September 8, 1951, Japan has renounced all right, titled and claim to Taiwan (Formosa) and Penghu (the Pescadores) as well as the Spratly island and the Paracel islands.	日本国は1951年9月8日にアメリカ合衆国のサン・フランシスコ市で署名された日本国との平和条約第二条に基き、台湾及び澎湖諸島並びに新南群島及び西沙群島に対するすべての権利、権原及び請求権を放棄したことが承認される
日中共同声明（Japan-China Joint Communique, 1972年9月29日調印）	
The Government of People's Republic of China reiterates that Taiwan is an inalienable part of the territory of the People's Republic of China. The Government of Japan fully understands and respects this stand of the Government of the People's Republic of the China, and it firmly maintains its stand under Article 8 of the Postdam Proclamation.	中華人民共和国政府は、台湾が中華人民共和国の領土の不可分の一部であることを重ねて表明する。日本国政府は、この中華人民共和国政府の立場を十分理解し、尊重し、ポツダム宣言第八項に基づく立場を堅持する
出典：外務省外交史料館 https://www.mofa.go.jp/mofaj/ms/da/page22_002192.html 米国公文書館 https://www.archives.gov/press/press-releases/2015/nr15-106.html 国立公文書館アジア歴史資料センター https://www.jacar.go.jp	

の約六年半の間、連合国軍最高司令官総司令部の間接統治下に入ることとなった。

「降伏文書」署名後、日本は連合国軍最高司令官マッカーサー（Douglas MacArthur　一八八〇～一九六四年）から「指令第一号」（所謂一般命令第一号）を受け取り、各地域に展開する日本軍各部隊に対して降伏すべき相手が命令として指定された。「指令第一号」第一条第イ号は、「支那（満洲ヲ除ク）、台湾及北緯十六度以北ノ仏領印度支那ニ在ル日本国ノ先任指揮官並ニ一切ノ陸上、海上、航空及補助部隊ハ蒋介石総帥ニ降伏スベシ」と規定している（附属の表一参照）。つまり、日本は中華民国が同地域における正当なる降伏相手であると指示されたのである。

九月九日、南京陸軍総司令部の大講堂において中国戦区受降調印式を挙行して、中国戦区陸軍総司令の何応欽（一八九〇～一九八七年）は、支那派遣軍総司令官の岡村寧次（一八八四～一九六六年）大将から日本軍の降伏を受領した。これを以て、台湾は連合国の占領下に置かれることになり、台湾接収は中華民国が連合国を代表して担当並びに管理することになった。

十月二十五日、台北公会堂（現在の名称は中山堂）において中国戦区台湾省受降式典を行い、台湾省行政長官の陳儀（一八八三～一九五〇年）は、最後の台湾総督である安藤利吉（一八八四～一九四六年）から日本軍の降伏を受領して台湾を接収する。同式典終了後、陳儀はラジオを通じて「今日より台湾は再び中国の版図に戻り、全ての土地、人民及び政務は中華民国国民政府の主権の下に置かれた」と述べ、一方的に台湾の中華民国編入を宣言して、台湾総督の職権を取消した。つまり、連合軍総司令官マッカーサーが発した「指令第一号」の軍事命令に基づき、各地で日本軍の投降手続が行われ、台湾では中国戦区台湾省受降式典を挙行した時、台北公会堂の壁面に連合国の主要成員である米英中ソ四カ国の国旗が掲揚されていたことに示される通り、日本は中華民国に対してではなく、連合国に対して台湾及び澎湖諸島を引き渡したのである。しかし、中華民国は台湾の自国編入を国際法ではなく、国内法において完了させて、台湾をその一省にしたのである。そもそも日本の「降伏文書」とは、交戦国間の戦闘行為の全面的停止を意味するものであり、戦争の法的終結を意味しない。戦争の最終的処理は「講和条約」或いは「平和条約」において完結するため、「平和条約」が締結並び発効されるまで、法律上台湾は日本の一部であった。

「カイロ宣言」公布から中国戦区台湾地区受降式典を執り行うまでの間、戦後の台湾帰属問題に関して、台湾の人々は基本的に関わっていない。つまり、台湾の人々を頭越しにし、中華民国と日本の指導者が合意して戦後台湾の運命を決定したのである。

国共内戦と中華民国の台湾移転

一九四五年八月、中国は抗日戦争に勝利すると同時に、蔣介石率いる中国国民党と毛沢東（一八九三～一九七六年）率いる中国共産党は、日本という共通の敵がいなくなったため、両者は再び対立を引き起こした。米国は東アジアにおけるパートナーとして、中国国民党を中心に、中国共産党と連立した民主主義的政権を形成させた上で、新憲法を制定し、「強力で統一された民主的中国」を実現させるため、中華民国に対して膨大な金額の援助を実施した。また、国共内戦の勃発を阻止するため、米国は駐華大使ハーレー（Patrick Hurley　一八八三～一九六三年）や前参謀総長マーシャル（George C Marshall　一八八〇～一九五九年）などが国共両党の仲裁に入るが、功を奏さずに失敗する。

第二次世界大戦終了後、中国大陸は満洲をはじめとして、華北と華中の日本占領地において権力の空白が生み出された。国共両党はこの地域における日本軍の接収問題と日本軍が遺した武器獲得をめぐって対立を引き起こした。一九四六年六月、国民党政府は、中国共産党が接収した華北及び中国東北部の新占領区（日本軍が占領した地区）から退くよう命令を発したが、中国共産党はこれを拒絶したため、国共内戦の火蓋が切られた。国共内戦は当初国民党軍の優勢が予想されたが、ソ連の全面支援を受けていた共産党軍は徐々に勢力を拡大させ、さらに民衆の支持も獲得したことで形勢を逆転させていった。とりわけ、一九四八年九月から翌年の一九四九年一月にかけての三大戦役（遼瀋戦役、淮海戦役、平津戦役）において、共産党軍は勝利を収めたため、国共内戦の大勢が決定した。この結果、各国は中国共産党が国民党政府を凌駕していると認識する。

米国は中国情勢の変化によって対中政策の見直しに着手して、一九四九年八月五日、米国国務省は「中国白書」を発表した。米国は国民党政府に対して第二次世界大戦から今日にかけて総額約二十億ドルも援助したにも拘わらず、国共内戦で戦局を逆転させ、経済を破綻させたのは、国民党政府の腐敗と無能政治であると批判し、敗走を重ねる蔣介石を見限った。その後、十月一日に毛沢東が北京で中華人民共和国の成立を宣言した後も国民党軍は敗走したため、中華民国中央政府は広州から重慶へ、そして成都へと移転して、一九四九年十二月七日、成都から台湾へ遷移することを決定した。こうして、中華民国政府の中国大陸における支配が終焉したのである。また、中華民国が台湾へ遷移したことにより、台湾海峡両岸は中国大陸を支配する中華人民共和国と台湾を支配する中華民国の「二つの中国」政府が出現した。換言すると、冷戦構造における台湾問題が始まった。

中華民国政府が台湾へ遷移する前の一九四九年十月下旬、厦門を掌握した共産党軍は、目の前に浮かぶ金門島（金門島と厦門の距離は、一番近いところで僅か二キロ強）への渡海上陸作戦を十月二十五日の未明に発動した。二昼夜に亘る戦闘の結果、国民党軍は厦門から金門島に渡海して金門島に上陸した共産党軍をほぼ全滅させて勝利を収めた。所謂、古寧頭戦役である。国共内戦の全過程において、古寧頭戦役は決して大規模な戦闘が展開された訳ではなく、敗走を重ね続けた国民党軍が唯一勝利した戦役であるが、この勝利の陰には、一人の日本軍人の存在があった。即ち、古寧頭戦役の軍事作戦計画は、元日本陸軍北支那方面軍司令官の根本博（一八九一〜一九六六年）中将が関与していたため、国民党軍は金門島を死守して実効支配を守ることが出来た。換言すると、国民党軍は古寧頭戦役に勝利して共産党軍の台湾侵攻を食い止めたため、台湾海峡の制海権と制空権を維持し続けることが出来たのである。中華民国政府は古寧頭戦役の勝利により、台湾を大陸反攻の基地とする重要性を再認識した。一方、共産党軍は金門島を奪取した後、金門島を拠点として台湾に侵攻する計画であったが、古寧頭戦役の結果、強力な海軍と空軍を擁しなければ、大規模な渡海作戦を遂行出来ないことを痛感させられた。日本が敗戦した四年後に、根本博は何故戦時中に敵国として戦った国民党軍に与して古寧頭戦役の作戦指導を行ったのかについては、門田隆将著『この命、義に捧ぐ　台湾を救った陸軍中将根本博の奇跡』で詳細に記述している。

中華民国政府を救った朝鮮戦争

中華民国政府が台湾に遷移した後の一九五〇年一月五日、米国大統領トルーマンは声明を発表して、「米国は軍事的手段によって中国の内政に介入する意図がない」と述べ、「台湾海峡不介入」の方針を明示した。さらに、同年一月十二日、米国国務長官アチソン（Dean Acheson　一八九三〜一九七一年）は、ナショナル・プレスハウスにおいて米国の極東政策について演説を行い、アリューシャン列島から日本列島、琉球列島を経てフィリピンに至るラインが極東における米国の防衛ラインであると述べた。これは台湾と朝鮮半島が米国の防衛ラインから外されることを意味した。つまり、米国は弱体化した中華民国の台湾が中華人民共和国の手に落ちるのは時間の問題であると認識して、台湾海峡の情勢に対して、事態を静観し、塵の静まるのを待つ態度を採ったのである。この結果、台湾に遷移した中華民国政府は、頼みの綱であった米国から見放されて孤立無援の窮地に陥り、国家の存在基盤を失って衰退の一途を辿り、風前之灯であった。

しかし、一九五〇年六月二十五日、北朝鮮軍が北緯三十八度線を超えて朝鮮半島南部に侵攻を開始して、朝鮮戦争が勃発した。朝鮮戦争の勃発は、台湾海峡両岸を挟む「二つの中国」政府にも波及して、これまでの状況を一変させた。朝鮮戦争勃発後の六月二十七日、トルーマン大統領は「台湾海峡中立化」の声明を発表し、共産主義者がこれまで政治的浸透によってではなく、戦争という武力行使によって独立国を征服しようと目論んでいると非難し、朝鮮半島と同様に台湾が武力で征服された場合、太平洋地域の安全及び同地域において活動する米軍にとって直接的脅威になるとの認識を示した。そこで、トルーマン大統領は戦局を朝鮮半島に限定するために、共産党軍による台湾侵攻と国民党軍の大陸反攻の武力行使をも阻止する目的で、米国海軍第七艦隊に台湾海峡への出動を命じた。つまり、台湾海峡に米国海軍第七艦隊が駐留することになったため、中華民国と中華人民共和国の「二つの中国」政府は、台湾海峡を隔てて対峙しつつ競合する分裂国家の状態を固定化させたのである。

一方で、トルーマン大統領は「台湾地位未定論」を発表して、台湾の将来の地位は、「太平洋における安全の回復、対日講和条約の調印、又は国連の考慮を待たねばならないと」を表明した。米国がもし台湾及び澎湖諸島は中国に属していると表明した場合、中華民国政府が既に台湾に撤退している状況下、中華民国が中国を代表する合法政権であるか否かの問題が激化するだけでなく、米国海軍第七艦隊を台湾海峡に進駐させた法的根拠も喪失する恐れがあり、米国は「台湾地位未定論」を根拠として、「二つの中国」政府の策略と台湾問題を国際化させることで、米軍の軍事介入を合法化させるためであったと思われる。こうして、米国は朝鮮戦争を契機に台湾の戦略的地位を再確認し、台湾問題におけるその立場を「不干渉」及び「不介入」から「地位未定」へと転換したのである。

朝鮮戦争勃発後、米国は海軍第七艦隊を台湾海峡に派遣して、共産党軍による台湾侵攻と国民党軍の大陸反攻を阻止することに成功するが、中華人民共和国は北朝鮮を支援するため、一九五〇年十月下旬に中国人民志願軍約百万人を派兵して国連軍と戦火を交え、「抗米援朝運動」を繰り広げた。この結果、中華人民共和国は国連によって侵略者の烙印を押された。それ故、国際環境は中華民国に有利、中華人民共和国に不利な状況になった。こうして、中華民国は朝鮮戦争を期に、瀬戸際に追い込まれた蔣介石を救う形となり、中華民国は米国から再度援助を獲得して、息を吹き返したのである。

中国問題と対日講和会議

日本が敗戦する前の一九四五年四月二十五日から六月二十六日にかけて、日本やドイツなど枢軸国に宣戦した連合国五十カ国の代表は、国際連盟（the League of Nations）に取って代わる新たな国際機構、即ち、国際連合（the United Nations、略称UN。以下、国連と表記する）を創設させるために、サンフランシスコにおいて会議を開催した。会議は二カ月に亘る審議を経て国連憲章草案を完成させ、六月二十六日に連合国の各国代表は国連憲章草案を採択して国連憲章に署名した。その後、十月十五日にポーランドが国連憲章に署名したため、十月二十四日に国連憲章が発効した時の国連加盟国は五十一カ国である。国連の母体は、戦前の国際連盟ではなく、第二次世界大戦で日本及びドイツを敵国としていた連合国であり、連合国を継承した組織である。中華民国は国連発足時の原加盟国であり、一九四六年一月十日、中華民国駐英大使の顧維鈞（一八八八〜一九八五年）は政府を代表してロンドンで開催した第一回国連総会に出席した。このため、元来国連における中国代表は中華民国であり、国連憲章第二十三条において中華民国は安全保障理事会常任理事国であると明記している。一九二七年、蔣介石が南京で国民政府を樹立した時の政治課題の一つは、不平等条約の撤廃と国際的平等の地位を獲得することであった。その政治課題は、十八年後の一九四五年国連が発足した時に達成し、中華民国は五大国の一国として常任理事国入りを果たした。即ち、中華民国は飛躍的に地位を向上させたのである。

しかし、一九四九年十月一日中華人民共和国の成立により、中国をめぐって国際的な分裂が生み出された。ソ連は十月二日に中華人民共和国を中国代表政府として承認すると発表し、米国はそ

表二：中共政府を承認した国と日時、中共政府が外交関係を承認した日時、国府が断交を表明した日時の一覧表

国名	中共政府を承認表明した日時	中共政府が外交関係を承認した日時	国府が断交を表明した日時
○ ソビエト連邦	1949年10月2日	1949年10月3日	1949年10月3日
ブルガリア	1949年10月3日	1949年10月4日	—
ルーマニア	1949年10月3日	1949年10月5日	—
朝鮮民主主義人民共和国	1949年10月4日	1949年10月6日	—
ハンガリー	1949年10月4日	1949年10月6日	—
チェコスロヴァキア	1949年10月5日	1949年10月6日	1949年10月5日
ポーランド	1949年10月5日	1949年10月7日	1949年10月5日
ユーゴスラビア	1949年10月5日	1955年1月10日	—
モンゴル	1949年10月6日	1949年10月16日	—
ドイツ民主共和国	1949年10月27日	1949年10月27日	—
アルバニア	1949年11月21日	1949年11月23日	—
○ ビルマ	1949年12月16日	1950年6月8日	1949年12月17日
○ インド	1949年12月30日	1950年4月1日	1949年12月31日
○ パキスタン	1950年1月5日	1951年5月21日	—
○ 英国	1950年1月6日	1972年3月13日	1950年1月6日
スリランカ	1950年1月7日	1957年2月7日	1950年1月14日
ノルウェー	1950年1月7日	1954年10月7日	1950年1月14日
デンマーク	1950年1月9日	1950年5月11日	1950年1月14日
イスラエル	1950年1月9日	1992年1月24日	—
アフガニスタン	1950年1月12日	1955年1月20日	1950年1月13日
フィンランド	1950年1月13日	1950年10月28日	—
スウェーデン	1950年1月14日	1950年5月9日	1950年1月15日
ベトナム民主共和国	1950年1月15日	1950年1月18日	—
スイス	1950年1月17日	1950年9月14日	1950年1月20日
○ オランダ	1950年3月27日	1954年11月19日	1950年3月20日
インドネシア	1950年4月13日	1950年4月13日	—

※ ○は連合国極東政策決定機関である極東委員会（Far Eastern Commission）構成国

出典：[illegible]「台湾の外交関係断絶国との実務関係―1950年前後の英国との関係を中心に―」、『日本台湾学会報』第9号（2007年5月）、117―118頁。
日本外務省編『日本外交文書：平和条約の締結に関する調書（第一冊）』日本外務省、2002年、641頁。
中華人民共和国外交部 https://www.fmprc.gov.cn/web/ziliao_674904/2193_674977/

の二日後の四日、中華人民共和国の不承認を表明して、中華民国政府を中国代表政府として承認を続けたのである。しかし、英国は香港問題を抱えていたため、西側主要国の魁として一九五〇年一月六日にいち早く中華人民共和国の承認を決定して米国と対立した。一九五〇年までに中華人民共和国を承認した国は二十六カ国で、そのうち十七カ国が国交をもった（詳細は表二参照）。中国問題をめぐる米英両国の対立は、講和と独立を控えた日本にも波及した。つまり、日本の戦後処理を確定するサンフランシスコ講和会議は、このような状況下で一九五一年九月四日から八日まで開催されたのである。

朝鮮戦争の勃発後、米国は日本を自由主義陣営に引き留めるために早期に講和会議を開催させる必要があると判断して、対日講和会議の開催を推し進め、一九五一年三月末に関係する五十三カ国に講和条約の第一次草案を送付し、根回しを行った。しかし、対日

講和会議の開催が現実性を帯びる中で浮上したのは、講和会議に招請する中国代表として、「二つの中国」政府の何れを選択するかという問題であり、米英両国は中国問題をめぐって真っ向から対立した。朝鮮戦争勃発前の一九五〇年二月、米英首脳会談において、アトリー（Clement Attlee　一八八三〜一九六七年）首相はトルーマン大統領に対して、「台湾が中国に帰属するという大前提の下、中華民国を中立化する方式を採用して、中華人民共和国を講和会議に参加させてはどうか」と提言した。これに対して、中華人民共和国と敵対関係であったトルーマン大統領は、この提言に反対して意見が一致しなかった。

その後、米英両国の折衝は数ヶ月に及んで調整を図り、一九五一年六月十九日、米国国務省顧問ダレスと英国外相モリソン（Herbert Morrison　一八八八〜一九六五年）との間で「ダレス・モリソン了解」が取り交わされ、対日講和会議における中国問題の対処策を決定した。この合意により、中華民国と中華人民共和国の双方を対日講和会議に招聘しないことが決定され、日本が主権を回復した後、日本政府の自主的判断に一任して、何れの中国政府と二国間条約を締結するか否かを委ねることになった。「ダレス・モリソン了解」が決定する前、日本は早期の講和条約の締結と独立の達成を重視していたため、中国問題に対して米国に責任を委ねて英国の圧力を極力避けるため、中華民国政府との条約調印方式を米国に委ねていた。しかし、「ダレス・モリソン了解」が決定した後、表面上日本に中国問題の決定権が委ねられたため、日本は中国問題に対して米英両国の意見が一致するまで棚上げしようとした。つまり、中華民国は台湾に遷都した後、事実上主権の及ぶ領域は、台湾及び澎湖諸島を含む周辺、福建省沿岸の金門島及び馬祖島、及び南シナ海にある東沙群島と南沙群島だけに縮小したにも拘わらず、中国を代表する政府として講和条約を締結するよう主張していたため、日本は擬制を認めることに躊躇したのである。

日本の戦争処理を最終的に決定するサンフランシスコ講和会議は、一九五一年九月四日から八日まで開催され、参加国五十二カ国のうち、ソ連、ポーランド、チェコスロバキアの三カ国を除く四十九カ国が講和条約に署名して、日本との戦争状態を終了させた。インド、ビルマ、ユーゴスラビアの三カ国は会議に招請されたが参加せず、中国は会議に招請されなかった。こうして、日本は六年半に及ぶ連合国による日本占領が終了することとなり、主権国家として国際社会に復帰した。「サンフランシスコ講和条約」の発効は、翌年の一九五二年四月二十八日午後十時三十分であり、日本では「サンフランシスコ講和条約」を十一月十八日に国会で承認して批准された。「ポツダム宣言」の署名国である中華民国は、サンフランシスコ講和会議に招請されなかったため、中華民国との間には講和条約の問題を持ち越すことになった。

台湾に関する条項は、講和条約第二条（b）項において、「日本国は台湾及び澎湖諸島に対するすべての権利、権限及び請求権を放棄する」と規定している。つまり、日本は台湾及び澎湖諸島を放棄しただけで、その帰属先を明確にしなかった。これにより、台湾の地位未定が国際条約で正式に確認されたのである。台湾の帰属先について、日本政府は「台湾の帰属決定を連合国に委ねたので何も言えない」という立場を採っている。一方で、台湾独立を主張する者は、日本が「サンフランシスコ講和条約」で放棄した台湾の帰属先が明記されていないことに立脚して、「台湾の法的地位は未定であり、中華民国は管理を代行しているに過ぎない。従って、台湾は未だに主権独立国家ではないため、台湾人自ら建国する必要がある」と主張する。

日華平和条約

一九五一年五月中旬、日本は連合国軍最高司令官総司令部外交局長のシーボルト（William Sebald 一九〇一～一九八〇年）から中国問題に関する見解を求められた時、早期の講和条約締結と独立を達成するために、中華人民共和国との条約調印ではなく、中華民国との条約調印の意向を述べた。しかし、対日講和条約調印後、日本は直ちに台湾の中華民国との条約調印を表明した訳ではなかった。それは、中華民国と中華人民共和国がいずれも「モンテビデオ公約」の条件（①固定の人口、②固定の領土、③政府、④対外と往来する能力）が備わる国であり、日本単独で法的及び政治的にいずれかの一方を選択することが出来なかったためである。

一九五一年十月二十五日、吉田内閣の官房長官・岡崎勝男（一八九七～一九六五年）は中国広播公司総経理兼『中央日報』董事長の董顕光（一八八七～一九七一年、後の駐日大使）との会談において、「日本は独立回復後、何時中国政府と条約を調印するか否か、何れの中国政府を選択するか否かは、ゆっくり研究したい。わが国は長年中華民国政府を尊重しているが、遺憾なことは、中華民国の主権範囲が台湾及び澎湖諸島に限定されていることである」と述べた。また、これに先立つ十月十八日、対日講和条約調印後の国会審議において、衆議院平和条約及び日米安保条約特別委員会で、吉田首相は中国政府との講和方式に関する質問を受け、「人民政府は米英両国双方の承認を得ていない。……日本は各国との関係を考慮するため、今後の推移を見極め、慎重に審議を行ってから決定する」と述べていた。さらに、十月二十九日、参議院平和条約及び日米安保条約特別委員会においても吉田は、「人民政府から上海在外事務所の設置要望があった場合、通商のために在外事務所を設けても差支えない」と述べている。同じく参議院同委員会で吉田首相は、十月三十一日に「中国問題は従来の関係と地理的関係から言うと、日本と重要な関係を保持しているため、軽々しく決定し難い。日本国内外の情勢を考慮して、中国と永久的な関係を構築するために、仮に日本が何れの中国政府を選択しても異議がある。適切に研究を行った後に決定する」との見解を表明した。

吉田発言は米国と中華民国に衝撃を与え、一九五一年十月三十一日、中華民国外交部長（外務大臣に相当）の葉公超（一九〇四～一九八一年）は「吉田発言は西側陣営に対する挑発的行為である」と抗議した。また、当時の米国は中華人民共和国に対して禁輸政策を実施し、外交上中華民国を支持していたため、日本が中華人民共和国と通商を開始して中華民国を承認しなかった場合、米国議会としては対日講和条約を批准しない可能性があった。従って、一九五一年十二月十日、米国国務省顧問ダレスが来日して、吉田首相に中華民国との平和条約の締結を迫るとともに、中華民国との講和条約の締結を約した書簡の作成を促した。即ち、米国の圧力の下で中国問題に関する「吉田書簡」を作成することになり、中華民国政府と平和条約の交渉を選択し、中華人民共和国との条約調印の意志がないことを表明した。十二月二十四日、日本政府はダレス宛に「吉田書簡」を送った後、翌年の一九五二年一月十五日（日本時間は十六日）に公表した。「吉田書簡」の要旨は以下の通りである。（一）中華民国政府は国連において中国の議席、発言権及び表決権を有し、大多数の国連加盟国と外交関係を保持している。（二）一九五一年十一月十七日、台湾において日本政府在外事務所を設置した。これは対日講和条約が効力を生ずるまでの間、日本に許されている対外関係の最高形態である。（三）中華民国との二国間条約の条項は、「中華民国に関しては、中華民国国民政府の支配下に現にあり又は今後入るべきすべての領域に適用があるものであります」との意向を明らかにした。（四）中華人民共和国については、現に国連において侵略者という非難決議が採択され、且つ中ソ友好同盟相互援助条約は日米両国を仮想敵国とした軍事同盟である。（五）中華人民共和国は日本共産党の暴力による日本の憲政体制及び現政権の転覆を支援している。こうして、日本は中華民国との条約締結に踏み切る意志を伝え、中華民国政府と平和条約の交渉に入ることになった。

「吉田書簡」発表後の一九五二年一月十八日、中華民国外交部長の葉公超は声明を発表し、中華民国政府は何時でも日本政府と平和条約を締結する用意があるとの声明を発表した。二月二十日、日華間の講和会議の交渉は台北の中華民国外交部会議室で開始したが、日本側の首席全権は元大蔵大臣の河田烈（一八八三～一九六三年）、中華民国側の首席全権は外交部長の葉公超であった。日華平和条約の交渉は六十九日間の時間をかけ、正式会議三回、非公式会議十八回及び十回の談話会を経て、一九五二年四月二十八日、台北賓館において対日講和条約発効の七時間前に締結した。日華平和条約は条約十四カ条、議定書、交換公文及び同意された議事録から成り、同条約は日本語、中国語、英語の文書を作成しており、解釈に相違がある場合、英文を基準することとされている。

条約交渉における最大の焦点は、同等権利問題と適用範囲の問題であった。同等権利問題については、中華民国政府がカイロ宣言やポツダム宣言を公布した時期と台湾移転後では国際的地位が大きく異なり、自ら決定できる外交交渉の範囲は限定されていた。対日講和条約は日本にとって寛大な条約であったが、戦勝国と敗戦国の関係を反映する条約である。しかし、日華平和条約の交渉では、中華民国が戦勝国・日本が敗戦国の関係ではなく、その立場が逆転したかのような関係に変わっていた。即ち、一九五一年九月八日、日本は対日講和会議において多数国と講和条約を調印しただけでなく、日米安全保障条約を締結して、米国の有力な同盟国の一国になっていた。一方、中華民国は国連常任理事国の一国として、他の国連加盟国と同様な権利を享有しているが、実際は、日本との講和条約を通じて日本政府による承認を得ようとする立場であった。従って、日本はこの状況を利用して、中華民国が対日講和条約の締約国と同等な権利を有することを承認せず、台湾の主権を放棄しただけでその帰属先について関知しないという対日講和条約第二条で規定された条文を越えて、事実上、中華民国が台湾であるという合意を得ようとした。

適用範囲の問題については、日本は吉田書簡において、「この二国間条約の条項は、中華民国に関しては、中華民国国民政府の支配下に現にあり、又は今後入るべきすべての領域に適用がある」と記述していたため、「吉田書簡」に基づいた条文を求めた。これに対し、中華民国は「この条約は中華民国政府の支配下に現にあり、及び今後再びその支配下に入るすべての領土」に修正すべきであると主張した。中華民国政府は中国大陸に対しても主権が及ぶことを強調して、「又は」の文言を使用した場合、条約は現支配下の台湾に適用されるか、或いは今後支配が回復された中国大陸に適用されるか、即ち、二者択一の解釈になるとして、これを防ぐために「及び」とすることを求めたのであった。結局、双方が妥協して、日本の主張を平和条約交換公文に、中華民国側の主張を同意議事録に含むことで合意した。

日華平和条約第二条は、対日講和条約第二条に基づき、日本は台湾及び澎湖諸島の権利、権限及び請求権を放棄したため、日本は同地域に対して如何なる法的権限も有していないことを示した（条文は表一に記述している）。

日華平和条約第一条では、日本と中華民国による戦争状態の終結が宣言され、第四条は日本と中華民国は一九四一年十二月九日の中華民国による対日宣戦布告ではなく、戦争の結果として下関条約を含む日本と清国との間に締結した条約が無効になったとしている。また、第五条と議定書一（b）項の賠償放棄の条項を含めると、日本は中華民国を中国を代表する政府とみなし、日中戦争の処理及び戦前日本と中国との間で締結された条約などを処理した。

その一方で、日華平和条約第三条は、日本が中華民国と平和を回復するに際して様々な権利関係について述べるにあたり、「台湾及び澎湖諸島にある」或いは「台湾及び澎湖諸島にいる人々」という文言を用いることで、地域を限定し、第十条においても「台湾及び澎湖諸島」の文言で適用範囲を限定した。また、交換公文第一号において、「この条約の条項が、中華民国に関しては、中華民国政府の支配下に現にあり、又は今後入るすべての領域」と定めているため、日華平和条約が対象としている中華民国の領域は台湾及び澎湖諸島である。中華民国側は同意された議事録に基づき、中国を代表しているという立場を主張しているが、日華平和条約自体は「支配下に現にあるところ」という文言により、あくまでも日本と台湾の間の条約としての効力を持つという形式になっている。また、議定書第二項において、「中華民国の船舶には、台湾及び澎湖諸島において中華民国が現に施行し、又は今後施行する法定に基づき登録されたすべての船舶を含むものとみなす。中華民国の産品には、台湾及び澎湖諸島を原産地とするすべての産品を含むものとみなす」と規定し、中華民国の主権が台湾の自然人、法人、船舶及び産品に及んでいることを示している。つまり、此等の条項は台湾における中華民国の施政権を認めて、条約の適用範囲を台湾及び澎湖諸島に限定した。従って、日華平和条約には、中華民国が中国を代表する政府であるという条項と適用範囲が台湾及び澎湖諸島に限定されるという条項とが混在している。

なお、日華平和条約調印後、日本と中華民国とが国交を維持していた間の日本の判例では、台湾は中華民国に帰属していると判断している。つまり、中華民国は一九四六年一月十二日の行政院訓令に基づき、「台湾省民は光復節以降、中華民国国籍を回復した」としているが、日本の判例はこの立場を採っていない。国際法学者の山本草二は、政治と法律を分離した考えに基づき、「国籍変更の始期について、領土の割譲、併合、放棄、返還などの領域主権変動の要因となる事実が発生した日ではなく、これを正式に確認した関係条約の発効した日とするのが、通例である」と指摘している。一九五九年十二月二十四日、東京裁判所は頼進栄の案件において、どうであろうとも、少なくとも一九五二年八月五日、日華平和条約が発効した時から台湾と澎湖諸島は中華民国に帰属することで、台湾人は日本国籍を喪失しているため、中華民国の国民として扱われるべきである」と判断を示し、また、一九六〇年六月七日に大阪地方裁判所は、張富久恵と張欽明を告訴した離婚案件において、「一九五二年に平和条約が発効して法的に主権の移動が行われたため、台湾人は日本国籍を喪失して中華民国国籍を取得した」との見解を示している。

従って、日本は対日講和条約第二条と日華平和条約第二条に基づき、国際法上台湾の主権を放棄したのみで、台湾の帰属先を言う立場にない。しかし、日華平和条約第三条、第十条、交換公文第一号及び議定書第二項の規定、並びに台北賓館において条約を調印したことからすれば、事実上、日華平和条約における台湾の帰属先は中華民国であり、暫定的に中華民国の主権が及ぶ範囲を台湾及び澎湖諸島に限定した二国間条約であった。

日華平和条約第七条、第八条、第九条は、日華間の貿易、通商、航空、漁業協定締結に関する条項であり、経済に関する条約又は協定を出来る限り速やかに協議することに努めると明記している。一九五〇年九月、中華民国経済部顧問の尹仲容（一九〇三～一九六三年）と連合国最高司令官総司令部代表のレイヒ（A. J. Rehe）は「台湾と占領下の日本の間の金融協定」、「台湾と占領下の日本の間の貿易協定」、「台湾と占領下の日本の間の貿易計画」という三つの文書から成る通商協定を調印した。この協定は一年更新のもので、連合国側或いは中華民国側が対日講和条約を締結した時にその役割が終了するとされていた。このため、日本と中華民国は日華平和条約に調印した後、新たな通商協定の締結が迫られ、日華平和条約調印後、両国が締結した経済協定は、一九五三年六月の日華貿易辦法、一九五五年一月の日華海運協定、同年三月の日華航空臨時協定、同年四月の日華新通商協定、一九五六年五月の日華貿易協定、一九六一年五月の日華貿易新協定などがある。

しかし、日華平和条約第三条は「日本国及び日本国民の台湾・澎湖島に残してきた財産及び請求権、また、台湾の中華民国政府と台湾住民の在日財産及び対日請求権の処理は、日本国政府と中華民国政府と間の特別取極めの主題とする」と定めているにも拘わらず、日本統治時代における台湾住民の郵便貯金及び保険の補償、台湾籍元日本兵の弔慰や補償などの問題は、一九七二年九月に日華間の外交関係が断絶するまでに全く協議を行わず、未解決の懸案事項であった。この問題が解決されたのは日華断交以後のことである。

一九七二年九月、日中国交正常化以降の日本は、台湾に対する立場として「台湾に対する領有権を放棄したが、台湾の帰属先は不明であるため、日本は台湾が中国の一部に属するか否か判断する立場ではない」と主張している。つまり、一九七二年の日中共同声明において、日本は中華人民共和国が中国の唯一の合法政府であることを承認したが、台湾が中華人民共和国の領土に属するという中華人民共和国の主張に対して、「日本は中華人民共和国の立場を十分理解し尊重し、ポツダム宣言第八項に基づく立場を堅持する」とのみ表明した（条文は表一に記述している）。また、日中国交正常化の際の大平正芳（一九一〇～一九八〇年）外相と二階堂進（一九〇九～二〇〇〇年）内閣官房長官の記者会見、及び大平外相の外交演説において「日華平和条約はその存続意義を失い、終了した」と宣言した。これによって、日華平和条約が存在しないものとすれば、対日講和条約のみが日本の戦後処理の条約としてあることになるため、日本は台湾及び澎湖諸島の主権を放棄したのみで、その後については「言う立場にない」ということになった。日本は日華平和条約の締結に際しても、日中共同声明に際しても、台湾を支配している中華民国政府と中国大陸を支配している中華人民共和国という現実を認識していながら、なおかつ台湾と中国大陸の両者の主権を主張する中華民国と中華人民共和国の立場にも配慮して整合性を持たせようとしてきたことを示している。つまり、日華平和条約にしても、日中共同声明にしても、台湾及び中国大陸の統治の実態に合わない国際政治の現実が反映した政治的文書である。

資料

日本国と中華民国との間の平和条約

日本国及び中華民国は、その歴史的及び文化的のきずなと地理的の近さとにかんがみ、善隣関係を相互に希望することを考慮し、その共通の福祉の増進並びに国際の平和及び安全の維持のための緊密な協力が重要であることを思い、両者の間の戦争状態の存在の結果として生じた諸問題の解決の必要を認め、平和条約を締結することに決定し、よつて、その全権委員として次のとおり任命した。
日本国政府　河田烈
中華民国大統領　葉公超
これらの全権委員は、互にその全権委任状を示し、それが良好妥当であると認められた後、次の諸条を協定した。

第一条

日本国と中華民国との間の戦争状態は、この条約が効力を生ずる日に終了する。

第二条

日本国は、一九五一年九月八日にアメリカ合衆国のサン・フランシスコ市で署名された日本国との平和条約（以下「サン・フランシスコ条約」という。）第二条に基き、台湾及び澎湖諸島並びに新南群島及び西沙群島に対するすべての権利、権原及び請求権を放棄したことが承認される。

第三条

日本国及びその国民の財産で台湾及び澎湖諸島にあるもの並びに日本国及びその国民の請求権（債権を含む。）で台湾及び澎湖諸島における中華民国の当局及びその住民に対するものの処理並びに日本国におけるこれらの当局及び住民の財産並びに日本国及びその国民に対するこれらの当局及び住民の請求権（債権を含む。）の処理は、日本国政府と中華民国政府との間の特別取極の主題とする。国民及び住民という語は、この条約で用いるときはいつでも、法人を含む。

第四条

一九四一年十二月九日前に日本国と中国との間で締結されたすべての条約、協約及び協定は、戦争の結果として無効となったことが承認される。

第五条

日本国はサン・フランシスコ条約第十条の規定に基き、一九〇一年九月七日に北京で署名された最終議定書並びにこれを補足するすべての附属書、書簡及び文書の規定から生ずるすべての利得及び特権を含む中国におけるすべての特殊の権利及び利益を放棄し、且つ、前記の議定書、附属書、書簡及び文書を日本国に関して廃棄することに同意したことが承認される。

第六条

(a) 日本国及び中華民国は、相互の関係において、国際連合憲章第二条の原則を指針とするものとする。

(b) 日本国及び中華民国は、国際連合憲章の原則に従って協力するものとし、特に、経済の分野における友好的協力によりその共通の福祉を増進するものとする。

第七条

日本国及び中華民国は、貿易、海運その他の通商の関係を安定した且つ友好的な基礎の上におくために、条約又は協定をできる限りすみやかに締結することに努めるものとする。

第八条

日本国及び中華民国は、民間航空運送に関する協定をできる限りすみやかに締結することに努めるものとする。

第九条

日本国及び中華民国は、公海における漁猟の規制又は制限並びに漁業の保存及び発展を規定する協定をできる限りすみやかに締結することに努めるものとする。

第十条

この条約の適用上、中華民国の国民には、台湾及び澎湖諸島のすべての住民及び以前にそこの住民であった者並びにそれらの子孫で、台湾及び澎湖諸島において中華民国が現に施行し、又は今後施行する法令によって中国の国籍を有するものを含むものとみなす。また、中華民国の法人には、台湾及び澎湖諸島において中華民国が現に施行し、又は今後施行する法令に基いて登録されるすべての法人を含むものとみなす。

第十一条

この条約及びこれを補足する文書に別段の定がある場合を除く外、日本国と中華民国との間に戦争状態の存在の結果として生じた問題は、サン・フランシスコ条約の相当規定に従って解決するものとする。

第十二条

この条約の解釈又は適用から生ずる紛争は、交渉又は他の平和的手段によって解決するものとする。

第十三条

この条約は、批准されなければならない。批准書は、できる限りすみやかに台北で交換されなければならない。この条約は、批准書の交換の日に効力を生ずる。

第十四条

この条約は、日本語、中国語及び英語によるものとする。解釈の相違がある場合には、英語の本文による。

以上の証拠として、それぞれの全権委員は、この条約に署名調印した。

昭和二十七年四月二十八日（中華民国の四十一年四月二十八日及び一九五二年四月二十八日に相当する。）に台北で、本書二通を作成した。

日本国のために　河田烈

中華民国のために　葉公超

日本国と中華民国との間の平和条約議定書

本日日本国と中華民国との間の平和条約（以下「この条約」という。）に署名するに当り、下名の全権委員は、この条約の不可分の一部をなす次の条項を協定した。

1 この条約の第十一条の適用は、次の了解に従うものとする。

（a）サン・フランシスコ条約において、期間を定めて、日本国が義務を負い、又は約束をしているときは、いつでも、この期間は、中華民国の領域のいずれの部分に関しても、この条約がこれらの領域の部分に対して適用可能となった時から直ちに開始する。

（b）中華民国は、日本国民に対する寛厚と善意の表徴として、サン・フランシスコ条約第十四条（a）1に基き日本国が提供すべき役務の利益を自発的に放棄する。

（c）サン・フランシスコ条約第十一条及び第十八条は、この条約の第十一条の実施から除外する。

2 日本国と中華民国との間の通商及び航海は、次の取極によって規律する。

（a）各当事国は、相互に他の当事国の国民、産品及び船舶に対して、次の待遇を与える。

（Ⅰ）貨物の輸出及び輸入に対する、又はこれに関連する関税、課金、制限その他の規制に関する最恵国待遇

（Ⅱ）海運、航海及び輸入貨物に関する最恵国待遇並びに自然人及び法人並びにその利益に関する最恵国待遇。この待遇には、税金の賦課及び徴収、裁判を受けること、契約の締結及び履行、財産権（無体財産に関するものを含み、鉱業権に関するものを除く。）、法人への参加並びに一般にあらゆる種類の事業活動及び職業活動（金融（保険を含む。）活動及び一方の当事国がその国民にもっぱら留保す

る活動を除く。）の遂行に関するすべての事項を含むものとする。
（b）前記の（a）（Ⅱ）に明記する財産権、法人への参加並びに事業活動及び職業活動の遂行に関して、一方の当事国が他方の当事国に対し最恵国待遇を与えることが、実質的に内国民待遇を与えることとなるときは、いつでも、この当事国は、他の当事国が最恵国待遇に基き与える待遇よりも有利な待遇を与える義務を負わない。
（c）政府の商企業の国外における売買は、商業的考慮にのみ基くものとする。
（d）この取極の適用上、次のとおり了解する。
（Ⅰ）中華民国の船舶には、台湾及び澎湖諸島において中華民国が現に施行し、又は今後施行する法令に基き登録されたすべての船舶を含むものとみなす。また、中華民国の産品には、台湾及び澎湖諸島を原産地とするすべての産品を含むものとみなす。

（Ⅱ）差別的措置であって、それを適用する当事国の通商条約に通常規定されている例外に基くもの、その当事国の対外的財政状態若しくは国際収支を保護する必要に基くもの（海運及び航海に関するものを除く。）又は重大な安全上の利益を維持する必要に基くものは、事態に相応しており、且つ、ほしいままな又は不合理な方法で適用されない限り、前記の待遇の許与を害するものと認めてはならない。

本項に定める取極は、この条約が効力を生ずる日から一年間効力を有する。

昭和二十七年四月二十八日（中華民国の四十一年四月二十八日及び一九五二年四月二十八日に相当する。）に台北で、本書二通を作成した。

河田烈
葉公超

日本国と中華民国との間の平和条約交換公文

第一号

書簡をもって啓上いたします。本日署名された日本国と中華民国との間の平和条約に関して、本全権委員は、本国政府に代って、この条約の条項が、中華民国に関しては、中華民国政府の支配下に現にあり、又は今後入るすべての領域に適用がある旨のわれわれの間で達した了解に言及する光栄を有します。

本全権委員は、貴全権委員が前記の了解を確認されれば幸であります。

以上を申し進めるのに際しまして、本全権委員は、貴全権委員に向って敬意を表します。

一九五二年四月二十八日台北において

（河田烈）

中華民国全権委員　葉公超殿

第一号

書簡をもつて啓上いたします。本日署名された中華民国と日本国との間の平和条約に関して、本全権委員は、本日付の貴全権委員の次の書簡を受領したことを確認する光栄を有します。

本日署名された日本国と中華民国との間の平和条約に関して、本全権委員は、本国政府に代って、この条約の条項が、中華民国に関しては、中華民国政府の支配下に現にあり、又は今後入るすべての領域に適用がある旨のわれわれの間で達した了解に言及する光栄を有します。

本全権委員は、貴全権委員が前記の了解を確認されれば幸であります。

本全権委員は、本国政府に代って、ここに回答される貴全権委員の書簡に掲げられた了解を確認する光栄を有します。

以上を申し進めるのに際しまして、本全権委員は、貴全権委員に向って敬意を表します。

一九五二年四月二十八日台北において

（葉公超）

日本国全権委員　河田烈殿

第二号

書簡をもつて啓上いたします。本全権委員は、中華民国と日本国との間の平和条約第八条において予見される協定が締結されるまでの間、サン・フランシスコ条約の関係規定が適用されるという本国政府の了解を申し述べる光栄を有します。

本全権委員は、貴全権委員が、前記のことが日本国政府の了解でもあることを確認されることを要請する光栄を有します。

以上を申し進めるのに際しまして、本全権委員は、貴全権委員に向って重ねて敬意を表します。

一九五二年四月二十八日台北において
（葉公超）

日本国全権委員　河田烈殿

第二号
書簡をもつて啓上いたします。本日署名された日本国と中華民国との間の平和条約に関して、本全権委員は、本日付の貴全権委員の次の書簡を受領したことを確認する光栄を有します。

本全権委員は、日本国と中華民国との間の平和条約第八条において予見される協定が締結されるまでの間、サン・フランシスコ条約の関係規定が適用されるという本国政府の了解を申し述べる光栄を有します。

本全権委員は、貴全権委員が、前記のことが日本国政府の了解でもあることを確認されることを要請する光栄を有します。

本全権委員は、右のことが日本国政府の了解でもあることを確認する光栄を有します。

以上を申し進めるのに際しまして、本全権委員は、貴全権委員に向って敬意を表します。

一九五二年四月二十八日台北において

（河田烈）

中華民国全権委員　葉公超殿

書簡をもつて啓上いたします。本日署名された日本国と中華民国との間の平和条約に関して、本全権委員は、本国政府に代って、一九四五年九月二日以後に中華民国の当局がだ捕し、又は抑留した日本国の漁船に関する日本国の請求権に言及する光栄を有します。これらの請求権は、サン・フランシスコ条約が締結される前に、連合国最高司令官及び日本国政府を一方とし中華民国政府を他方とする交渉の主題となっていました。よつて、この交渉を継続し、且つ、これらの請求権を本日署名された日本国と中華民国との間の平和条約の相当規定に関係なく解決することを提議いたします。

本全権委員は、貴全権委員が、中華民国政府に代って、前記の提案を受諾することを表示されれば幸であります。

以上を申し進めるのに際しまして、本全権委員は、貴全権委員に向って敬意を表します。

一九五二年四月二十八日台北において

（河田烈）

中華民国全権委員　葉公超殿

書簡をもつて啓上いたします。本日署名された中華民国と日本国との間の平和条約に関して、本全権委員は、本日付の貴全権委員の次の書簡を受領したことを確認する光栄を有します。

本日署名された日本国と中華民国との間の平和条約に関して、本全権委員は、本国政府に代って、一九四五年九月二日以後に中華民国の当局がだ捕し、又は抑留した日本国の漁船に関する日本国の請求権に言及する光栄を有します。これらの請求権は、サン・フランシスコ条約が締結される前に、連合国最高司令官及び日本国政府を一方とし中華民国政府を他方とする交渉の主題となっていました。よつて、この交渉を継続し、且つ、これらの請求権を本日署名された日本国と中華民国との間の平和条約の相当規定に関係なく解決することを提議いたします。

本全権委員は、貴全権委員が、中華民国政府に代って、前記の提案を受諾することを表示されれば幸であります。

本全権委員は、本国政府に代って、前記の提案を受諾することを表示する光栄を有します。

以上を申し進めるのに際しまして、本全権委員は、貴全権委員に向って重ねて敬意を表します。

一九五二年四月二十八日台北において

（葉公超）

日本国全権委員　河田烈殿

日本国と中華民国との間の平和条約　同意された議事録

一、

中華民国代表

私は、本日交換された書簡の「又は今後入る」という表現は、「及び今後入る」という意味にとることができると了解する。その通りであるか。

日本国代表

然り、その通りである。私は、この条約が中華民国政府の支配下にあるすべての領域に適用があることを確言する。

二、

中華民国代表

私は、一九三一年九月十八日のいわゆる「奉天事件」の結果として中国に設立された「満州国」及び「汪精衛政権」のような協力政権の日本国における財産、権利又は利益は、両当事国間の同意によりこの条約及びサン・フランシスコ条約の関係規定に従い、中華民国に移管されうるものであると了解する。その通りであるか。

日本国代表

その通りである。

三、

中華民国代表

私は、サン・フランシスコ条約第十四条（a）2（Ⅱ）（ii）の規定は一九三一年九月十八日以降中華民国の同意なしに設置され、且つ、かつて中国における日本国政府の外交上又は領事上の機関であると称せられたものが使用した不動産、家具及び備品並びにこの機関の職員が使用した個人の家具、備品及び他の私有財産について除外例を及ぼすものと解釈してはならないと了解する。その通りであるか。

日本国代表

その通りである。

四、

日本国代表

私は、中華民国は本条約の議定書第一項（b）において述べられているように、役務賠償を自発的に放棄したので、サン・フランシスコ条約第十四条（a）に基き同国に及ぼされるべき唯一の残りの利益は、同条約第十四条（a）2に規定された日本国の在外資産であると了解する。その通りであるか。

中華民国代表

然り、その通りである。

河田烈
葉公超

参考文献・引用文献

竹内実編『日中国交基本文献集（下巻）』蒼蒼社、一九九三年。

外務省編纂『日本外交文書　日華平和条約』六一書房、二〇二〇年。

薛化元著『戰後台灣歷史閱覽』台北、五南圖書、二〇一〇年。

井上正也著『日中国交正常化の政治史』名古屋大学出版会、二〇一〇年。

日台関係研究会編『辛亥革命一〇〇年と日本』早稲田出版、二〇一一年。

浅野和生編著『日台関係と日中関係―「日中国交正常化」を見直す！』転展社、二〇一二年。

浅野和生編著『一八九五―一九四五日本統治下の台湾―戦後七十年の視座から』転展社、二〇一五年。

深串徹著『戦後台湾における対日関係の公的記憶：一九四五―一九七〇s』国際書院、二〇一九年。

許珩著『戦後日華経済外交史一九五〇―一九七八』東京大学出版会、二〇一九年。

門田隆将『この命義に捧ぐ　台湾を救った陸軍中将根本博の奇跡』角川文庫、二〇一九年。

川島真、清水麗、松田康博、楊永明著『日台関係史一九四五―二〇二〇増補版』東京大学出版会、二〇二〇年。

林満紅著『獵巫，叫塊與認同危機―台灣定位新論』台北、黎明文化、二〇〇八年。

陳世昌著『戰後七十年台灣史』台北、時報文化、二〇一五年。

薛化元主編『典藏台灣史（七）戰後台灣史』台北、玉山社、二〇一九年。

法律白話文運動著『中華民國斷交史』台北、聯合文学、二〇一九年。

第三章　周鴻慶事件による日華断交の危機と関係修復——一九六〇年代の日台関係の課題

東洋大学アジア文化研究所客員研究員　山形勝義

はじめに

一九六〇年代、日本と台湾の中華民国には国交があったが、日本国内でも国際社会でも、中国からの外交的圧力は徐々に強くなり、さまざまなトラブルが発生していた（ここでいう、中国とは、中華人民共和国を指す）。

例えば、日本から中国向けのプラント輸出問題である。この実現は、倉敷レイヨン（現、株式会社クラレ）が中国とビニロン・プラントを輸出する契約を結ぶが、日本の輸出入銀行の融資を条件とするものであって、日本が対中貿易を促進することでもあった。これについて、台湾の中華民国政府は、日本の輸銀融資は貿易問題ではなく、中国に対する経済援助になるとして強く抗議した。

すなわち、日本政府の閣議決定直前には、張厲生駐日大使が大平正芳外務大臣に抗議したばかりでなく、張群総統府秘書長は台北で木村四郎七大使と会談を行っている。また閣議決定の前日、一九六三年八月二十二日、蔣介石総統は吉田茂元総理の池田内閣への影響力に期待をかけて吉田茂元総理宛に電報を打っている。しかし、八月二十三日には、プラント輸出を認める正式の閣議決定がなされた。吉田茂元総理は、電報の返信として、九月四日付でビニロン・プラントの延払方式での輸出は、決して中国に対する経済援助といった性質のものではなく、その条件は他の国家が中国と行っている同種の貿易を超えるものではない、と説明した。

しかしながら、そうした中、抗議していた台湾の中華民国側は、駐日大使を中華民国に召還すると発表して、九月二十一日、張厲生大使は、台湾へ帰国することとなった。

その直後、今回、この章の考察対象である周鴻慶亡命事件が、一九六三年十月七日午前五時頃に起こるのである。日本で起きた周鴻慶亡命事件は、始めは極めて単純な亡命問題だと思われた。しかし、この亡命事件が起きたタイミングと、この事件に対する日本の取扱い、そして日本における中華民国と中国との対立によって、日華関係が大きく揺れ動き、この事件は、戦後の日台関係史における重大な外交問題となったのである。

すなわち亡命事件は、日本と中華民国の関係を根本から覆す恐れがあった。中華民国駐日大使館の幹部の中華民国への総引き揚げとなり、日本と中華民国の外交関係が断絶の危機にまで至ったのである。これは、この事件をめぐっての日本政府の非友好的な態度に対する台湾側の抗議であった。

この問題をめぐって生じた日本と中華民国の外交関係の軋轢を取り去り、友好関係を修復する為、政界から離れていた吉田茂元首相が登場することになった。

一九六四年二月二十三日、吉田茂元首相は、池田勇人首相の親書をもって、中華民国を訪れて蔣介石総統と会談した。その後、蔣介石総統との会談において、日本が中華民国の反共政策に精神的、道義的支持を示すことで、日本と中華民国の外交関係は正常に回復するのであった。

本章では、日本で起きた周鴻慶事件の経緯を通して、当時の日台関係への理解を深める一助としたい。

周鴻慶の亡命事件とは

一九六三年九月七日、東京都の晴海で開催された「六三年世界油圧機械見本市」と日本の機械・工業技術の業界視察の為に訪れていた中国の油圧機械訪日代表団の通訳であった周鴻慶が、台湾の中華民国大使館への亡命を試みたが、最終的には、中国に送り返されることになった事件である。

日本への亡命に係る法的措置

当時、外国人が日本に亡命する際に、どのような法的取り扱いとなっていたか、以下に簡潔に説明する。一九四八年の世界人権宣言（第十四条一項）では、「すべて人は、迫害からの庇護を他国において求め、かつ享有する権利を有する」規定している。さらに、この規定の明確化を図るため、一九六七年の国連総会で採択された「領域内庇護に関する宣言」は、「植民主義に対して闘争している人を含め、世界人権宣言第十四条を援用する権利のある人に対して、国家がその主権の行使によって付与した庇護は、すべての国家によって尊重されねばならない」としている。

また、国家は一般的には、国際法上の特別の制限を受けない限り、外国人の入国または国外追放について、いかなる義務をも負わない。つまり、国家は、亡命者であれ難民であれ、その保護を求める外国人に、入国を認め庇護を与えるか否かを自由に決定し得る。これは、国家が持つ排他的領域主権の当然の権利である。

日本は、難民条約、難民議定書への加入以前においては、亡命者の入国問題を一般の外国人法において処理し、亡命者を亡命者として扱わなかった。また、庇護権に関する国内法がなく、政治亡命を原則として認めず、不法入国者として扱っていた。

一九八一年の出入国管理令改正までは、出入国管理及び難民認定法第一二条一項三号「その他法務大臣が特別に上陸を許可すべき事情があると認めるとき」、同法第四条一項一六号に規定する「法務省令で特に定める者」の中にある、「不法入国が発覚し、いったん退去強制に関する手続が行われたものの……人道的見地等から法務大臣による在留特別許可を得たため、特に在留できることとなった者」が、同法第五〇条一項三号に基づく法務大臣の裁量による特別在留許可によって、事実上の亡命が認められていたにすぎない。

実際問題として、亡命者も不法入国者として扱い、政治的庇護制度の慣行の存在すら認めていない。特に、当時は中国からの亡命者であれば、もっぱら政策問題として処理する傾向が濃厚で、亡命者を庇護することによって少しでも中国の機嫌を損ね、その後の日中正常化を妨げる措置は認められないというときであった。

亡命事件の契機

一九六三年、東京で開催された「六三年世界油圧機械見本市」と日本の機械・工業技術業界の視察に来ていた周鴻慶は、帰国の数時間前の十月七日午前五時頃に、宿泊先の東京都大手町のパレスホテルを逃げ出して、タクシーで中華民国大使館に亡命しようとした。しかしながら、乗ったタクシーの運転手が地理に不案内であったため、行先の中華民国大使館ではなく、ソ連（現ロシア）大使館に行き着き、そこへ飛び込み人権保護を求めることになった。

なお、台湾の中華民国大使館に飛び込もうとした理由は、些細なことであった。それは、帰国前夜の送別会パーティーで、ルールを破ってしまったからなのである。そのルールとは、出張中は、日頃の酒量の三分の一を超えないようにするということであった。この送別会で、日本酒と茅台酒（マォタイ）を飲み過ぎて泥酔して、自由な社会である日本を褒めたたえて、さらには中国の悪口まで言ってしまったのであった。この事について、朝、起床した際に、同室の同僚から中国に帰国したら大変なことになるぞと告げられ、脅かされたことで、周鴻慶は、中国に帰れないと考えたのであった。

日本での取り調べ　周鴻慶の亡命意思

そして、この亡命を実行した同日中に、周鴻慶の滞在できるパスポート期間が切れた為、訪日中共代表団の届け出により、日本側の外務省が調査した結果、「出入国管理令違反（不法残留）」の理由で、ソ連大使館に身柄の引き渡し交渉をすることとなった。その際、ソ連側は、周鴻慶の引き渡しを一度拒否したが、亡命した当日の夜になって、身柄引き渡しに同意した。そして、十月八日の午前二時頃、日本はソ連大使館から周の身柄を引き受け、麻布警察署に留置して取り調べを行うことになった。

その経過をみると、周鴻慶は、一九六三年十月八日、ソ連大使館から身柄引き渡しとなり、入管令違反（不法残留）で麻布署に逮捕、翌九日送検、同日起訴猶予の上東京入管収容、十月十日から違反調査、違反審査、口頭審理と進み、十月二十三日には退去強制事由該当の認定がなされたのである。

ところで十月八日の麻布警察署取り調べの際、東京地検の伊藤検事に会った周鴻慶は、このとき初めて、「中国では毎日息苦しい生活が続き、特に、一九五八年大躍進政策を打ち出してからは一日も早く脱出しようと考えていた」と供述した。つまり、はっきりと亡命意思を表明したのである。また亡命先を、順番に①台湾の中華民国、②日本、③望み通りにならない場合は、中国を承認していない国を希望して、自分自身の保護を訴えたのであった。

中華民国大使館は、外務省に対して、周鴻慶と会うため、直ちに新聞記者と一緒に面会させるよう正式に要求した。これにより、十月十四日と十五日に、周鴻慶は、中華民国留日東京華僑総会会長、日本華商貿易公会理事長らと面会して、「入管事務所と連絡するように尽力して下さい」と、手紙を書いて頼んだ。

一九六三年十月十六日、呉玉良中華民国駐日大使館一等書記官が藤井五一郎弁護士（担当弁護士とな

る）と共に、入国管理局係官の立会いの下で、周鴻慶に面会している。面会の際には、「大陸には絶対に帰らない」と表明して、呉玉良に自筆で「請呉秘書代弁入台湾手続」と書いたサイン入りの中国文のメモを手渡し、藤井弁護士には弁護人の委任状を渡している。

この時点まで、周鴻慶の意思は、はっきりと台湾へ亡命したい気持ちで固まっていた。これは、日本側の取り調べの結果においても、向かう先として、自由な生活ができる中華民国を希望していたことは明らかであった。

そのため中華民国側としては、入国管理局係官立会いの下で確認した経緯もあり、周鴻慶本人の意思に基づいて、日本側に対して、中華民国側に身柄の引渡しをするように求めた。

しかし、一方で、同時期に、中国関係者も、周鴻慶に接触をしていた。中国側は、中国に戻るようにと、この間、強く説得にあたったのである。この中国の交渉によって、周鴻慶は、食事をとらないハンスト（断食）に入った。したがって、これにより日本側は、周鴻慶の衰弱を治療する理由として、仮放免を許可して、日赤中央病院に移すことを決めたのであった。ところが、周鴻慶の病室は、中国関係者の完全な監視下に置かれ、中華民国側の関係者は、病室に立ち入ることができない状況となっていた。

その結果、十月十七日には、周鴻慶は、意思と態度を変えて日本残留を希望することになる。さらに、その後、いくども中国関係者が周鴻慶に面会を繰り返した結果、十月二十三日には、また態度を一変して、中国へ帰る意思を表明することとなった。実は、病院に移ってから十一月末までの間に、周鴻慶は、中国側関係者との面会を八十七回にわたって行っていた。この強い説得によって、周本人が意思を変えるに至ったのである。

周鴻慶の衰弱を治療するとして、日赤中央病院に移されてからも、長期に渡り、中華民国外交部と駐日大使館は、日本側に繰り返し、周鴻慶を中国関係者から隔離するよう要求していた。しかし、日本側はこれを受け入れず、最終的には、周鴻慶は、中国に帰国することになった。一九六四年一月九日のことである。

結果として、周鴻慶は、日中貿易促進会理事長鈴木一雄、中国の紅十字会訪日代表団団員賀清嵐に付き添われて、日本の玄海丸に乗船して大阪から出港し、一月十二日、大連港に到着、中国へ戻った。その後、周鴻慶たったひとりの中華民国亡命阻止を行う為、中国の思惑に沿って日本の関係者・団体が中国側に協力していた事を、中国の人民日報（一月十三日付）が報道している。

この記事からは、当時、中国側の為に、日本の様々な団体、政財界、文化界の代表者などが、周鴻慶の中華民国亡命を阻止しようと声をあげていたか、また、いかに中国側が日本関係者に協力を依頼していたかが明らかである。

周鴻慶亡命事件が起こってから、「蔣介石グループ」の妨害にあったとして、多くの著名人と各界の代表が、集会を開き、署名、募金運動を行い、請願デモや国会質問を行って、中国への帰国を要求する周鴻慶の闘争を支持し、日本政府が適切な処置をとるよう要求したと報道した。上記の記事によると、その団体・メンバーは、日本共産党、日中友好協会、日中貿易促進会、国民救援会、日本婦人団体連合会、国際貿易促進会、日本労働組合総評議会、東京華僑総会（中国共産系）など三十二の政党と団体からなる周鴻慶事件対策委員会を組織し、日本赤十字社、各友好商社の他、個人としては、高碕達之助、黒田寿男、鈴木一雄、岩間正男、安斎庫治、金子満広、石橋湛山、松村謙三、穂積七郎、原彪、細迫兼光、猪俣浩三、宇都宮徳馬、岡崎嘉平太、平塚常次郎、中島健蔵、須藤五郎、岡田春夫、大谷瑩潤、宮崎世民、西川景文、壬生照順、海野普古、竹山祐太郎、古井喜実、緒方浩、櫛田ふき、帆足計、藤田茂などであった。

さて、周鴻慶亡命事件を取り扱った法務省入管次長、元大阪高等検察庁検事長・富田正典は、この事件処理の経過について次のように回顧している。すなわち、この事件当時、周鴻慶は、日本在留の希望を述べ、あるいは、台湾への渡航、または中国と国交のない国を望むなど、希望が二転三転していたものの、中国への送還だけはしないでくれと強く係官に頼んでいた。我々も、日本在留は簡単に認められないとしても、台湾へ自費出国という方向で早期に片付くものと楽観していたが、十月二十四日、突如として異議申し出を放棄し、中国帰国を表明するに至ったので驚いた。それから三ヵ月もの間、台湾と中国の間に挟まれて振り回されようとは誰も考えていなかった、と述べている。

この周鴻慶亡命事件は、亡命者の取り扱いに不自然な部分もあり、当事者の人権が守られない結果になったといえよう。つまり、亡命を希望した周鴻慶の中華民国に亡命する意思が確認されれば、スピーディーに台湾へ行かせるべきであった。まして周鴻慶と中国の関係者との接触を頻繁に行わせたことは極めて不適切で、中国関係者の影響により本人が意思を曲げて、中国へ送還することになったことは、妥当とは言えないであろう。

台湾からの日本に対する抗議

ところで、前述のとおり、病院にいた周鴻慶に、いくども中国関係者が面会を繰り返した結果、十月二十四日になって、周鴻慶が中国へ帰る意思を表明したことに対して、十二月二十八日、台湾の中華民国政府は、駐日大使館から外務省に、同じく中華民国外交部から日本在華大使に対して、それぞれ抗議を申し入れた。

そして周鴻慶が中国へ送還される事になったため、一九六四年一月十日にも、中華民国外交部から強い抗議声明を発表した。日本に対する抗議声明の全文は、次の通りである。長くなるが、当時の表記のまま掲載する。中華民国は全中国を代表するという立場にあるため台湾と日本の関係は「中日関係」、台湾の人びとも「中国人」と表記している。

中日関係が目下の重大段階にまで進展した根本原因は、日本政府が利害をはっきりわきまえず、是非を顧みず、親中共政策をとるとともに、中共の日本国内における浸透活動展開を放任し、その日本自身に対する危険を覚醒しなかったことである。このような状況は中日関係を大きく損なうばかりでなく、すでに中共の対外浸透侵略気炎を助長し、アジア全体の反共形勢に極めて不利な影響を及ぼしている。

日本は一九六二年十一月、中共といわゆる五ヵ年民間貿易備忘録を結んで以来、中共に利を与える行為が日増しに顕著となった。昨年八月、日本は更に閣議で政府銀行による保証で、延べ払い方式により、中共にビニロン工場設備を売却することを認可し、次いで更に中共地区で大規模な商工展覧会を開催し、中共の経済危機を緩和し、中共の侵略力を増長した。暴虐を助けること、これより甚だしきものはない。

前述の状況のもとにあって、昨年十月、周鴻慶の亡命事件が発生した。周事件は一つの極めて明確な政治問題であり、絶対に孤立した事件ではなく、日本政府の一連の親中共行為の一環である。ここに周はすでに中共地区に強制送還されるに至ったが、日本政府は周事件処理について誤り、人道上の原則を尊重し国際慣例に照らしてその亡命の初志達成に協力することをしなかったが、これは、全世界の自由を求める人たち、特に現在中共地区で救いを渇望するわが大陸同胞に対し大きな打撃を与えるものである。

わが政府及び国民並びに海外同胞は、日本政府の以上の種々の親中共行為に深く憤慨している。日本政府の媚共親共政策が続くならば、わが国の利益に重大な損害を与えるばかりでなく、日本自身もまた一歩進んで共産党に乗じられ、ついには必ず赤化されるであろう。そうなれば中日両国の関係は維持し難くなり、ひいてはアジア全体の平和と安全に影響する。

中華民国は日本の近隣であり、第二次世界大戦後、わが政府は一筋に寛大を旨とする精神をもって、日本が徹底的に悔悟し、ともに東亜の安全と繁栄を図ることを願った。それ故にこそ、わが方は当時在華中の日本軍俘虜及び民間人二〇〇余万人の生命と自由に対し、等しく安全保障を与え、その全員を日本へ送還した。しかるに今次周事件発生後わが方の日本側への要求はわずか一人の中国人の生命と自由を保障するにすぎなかったにもかかわらず、日本政府はついに取り合わず、一方的行動をとって、周を中共地区へ強制送還した。これは道義の廃棄であり、わが政府と人民の絶対に容認し難いところである。故に日本政府に対し、一再ならず厳重な警告と抗議を提出して、その速やかなる覚醒を促し、その対華政策を徹底的に明確にすることを要求した。もし日本政府が手前勝手に媚共、親共政策を続けて、わが国の「徳を以て怨に報いる」精神を顧みることなく、中日両国間の既存関係を惜しみなく犠牲にするならば、今後中日関係の上で生ずるあらゆる重大な事態については、日本政府が完全にその責任を負うべきである。

以上の通り、これは周鴻慶が中国へ送還されたことを受けての抗議声明であったが、その中には、周鴻慶の亡命事件以外の事項に対する抗議も含まれていた。それは、一九六二年十一月、中国とＬＴ貿易と言われる五年間の「日中長期総合貿易に関する覚書」を締結したこと、および一九六三年八月、日本輸出入銀行による保証で、中国に対するビニロン・プラント工場設備の売却を日本政府が許可したことの二点である。ところで、日本輸出入銀行は、当時の政府金融機関であり、現在の国際協力銀行（略称、ＪＢＩＣ〈ジェイビック〉）である。

駐日大使館の総引き上げ　日華国交断絶の危機

この周鴻慶亡命事件によって、一九六四年一月、中華民国政府は、前年九月二十一日に帰国していた張厲生駐日大使の辞職を決める。そして、これに合わせて、駐日大使館の全高級幹部・職員スタッフを、台湾に引き上げさせたのである。これは、中華民国政府として、日本政府に対する非常に強い抗議意志の表明である。ただしその際、中華民国側は、呉玉良一等書記官を代理大使として、国民党中央委員会主任の陳建中とともに日本に残すこととした。

さて、中華民国は、日本が一九六二年十一月に、中国とLT貿易として五年間の「日中長期総合貿易に関する覚書」を締結したことに対して不快の念を増していき、台湾の世論も、日本の姿勢を強く批判していた。こうしてすでに悪化していた日本と中華民国の情況に対して、火に油を注ぐことになったのが周鴻慶の亡命事件への日本の対応であった。

蔣介石総統と吉田茂元首相の会談

第二次世界大戦終結の後、日本と中華民国の国交回復後十二年にして、日本と中華民国の外交関係は断絶の危機に直面した。この危機の回避に努めたのは、一九六三年に政界を引退した吉田茂元首相であった。

一九六四年二月二十三日、吉田元首相は、池田勇人首相の親書をもって、元内閣官房副長官の北沢直吉、娘の麻生和子、外務省の御巫清尚課長らとともに台湾の中華民国を訪れた。そして、日本と中華民国の外交関係断絶の危機を回避する為、蔣介石総統と会談した。なお、その時の蔣介石総統と吉田茂元首相の会談日程は、次の通りである。

一回目の会談は一九六四年二月二十四日、会場は総統府であった。そこで、吉田茂は、池田勇人首相の自筆の書簡を蔣介石総統に渡した上で、池田は蔣総統を心から尊敬していると語り、更に天皇から蔣総統の恩徳に謝意を述べるよう命ぜられたと伝えた。

蔣介石総統は、吉田茂に天皇への返礼の意志を伝えたあと、戦後、日本が早く復興できるよう中華民国から三百万人もの日本軍民を帰国させたのは、中華民国の伝統的対日友好の精神からであると語り、続いて、池田首相が国会で、中華民国を「蔣政権」と呼び、中共を「中華人民共和国」と称していること、新聞記者に対し、大陸反攻を夢想とけなし、倉敷レイヨンのプラント輸出、周鴻慶事件への対応などを列挙して、池田は中華民国を軽視しているのではないかとたしなめた。また、孫文が一九一七年に著した「中国の存亡問題」の中にあるように日米華三国が連合して、太平洋の安定を図ることを主張し、それに加えてわれわれ中国人民は一致団結して、ソ連に備えるべきだと指摘した。さらに、蔣介石総統は、大陸の人民は共産政権に背を向けている、共産政権は一時的虚構でしかない、共産政権と共存できるという幻想を改めるよう、日本国民を指導してほしいと要望したのである。

二回目と三回目の会談は、一九六四年二月二十五日と二十六日の両日、台湾中部の観光地、日月潭の涵碧楼で行われた。会談には、日本側は訪華に同行した北沢直吉、中華民国側からは総統府秘書長の張群が同席した。三回目の会談で、吉田は「日華共同反共」「大陸反攻に対する日本の支持」などの蔣介石の提言三点について完全同意を表明した。

一九六四年二月二十六日夜、中華民国に駐在していた日本大使の木村四郎七（在任：一九六三年から一九六六年）の公邸で開かれたカクテルパーティーの際、総統府秘書長の張群と吉田茂元首相は別室で協議して、会談の合意事項を文章化した。そして、翌朝早く、張群から蔣介石総統へ届けられた原案に対して、蔣総統が二ヵ所修正した上で、中華民国はこれを了承した。こうして、その修正案が、帰国直前の吉田茂元首相に渡り、吉田もこれを確認したのである。

「中共対策要綱」

このように結果として、成文化された合意の確認書は、「中共対策要綱案」と題され、日本文と中国文を各それぞれ正文とした。以下のように、中共対策要綱は五項目であり、日本語正文は次の通りである。

一、中国大陸六億ノ民衆ガ自由主義国ト平和的ニ共存シツツ、此等諸国トノ貿易ヲ拡大シテ、世界ノ平和ト繁栄ニ寄与出来ル様ニスル為ニハ、中国大陸民衆ヲ共産主義勢力ノ支配ヨリ解放シ、自由主義陣営内ニ引キ入レルコトガ肝要デアル。

一、右目的ノ為、日本、中華民国両国ハ具体的ニ提携協力シテ、両国ノ平和ト繁栄ヲ実現シ、自由主義体制ノ具体的模範ヲ中国大陸民衆ニ示スコトニ依リ、大陸民衆ガ共産主義政権ヨリ離脱シ、共産主義ヲ大陸カラ追放スル様、誘導スルコト。

一、中華民国政府ガ中国大陸内ノ情勢、其他、世界情勢ノ変化ニヨリ、客観的ニ見テ、政治七分軍事三分ノ大陸反攻政策ガ成功スルコト確実ト認ムル時ハ、日本ハ大陸反攻ニ反対セズ、之ニ精神的道義的支持ヲ与フルコト。

一、日本ハ、所謂二ツノ中国ノ構想ニ反対スルコト。

一、日本ト中国大陸トノ貿易ハ民間貿易ニ限リ、日本政府ノ政策トシテ、中国大陸ニ対スル経済的援助ニ支持ヲ与フルガ如キコトハ、厳ニ之ヲ慎シムコト。

この五項目について確認するため、一九六四年三月四日、総統府秘書長の張群は、吉田茂元首相と蔣介石総統の三回にわたる会談記録と、この「中共対策要綱」を書面として吉田に送り、確認を求めた。これに対して、吉田元首相は、一九六四年四月及び五月に張群秘書長へ二通の「吉田書簡」を通じて答えたのであった。この書簡で吉田は、日中貿易は、民間貿易に限定される旨を明示した。また、日本は、中華民国の反共政策に精神的、道義的支持を与えることをも示したのである。これによって、日本と中華民国の外交関係は正常に回復することになった。なお、「吉田書簡」の詳細については後述する。

外務省の中国政策（中国問題に関する見解）

ところで、吉田が蔣介石総統と会談した記録と、「中共対策要綱」の書簡確認をした翌日の一九六四年三月五日、外務省は、「中国問題に関する見解」を発表した。ここには、当時の外務省が、対中国政策をどのように考えていたのかが示されているとともに、これは「吉田書簡」の背景を表すものでもある。ここでは、中国問題についての外務省見解を紹介する。

わが国の現在の対中国政策は、一方においてわが国が台湾にある国民政府を中国を代表する政府として、これと平和条約を締結し正規の外交関係を維持しているという事実と、他方において六億余の人口を擁する中国大陸とわが国との歴史的地理的関係にかんがみて、中国大陸との間に事実上各種の関係をもたざるを得ないという事情とを前提としている。（この点中国大陸とは地理的にも隔絶し全く関係をもつ必要のない米国の場合と基本的に立場を異にしている。）

而して台湾にある国民政府と中国大陸にある中共政権の双方が、中国全体の主権者であるとの立場を主張している限り、わが国として双方と同時に外交関係をもつことは事実上不可能である。従ってもしわが国が現状において中共政権と正規の外交関係をもつことは、直ちに国民政府との外交関係を断絶することを意味するのみならず、現在のわが国と台湾自体との経済を初めとする一切の関係が断絶することを意味する。このことはアジアの平和と安定を危うくするとともに、自由陣営の団結を害する結果となることは明らかである。わが国が現状においてこのような政策をとることは、わが国の国益に反するものであり、日本国民の大多数の望むところでないことも明らかである（フランスの中共承認に対しては、米国のみならずＮＡＴＯ諸国の殆ど全部が自由陣営団結の見地から批判的である。）

以上の観点に立てば、国民政府との間に正規の外交関係を維持しつつ、中国大陸との間には政経分離の原則の下に、貿易を初めとする事実上の関係を維持していくことが、最も現状に即しつつわが国の利益を維持し得る政策であると考える。

国民政府と中共政権とが、ともに中国全体の主権を主張して相対立している現状が、正常な状態であるといえないことは明らかである。しかしこの状態を正常化することは、わが国の独力をもってなし得るところではない。わが国が現状において国民政府との関係を断絶して中共政権を承認することは、決して現状を正常化することとならず、かえって混乱をきたし、アジアの平和に寄与するゆえんではないと考える。従ってわが国としては、国民政府と中共政権をめぐる問題は、国連を中心として十分に審議され、世界与論の背景の下に公正な解決策を見出す以外に方法はないと考えるものであり、従来もその方針に沿って国連において努力してきたし、今後もその努力を続ける考えである。

「四月四日付の吉田書簡」中共対策要綱について

こうした中で、吉田茂元首相が総統府秘書長の張群宛に送った書簡、いわゆる「吉田書簡」について、政府の役職についていない一私人である吉田の信書である以上、「私信」ではあるが、日本政府としては、その内容に道義的には拘束されるものとして取り扱った。それゆえに、蒋介石と吉田会談の「中共対策要綱」のとりまとめと、これを確認した「吉田書簡」の発出によって、両国の意思疎通が果たされたことになり、日華関係を修復させることができたのである。しかしながら、当時は「吉田書簡」については、日華双方において極秘文書とされ、別の書簡の内容だけが漏れ伝えられ、それが真実だと信じ込まれていた。

上記の通り、吉田茂元首相は、池田勇人首相や関係閣僚と協議した上で、吉田茂と蒋介石の会談記録と、「中共対策要綱」の詳細内容の確認の結果について、総統府秘書長の張群宛に書簡（四月四日付）を送ったのであるが、この吉田書簡の内容は、次の通りである。

岳軍先生（張群の号）先日お手紙を差し上げましたが、お目通しいただけたと思います。このほど三月四日付のお手紙とともに、会談記録（蔣介石—吉田茂会談、三回分）及び中共対策要綱を拝見しました。第三次会談記録の小生（吉田茂）の談話の中で、インドとあるのはインドネシアの誤りですので、ご訂正ください。その他については、全く誤りはありません。特にお手紙を差し上げます。

なお、末尾に吉田茂の自筆のサインを入れている。

四月四日付の吉田書簡は、台湾の中華民国に対する日本の友好的態度を改めて明確に示したものとして、蔣介石総統は、この書簡を「日華平和条約」の補完文書とした。また、この書簡について、中華民国側では、会談記録を持ち帰った吉田茂が池田首相から了承を得た事を示す内容であると受け止め、重要視したのである。しかしながら、後に、この書簡の存在について、日本の外務省は認めないこととした。したがって、これから一ヵ月後の五月七日付で吉田茂が送った、もう一通の手紙だけをいわゆる「吉田書簡」と認めるというのが、その後多数の外交史関係の研究の立場である。

しかしながら、この書簡の存在については、吉田茂元首相が台湾の中華民国を訪れた際の蔣介石総統との会談内容の確認と、池田首相が「中共対策要綱」を了承したかどうかの二点の意味で重要である。吉田茂・蔣介石会談については、これによって、前述の「中共対策要綱」がまとめらたことは明らかである。

そして、吉田は、この書簡は外務省が起草し、池田勇人の決定を得てから吉田が署名したものだから、むしろ「池田書簡」と呼ぶべきだと述べている。したがって、吉田茂元首相は、書簡を政府間公文書と同じに値すると認識したのである。

日本と中華民国との外交関係において、吉田茂元首相と蔣介石会談は、日本政府がその内容を認めたことで、「中共対策要綱」についても確認されたものであり、日華間での基本合意となったものである。

つぎに問題となったのは、対中ビニロン・プラントの輸出にかかわる問題である。

日中貿易をめぐる事務レベル交渉

ところで、吉田茂元首相の中華民国訪問によって、日華関係が好転する雰囲気の中で、大平正芳外務大臣訪華の地ならしとして、一九六四年三月五日には、毛利松平外務省政務次官が中華民国を訪問した。こうして三月から、日本と中華民国の事務レベルで、対中ビニロン・プラント輸出を巡っての折衝が行われたのである。

台湾を訪れた当初、毛利外務省政務次官は、日本からの駐日大使派遣要求に対する中華民国側対応について、よい感触を得ていた。しかしながら、三月七日になり、福田一通商産業大臣が、中国向けビニロン・プラントの延べ払いについて、広義の民間貿易に入るもので政府間貿易ではないと表明した上で、中国へのビニロン・プラントの輸出について認める意向を示した。これによって、中華民国側の対日姿勢は再び硬化した。沈昌煥外交部長は、「東京と台北の間にはなお多くの相違点がある」として、再び、日華関係改善に難色を示すかたちとなったのである。

毛利政務次官は、この中華民国側の状況変化について、日本政府・外務省に以下のように報告している。すなわち、当初の中華民国側の考えとしては、吉田茂元首相訪華の余韻のさめぬうちに、出来るだけ早く大平正芳外務大臣の来華を実現させて、好転した雰囲気のまま、日華関係改善を図りたいというものであった。しかしながら、福田通産大臣らの発言があったため、中華民国の立法院における対日強硬派が、沈昌煥外交部長らの対日宥和政策に対して批判し、不満を示したことで、状況は極めて大きな変化を見せた、ということであった。

さらに、日華関係改善の象徴的意義をもった大平正芳外務大臣の訪華が実現する前に、中国が求めるビニロン・プラントの輸出承認が行われた場合には、蔣介石総統、張群秘書長、そして沈昌煥外交部長としては、日本との一切の関係を絶つという最悪の事態にもなりかねない状態である、と伝えた。

さて、毛利政務次官が中華民国側と事務レベル交渉をしていた時期に、吉田茂元首相は、三月十日付けで張群秘書長に書簡を送った。そこでは、日本政府は、ビニロン・プラント輸出について当面許可しない方針であり、この問題については大平正芳外相が中華民国を訪れて、両国関係が正常化した後に十分話し合うことを希望するということ、そして、大平正芳外相の訪華の方針に変わりはないが、準備する必要があり、中華民国の新しい駐日大使派遣を求める、などの旨を伝えていた。

しかしながら、先述の福田通産大臣らの発言の結果として、吉田茂元首相の訪華で取り決めた「中共対策要綱」第五項目の了解事項に反するものとして、中華民国側が日華関係改善を受け入れない可能性が出てきた。つまり、同第五項は、「日本と中国大陸との貿易は民間貿易に限ること、政府が経済援助を与えるようなことはしない」というもので、これについて吉田・蔣会談で基本合意に達していた。福田通産大臣は、対中ビニロン・プラント輸出は、「広義の民間貿易に入るもので政府間貿易ではない」と述べたが、この日本政府の対応に対して、中華民国側が懸念したのであった。

これについて、張郡秘書長は、一九六四年四月十日付で吉田茂元首相宛てに書簡を送った。その書簡では、吉田への要望として、日本政府は政府銀行を経由して中国ビニロン・プラントにクレジットを与えないこと、また、今後対大陸民間貿易に政府は介入しない方針を守ることを保証するよう、池田総理に再度相談して欲しい、ということであった。

「五月七日付の吉田書簡」

この張群秘書長からの要望に対する返信として作成されたのが、五月七日付の吉田書簡である。いわば二通目の「吉田書簡」である吉田茂の「五月七日付の書簡」の内容は次のとおりである。

①中共輸出機械設備の金融関係を純粋に民間の立場で行うということについては、貴意に沿うように研究する。②日本政府は少なくとも今年中（筆者注：一九六四年）は、大日本紡績が日本輸出入銀行を通して、中共に化繊機械設備（筆者注：ビニロン・プラント）を輸出することに承認を与えることは考えていないと述べている。更に、小生は今後とも貴国の要望を達成するよう努力する。ついては、早急に大使を派遣することを含め、日華両国の関係を正常化するための一切の措

置を急速に展開してほしい。

なお、この書簡の原文は、吉田茂の自署のある中国文であった。

この五月七日付の吉田書簡には、四月四日付書簡の内容に示された「中共対策要綱」の確認ほどの重要性はないが、この一通だけが、外務省が認めた「吉田書簡」となっている。

したがって、この吉田書簡「五月七日付の書簡」を受けて、六月十一日に台湾の中華民国政府は、駐米大使、台湾省主席などを歴任した魏道明を新しい駐日大使として任命し、派遣することになった。

大平正芳外務大臣の台湾訪問

一九六四年七月三日、大平正芳外務大臣が中華民国を訪問した。この訪問は、日本外交の責任者として、公式に日本の外交方針を説明し、日本と中華民国との意思疎通を図るためであった。

翌七月四日午前十時四十五分から、大平正芳外務大臣は、蔣介石総統と総統府で会見を行った。総統府での会見は、以下の通りに進んだ。

まず、蔣介石総統は、「中共こそ中日両国の共同の禍患である。日本の池田首相や政治家に伝えてほしい。日本は今日わが国の大陸反攻、中共消滅を積極的に援助することはもとよりできないが、少なくとも他人の悪事を助けて大陸人民の苦痛を増加させたり、われわれ反共の力を損なうようなことをすべきではない」と述べた。

　これに対して大平正芳外務大臣は、「貴重な真実の卓見を賜り目が覚める思いで、感銘深い。総統閣下の言われたことは、いずれも多年の経験に基づいたもので、啓発されるところが、はなはだ多い。その通り、日本の政治家に伝え、彼らの努力と注意を促したい」と答えた。

　その後の、午後七時半から行われた会談で、大平正芳外務大臣は、「日本は、全中国が自由世界の側に入るよう願っている。言い換えれば、日本は中華民国が反攻復国に成功することを非常に望んでいる。日本は質的には反共であり、中華民国に対し精神及び道義上の支持をすることは、もとより日本の喜びとするところである。日本が、過去にしてきたことには、ややもすれば、中華民国の喜ばないことがあったが、それにはまたやむを得ない、いろいろな原因もあり、故意にそうしたわけではない。今後は更に注意する」と、日本政府の見解を述べた。

　その後、同年八月十二日、総統府秘書長の張群が日本を訪問した。この訪問は、二月に台湾を訪れた吉田茂元首相への答礼として、吉田元首相に会い、贈勲することが目的であったが、合わせてその他の要人とも会談した。

　張群は、八月二十日には池田首相と会談し、両国の協力、要人の相互訪問、対中共貿易の限度について意見の交換を行った。つまり、夏の終わりにはこうした会談を行えるところまで、日華関係は回復したのである。

　こうして、周鴻慶亡命問題、対中プラント輸出への輸出入銀行融資等で悪化した日華関係は、吉田元首相の訪華と「吉田書簡」さらには大平外相の訪華によって完全に正常に修復したのである。

吉田書簡の意義

その後、日本では、中国との交流拡大を急ぐ一部国会議員の間で「吉田書簡の無効説、廃棄説」が唱えられ、一九七二年中国との国交正常化の際にも、その取り扱いをめぐって議論が起こった。しかし、中華民国にとっては、吉田書簡は重要な外交文書であり、日本が一方的に廃棄できる性格のものとはみなしていない。蔣介石総統は、一九六八年六月十日の日本新聞界編集幹部訪華団に対して、次のように語っている。

日本の親共分子は、ともすれば中共を承認し、中共の国連加入を主張し、また吉田書簡の廃棄を主張している。しかし、このような幻想は、実際にはそんなに簡単なことではない。吉田書簡と日華平和条約とは相互に関連した関係にある。私と吉田先生は当時、吉田書簡はまさしく日華平和条約の補充文書であることを相互に了解し合った。吉田先生が代表する日本政府と私が領導する中華民国政府は、日華平和条約を締結したあと、ともに不十分さを感じたがゆえに、この書簡が生まれたのである。今日、もしこの吉田書簡を廃棄しようというのなら、すなわち日華平和条約を廃棄することにほかならない。

周亡命事件再現の回避

　ところで、一九六〇年代には、日中LT貿易協定の成立、日本の対中ビニロン・プラントの輸出、周鴻慶亡命事件等の一連の出来事によって、日中関係の変化と中国の圧力によって日本と中華民国の深刻な対立、最終的には外交関係断絶の寸前まで進んだ。前述の通り、周鴻慶亡命事件によって、中華民国側の決定として、張厲生駐日大使の辞職と、駐日大使館幹部職員・スタッフ全員を台湾の中華民国へ引きあげさせるに至ったことは、その後の日本の対応しだいでは、日華関係の復旧が困難になる可能性があった。しかし逆に、日本の対応がもっと積極的かつ迅速であれば、これほどの危機とはならなかったかもしれない。

　ところで、それ以後も同様の亡命事件等が発生すれば、再び日華関係の危機に陥る可能性もあった。実際に、これ以後に亡命事件が発生したとき、日華の良好な関係を維持するために懸命に尽くしたのが、当時、中華民国大阪領事館の領事であった林金莖氏であった。なお、林金莖氏は、本叢書出版の母体である、日台関係研究会の生みの親の一人である。

　林金莖は、台南生まれ。復旦大学を経て台湾大学を卒業し、中華民国外交部に勤務、外交官として、日本駐在は通算で三十一年にも及んだ。弁護士の資格を有し、日本の亜細亜大学から国際法で法学博士の学位を授与されている。一九七二年の日華断交後には、亜東関係協会東京事務所副代表、さらには駐日代表となった。対日外交に関わった期間は、実に四十年以上に及び、戦後の日台関係の重要な証人でもあった。なお、林金莖の生涯については、日台関係研究会叢書5『日台関係繫いだ台湾の人びと2』（展転社、二〇一八年）を参照していただきたい。

林金莖は、再び周鴻慶亡命事件のような再来とならないように、言い換えれば、その後に同様の亡命事件が起こった際に、日本と中華民国との良好な関係を維持するために、素早く亡命者の支援にあたった。

すなわち、周鴻慶亡命事件から二年ほどを経過した一九六六年四月十七日、林金莖が大阪で領事を務めていたとき、中国の天津港務局の二人、周永興と史仲田が、日本の「大栄丸」の上甲板の下にある、貨物室に潜み、日本への密入国を企てた事件が発生した。その結果、大栄丸が山口県萩港に入港したところで両名が逮捕された。

この報道を知った林金莖は、ただちに山口県の検察庁がある小郡に向かい、二人が送致される前に、主席検察官と交渉したのである。その交渉の際に林金莖は、この二人は日本への密入国を企てたのではなく、自由を求めて台湾の中華民国へ向かうため、まず日本に来ることになったもので、彼らは密入国犯ではない。したがって、彼らが行きたいと希望しているところ、つまり台湾に送るべきであると伝えた。これに対して日本側担当者は、林金莖に対して、二人の意思を確認しなければならない、と述べた。

その後、二人と、林金莖が面会して、中華民国大阪領事としての立場を示し、また、弁護士資格も持っていることを伝えた上で、中華民国への亡命を希望するのであれば、それを支援することを伝えた。さらに、日本への密入国の意思はなく、台湾への亡命を希望するのであれば、それを明確に表明するようにと伝えたところ、二人は、中華民国への亡命を希望していることを明らかにした。

こうした、林金莖のスピーディーな交渉があり、山口県検察庁は、調査の結果として四月十九日に至って、二人を「不法入国」罪で起訴しない事を決め、下関の入国管理事務所で対応することとなったのである。

その後、二人は中華民国へ向かうことになるが、前述の周鴻慶亡命事件の記憶もあって、林金莖としては慎重に進め、中国の関係者が二人に接触しないよう、もしくは暴漢に襲われることなどないように細心の注意を払ったうえで、台湾到着までを手配した。こうして、一九六六年四月二十一日に、二人は無事に台湾の松山空港に到着したのであった。

林金莖が二人に会ってから僅か四日間のスピード解決であった。この亡命は、林金莖の「成功しなければ辞職する」という決心があって、成功させることができたものである。

山東省船員亡命事件を無事に処理

さて、大栄丸の山口県萩港事件があってすぐに、孫秉乾総領事がドミニカ大使として転出したため、林金莖が総領事の職務を代理することとなった。このとき、今度はインドの港に停泊中の船から、中国の山東省籍の船の船員である王九如など二人から、自由を求めて台湾に亡命したいという連絡が入った。このため、大阪に船が停泊する際に、林金莖は、亡命支援の交渉対応ができるように、また中国の圧力によって、日華間の深刻な対立事案にならないように、注意深く備えることにした。

こうして大阪での受け入れ準備を進めていたところ、数日後に東京の中華民国駐日全権大使である陳之邁大使から、その船が先に横浜港に寄港するので、横浜の領事館で対応することになったという連絡があった。さらにその二日後には、再び陳之邁大使から電話があり、横浜では接触できず、船は大阪に向けて出港したということだった。しかも、中国はすでに警戒して、この二人について厳しく監視しているようだった。

そのとき、陳之邁大使は林金莖に「あなたは弁護士なのだから、あなたの判断で対処するように」と指示した。

船中では、王九如等は監視されている様子だった。ところで、林金莖は、かつて復旦大学に留学したとき、船で往復していたので、こうした船における中国人船員の行動パターンについて知識があった。というのは、中国船では船員が食事のときに、時間に遅れると十分に食べられなくなってしまう恐れがあるため、食事開始時間に食堂に殺到するということである。そのタイミングだと、乗組員は他人のことに注意する余裕がなく、誰が何をしているか気にする人がいないということである。そこで王九如等に対して、食事開始時間のタイミングで、接岸している船の桟橋寄りに移動しておくようにと電話で指示した。その時間に、埠頭に車を用意しておき、急いで乗車させて走り去ろうという計画であった。

王九如等は、この計画通りに食事時間に首尾よく下船して、用意しておいた車に乗り込むことに成功し、その車は疾風迅雷の勢いで大阪総領事館に到着した。

食事と休憩をとらせた後、林金莖は二人に日本に来た目的を訪ね、「日本への密入国の意志はなく、ただ中華民国へ行きたいという考えである」とする調書を作成した。前述の山口県萩港亡命の際には、この二人が港務局の公務員で、こうした事案についての知識があったのに対し、今回の二人は一般の労働者であったために緊張の度合いが高く、取り扱いはかなり難しかった。このため、書面で記録を作成する一方で、会話の状況を録音して、証拠を残すようにした。

林金莖は、その晩に大阪入国管理事務所の古川園重利所長に連絡をとった。実は、林と古川園所長とは、以前、東京勤務のときからの知己であった。そこで「王九如等二人が、突然、私どもの領事館へ駈け込んで来て、自由を求めて亡命してきているので、担当者を派遣して処理に当たってほしい」と伝えたのである。これに対して古川園所長は、夜半でもあり、かなり寒いので、その二人はすでに台湾の中華民国へ亡命を求めているものと認めた上で、林金莖に管理をしっかりして欲しいと求め、翌朝に人を送って処理すると答えた。

こうして二日目の朝九時、大阪入国管理事務所は二人の係官を総領事館に派遣してきたが、王九如等二人は日本語が話せないので、すでにとった調書を示すとともに、証拠の録音もあることを伝えた。すると大阪入国管理事務所の係官の一人が「良くやった」と日本語で言った。そこで、林金莖は、彼らを中華民国に連れて行った後には、自由を得られるよう支援することを約束したところ、王九如等は通訳を介して、中華民国以外には行きたくない旨を改めて示した。

その後、大阪入管職員二人は、古川園所長に、王九如等二人が密入国の意図を持たないことを報告したので、大阪地検は不起訴処分に決定して、林金莖の側で中華民国へ送ることとなった。

この時点では、未だ二名の中華民国亡命が成功したわけではないので、慎重に中国側からの干渉に備えながら、三日目には台湾へ送り届ける段取りを整えた。こうして大阪発の飛行機に王九如等二名を乗せ、大阪総領事館の二名の職員をつけて無事に台湾に送り届けることができたのであった。

おわりに

周鴻慶亡命事件は、始めは極めて単純な亡命問題だと思われた。しかし、この事件が起きたタイミングと、この事件に対する日本の取扱い、そして日本における中華民国と中国との対立によって、日華関係が大きく揺れ動き、この事件は、戦後の日台関係史における重大な外交問題となった。

周鴻慶の衰弱を治療するとして、日赤中央病院に移してから、長期に渡り、中華民国外交部と駐日大使館は、日本側に繰り返し、周鴻慶を中国関係者から隔離するよう要求していた。しかし、日本側はこれを受け入れず、亡命から三ヵ月経て、最終的には、一九六四年一月九日に、周鴻慶は、中国に帰国することになった。

この事件は、亡命者の取り扱いに不自然な部分もあり、当事者の人権が守られない結果になったといえよう。すなわち、周鴻慶の中華民国に亡命する意思が確認された際、スピーディーに中華民国へ行かせるべきであった。まして周鴻慶と中国の関係者との接触を頻繁に行わせたことは極めて不適切で、この影響により本人が意思を曲げて、中国へ送還されることになったことは、妥当とは言えないであろう。

また、この事件によって、日華関係は大きく揺れ動き、一九六四年一月、中華民国政府は、前年九月二十一日に帰国していた張厲生駐日大使の辞職を決めるのである。そして、これに合わせて、駐日大使館の全幹部・職員スタッフを、中華民国に引き上げさせた。これは、日本政府に対する非常に強い抗議意志の表明だったのである。ただしその際、中華民国側は、呉玉良一等書記官を代理大使として、国民党中央委員会の主任の陳建中とともに日本に残すこととしたが、日本政府に迅速な対応を促すためのやむを得ない状況であった。

第二次世界大戦終結の後、日本と中華民国の国交回復後十二年にして、日本と中華民国の外交関係は断絶の危機に直面した。この日華断交の危機の関係修復に努めたのが、一九六三年に政界を引退した吉田茂元首相であった。

一九六四年二月二十三日、吉田元首相は、池田勇人首相の親書をもって、元内閣官房副長官の北沢直吉、娘の麻生和子、外務省の御巫清尚課長らとともに中華民国を訪れた。そして、日本と中華民国の外交関係断絶の危機を回避する為、吉田茂元首相は、蒋介石総統と会談したのである。

その後、蒋・吉田会談記録と「中共対策要綱」を確認するために、吉田書簡を生み、四月四日付の吉田書簡は、台湾の中華民国に対する日本の友好的態度を改めて明確に示したものとして、蔣介石総統は、この書簡を「日華平和条約」の補完文書とした。また、この書簡について、台湾の中華民国側では、会談記録を持ち帰った吉田茂が池田首相から了承を得た事を示すものであると受け止め、重要視したのである。

つぎに、五月七日付の吉田書簡は、一九六四年中には輸出入銀行の融資保証の下に、中国向けビニロン・プラントの機械設備を輸出することに承認を与えないと約束したものである。したがって、この五月七日付の吉田書簡を受けて、六月十一日に中華民国政府は、駐米大使、台湾省主席などを歴任した魏道明を新しい駐日大使として任命し、派遣することになった。

この五月七日付の吉田書簡には、四月四日付書簡の内容に示された「中共対策要綱」の確認ほどの重要性はないが、この一通だけが、外務省が認めた「吉田書簡」となっている。

蔣介石総統は、一九六八年六月八日日本新聞界編集幹部訪華団に対し、「吉田書簡」は日華平和条約の補完文書であり、その廃棄は日華条約の廃棄になると語った。中国も常に「吉田書簡」の廃棄を迫り、一九七二年日本と中国のいわゆる国交正常化まで、国会でも常に論議の対象になっていたことを見ると、四月四日付の吉田書簡の有する重要性がわかる。

一九六四年七月三日、大平正芳外務大臣が中華民国を訪問した。この訪問は、日本外交の責任者として、公式に日本の外交方針を説明し、日本と中華民国との意思疎通を図るためであった。その後、同年八月十二日、総統府秘書長の張群が日本を訪問した。この訪問は、二月に中華民国に訪れた吉田茂元首相への答礼として、吉田元首相に会い、贈勲することが目的であったが、合わせてその他の要人とも会談した。さらに、張群は、八月二十日には池田首相と会談し、両国の協力、要人の相互訪問、対中共貿易の限度について意見の交換を行った。つまり、日華関係はこうした会談を行えるところまで回復したのである。

こうして、周鴻慶亡命問題、対中プラント輸出への輸出入銀行融資等で悪化した日華関係は、吉田元首相の訪華と「吉田書簡」さらには大平外相の訪華によって完全に正常に修復したのである。

主要参考文献

三好貞雄『周鴻慶事件の真相』自由アジア社、一九六四年。
外務省アジア局中国課監修『日中関係基本資料集』財団法人霞山会、一九七〇年。
サンケイ新聞社『蔣介石秘録』第十五巻、サンケイ新聞社出版局、一九七五年。
張群（古屋奎二訳）『日華・風雲の七十年』サンケイ出版、一九八〇年。
林金莖『梅と桜 戦後の日華関係』産経出版、一九八四年。
林金莖『戦後の日華関係と国際法』有斐閣、一九八七年。
浅野和生編著『日台関係を繫いだ台湾の人びと2』展転社、二〇一八年。
『読売新聞（夕刊）』「アジアの平和に協力」一九六七年七月九日

『読売新聞（朝刊）』「平和外交を説明」一九六七年七月九日
『読売新聞（夕刊）』「日華共同声明を発表」一九六七年七月九日
『中華週報』四一九号、一九六八年六月二十四日
外務省アジア局中国課「吉田茂氏邸における張群氏の談話要領」、「張群秘書長の大平大臣訪問の件」、『アジア諸国特派使節および親善使節団本邦訪問関係雑件、中華民国の部 張群総統府秘書長関係（一九六三年五月）』、外務省外交記録公開、外交史料館所蔵。
木村大使発外務省宛第十五号電報（特秘）「周鴻慶出国に伴う国府の対日政策対応策に関する件」、『諸外国亡命者関係雑件、周鴻慶事件、中華民国態度（一九六四年一月）』、外務省外交記録公開、外交史料館所蔵。
外務省アジア局中国課「訪台発言案」、『大平外務大臣中華民国訪問関係（一九六四年六月）』、外務省外交記録公開、外交史料館所蔵。
外務省経済協力課「台湾に対する経済協力」、『大平外務大臣中華民国訪問関係（一九六四年七月）』、外務省外交記録公開、外交史料館所蔵。
外務省アジア局中国課「中国問題」、『大平外務大臣中華民国訪問関係（一九六四年七月）』、外務省外交記録公開、外交史料館所蔵。

第四章　李登輝訪日をめぐる日台関係——親台派国会議員の動向を中心に

大仁科技大学助理教授　新井雄

九〇年代以降の日台関係において、李登輝の影響力は大きかった。九十年代の日本では、毎年のように政権交代があり、八人の総理大臣が誕生したが、中華民国の政治の中心は常に李登輝であった。そして、台湾の中華民国の民主化を完成させ、実務外交により、中華民国の世界的地位を向上させたその手腕を、世界は評価した。加えて、元日本人であり、流暢な日本語で、日本精神を語る李登輝の姿に、日本の保守層は心をつかまれた。

また、九十年代中盤から、二〇〇〇年代に至っても、日台関係において、注目を集めた政治的課題が「李登輝訪日問題」であった。本稿では、その日台関係の重要課題であった「李登輝訪日問題」を、親台派国会議員の動向を中心に検討する。

なお、日本と台湾との関係は、戦後一貫して「日華関係」と表記されてきた。これは、一九四九年十二月の中華民国の台湾移転以後も、中華民国が中国を代表する立場であり、一九七二年までの日本はその中華民国と国交が維持されたためである。つまり、中華民国は台湾に限定された存在ではなかったため「日台関係」ではなく「日華関係」と称した。しかし、二〇〇〇年に台湾で国民党政権に代わって民進党の陳水扁政権が成立すると、中華民国の実効支配範囲が台湾であり、民進党としては台湾の政権であることを自任していたことから、自らを中華民国と称するより「台湾」と称することが多くなる。これに伴って日本と台湾相互の関係も、二〇〇二年ころには「日華関係」に代えて「日台関係」が用いられることが定着した。

その後、二〇〇八年に再度の政権交代によって、国民党の馬英九政権が成立してからも、この慣行に変化はなく、台湾は「台湾」を自称し、日本と台湾の関係は「日台関係」と呼ぶことが確立した。このため、本章では、李登輝時代については「日華関係」を用いることがある。

一、李登輝総統の対日外交チャンネルの模索

中華人民共和国は、一九八九年六月の天安門事件によって国際的に孤立し、排外的な姿勢を強めた。そして、それを擁護する勢力は西側諸国にはほとんどなかった。中華人民共和国の国際的地位が急落したことにより、日本では「台湾問題」に関して、中華人民共和国からの懸念や反発を以前ほど考慮しなくてもよい状態が出現した。天安門事件は、中華民国にとって国際空間を開拓するためのチャンスであり、また日本は、これを機会に中華民国との交流拡大を進める空間を確保していく。蔣介石・蔣経国時代に作られた日本と中華民国の文化交流チャンネルとしては、日華文化協会、日華大陸問題研究協会、マスコミ総合研究所などがあったが、これらは蔣介石・経国親子とその側近の主導で「反共」を共通基盤とした交流を行なうカウンターパートという色彩が強かった。一九八八年七月、李登輝は、日本との知的交流と多方面の関係強化を図って中嶋嶺雄・東京外国語大学教授と「アジア・オープン・フォーラム（亞洲公開論壇）」を設立した。同フォーラムは、毎年大規模なシンポジウムを開催し、中華民国と日本における主流の政界、官界、財界、学界を結びつける役割を果たしていく。[1]

一九八八年一月に総統に就任して以来、李登輝は、蔣経国時代の対日人脈以外に新たに日本の国会

における人脈の構築を考えていた。

一九九〇年五月十九日、金丸信が率いる日華関係議員懇談会・日華懇談会の合同訪問団（自民、民社両党の国会議員約三十人で構成）が、李登輝総統の就任式典に出席するため台湾を訪問し、李登輝と会談した。[2]

さらに日華間における議員交流も盛んになる。一九九一年一月末、沈世雄が率いる十五名の中華民国立法委員グループが、日本を訪問した。同訪問団は、日本滞在中に日華関係の促進を目的とした超党派の議員団体である「建正会」の成立を宣言、村上正邦を代表とする日本の国会の超党派議員団体「革正会」と姉妹提携した。同訪問団は、金丸信、中尾栄一、村上正邦などの親台派の歓迎を受けた。沈世雄は、日本と中華民国の間で「中華民国関係法」を成立し、非政治的互恵関係を強化することを主張した。[3]

同年五月十四日、日本と中華民国の政治、経済、文化界の著名人で結成された「国際政策研究信睦会」（以下、「信睦会」とする）が結成された。同会結成の目的は、日本と中華民国が二十一世紀において、両国の交流を深めるだけでなく、環太平洋地区の中心国家として、共同で積極的に国際社会の主役となるよう努力することであった。「信睦会」の初期メンバーは、中華民国側では、許勝発、沈世雄を中心に百四十名が参加、日本側では、平沼赳夫、麻生太郎、中川昭一など親台派を中心に約六十名が参加した。[4]

一九九四年四月、李登輝総統は、作家・司馬遼太郎（日中文化交流協会代表理事）と会談し、続いて同年六月二十七日、中江要介（日中友好協会副会長）と会談した。[5] この李登輝総統と日中友好団体幹部との相次ぐ会談は、中華人民共和国を刺激した。

李登輝と司馬遼太郎との対談の中で、李は「台湾人は、外来政権の統治下で悲哀を味わってきた。国民党も外来政権といえる」「中共が、中華民国を中華人民共和国の一つの省としているのは、奇怪な夢だ」などと発言した。対談の中身が『週刊朝日』誌上で報道されると、中華人民共和国のメディアから「祖国を分裂させ、『二つの中国』『台湾独立』につながる世論を作り出すものだ」「奇談怪論に過ぎない」などの厳しい批判が噴き出した。その直後、今度は、親中派で知られる日中友好協会副会長・中江要介と会談した。中華民国側の狙いは、今後の対日関係及び李登輝訪日も考えて、司馬や中江のような影響力のある人物とのパイプ作りと考えられた。[6]

二、一九九一年李登輝訪日問題

李登輝訪日問題の発端は、一九九一年六月中旬に、金丸信が中華民国を訪問し、李登輝総統及び銭復外交部長と対談、この時、李登輝総統の日本訪問を提案したことから始まる。[7] しかしながら、同年七月十日、坂本三十次・内閣官房長官は記者会見において、李登輝の訪日は困難であると述べた。坂本は「『日中共同声明』に基づく立場があるので、政府としては慎重に対応せざるを得ない」と述べ、「二つの中国」容認につながりかねない李総統来日は認められないとの立場を重ねて示した。[8] また、中華民国側は、李登輝訪日問題に関して、日華関係議員懇談会を無視し、金丸に協力を依頼したことから、中華民国と日華関係議員懇談会との関係が悪化し、日華関係議員懇談会代表世話人の佐藤信二及び会長の藤尾正行が辞意表明する事態になった[9]。七月十五日、李登輝訪日問題について、金丸信と佐藤信二は約二十分会談した。同会談で、金丸、佐藤両氏は、第一に李総統の来日問題を政治問題化させることは好ましくなく、事態を鎮静化させるべきだ。第二に日華関係議員懇談会そのものは日華友好関係のため存続させる必要がある、との認識で一致した。佐藤は、金丸との会談に先立ち、議員会館で許水徳・亜東関係協会代表とも会談した。許水徳は中華民国側としても事態の鎮静化を望んでいることを伝え、李総統の来日は本格的な日程調整が行われるに至らず、立ち消えとなることが確実となった[10]。

これに先立ち、一九九一年六月二十九日、蔣孝武が急死したため、許水徳が亜東関係協会の新駐日代表に着任していた[11]。この許水徳の駐日代表就任以降、李登輝は、本格的に日本との実質的関係を構築していく[12]。

許水徳の回想によると、前任者である蔣孝武が、日本の若手国会議員との関係構築に重点を置いていたため、日華関係議員懇談会のシニア・メンバーが中華民国に対して悪印象を持つようになっていたという[13]。たとえば、一九九一年七月十六日、許水徳中華民国駐日代表の歓迎会において、塩川正十郎、平沼赳夫、船田元などの日華関係議員懇談会メンバーが出席したが、佐藤信二及び藤尾正行など、日華関係議員懇談会のシニアメンバーは欠席している[14]。

そこで、李登輝は、日華関係議員懇談会のシニアメンバーにも目を向け、交流を始める。許水徳は、藤尾正行を中華民国に招待した。そして、李登輝総統が長時間にわたって藤尾を歓待し、藤尾は李登輝を支持するようになり、代表処の活動にも積極的に参加するようになった[15]。

さらに、一九九二年一月十七日、佐藤信二率いる国会議員団が訪台、台北において中華民国と日本の国会議員の連絡会成立大会を開催した。日本側参加者は、日華関係議員懇談会シニアメンバーのリーダーである佐藤信二ほか、石川要三、後藤正夫、田村秀昭、井上計などであった[16]。同年三月三十一日には、福田赳夫、藤尾正行、田中龍夫らも訪台。李登輝総統、郝柏村行政院長、劉松藩立法院長、林洋港司法院長らと会談した[17]。

ところが、八月、朝日新聞の報道により東京佐川急便から五億円のヤミ献金問題が発覚した。八月二十七日、金丸信が自民党本部で緊急記者会見を行い、副総裁職の辞任を表明した。金丸の失脚は、中華民国側にとって痛手であったが[18]、十一月十四日には、亜東関係協会としては、中華民国は、二十一日に訪台する綿貫民輔・自民党幹事長を金丸信の後継として重視すると述べた[19]。

十一月二十一日、綿貫民輔ほか七名の自民党代表団が、宋楚瑜・国民党秘書長の招きにより訪台した。綿貫の外、村上正邦、前田勲男、高木正明、椎名素夫、前田正、石原伸晃など、親台派の中堅、若手議員を引きつれての訪台であった[20]。この綿貫の訪台に関して、日本の政治経済情勢に精通している江丙坤・経済部政務次長は、この訪台の意義は大きいと評価した。自民党の幹事長の訪台は、金丸信に次いで二人目であり、日本政府が中華民国政府をますます重視しているとの認識を示した[21]。

一方、十二月十一日には、日華親善協会全国連合会が東京で特別大会を開き、山崎龍男に代わって、平沼赳夫を会長に選出した。[22] 翌一九九三年十二月十七日、平沼赳夫を団長とする中華民国訪問団は、行政院長連戦と面会し、意見交換をした。平沼は、大臣の身分での訪台をできるように全力を尽くすことを表明した。[23] 翌十八日、平沼赳夫、野田二夫、古屋圭司、石原伸晃が中華民国を訪問、李登輝総統と会見した。[24]

以上のように、李登輝政権の対日チャンネルは、発足当初には混乱が見られた。そうした中で李登輝は、日本との議員外交において、日本の中堅、若手議員との新しいチャンネルを構築するとともに、旧来の日華関係議員懇談会シニアメンバーとも交流を深めるよう努めたのである。

三、一九九四年広島アジア大会李登輝訪日問題

天安門事件で急速に悪化した日中関係は、一九九二年十月、国交正常化二十周年を記念する天皇陛下の訪中を実現させることで関係改善を果たした。しかしその後、中華人民共和国は一九九三年ごろになると国際的孤立を徐々に脱出し、同国を取り巻く国際環境は改善され、中華人民共和国の対日配慮は弱まり、日中関係も緊張を取り戻していった。

一方、日本では、五五年体制が崩壊し、自民党の一党優位体制に亀裂が生じ、新党が躍進する時代へと入っていった。一九九三年七月十八日、第四十回衆議院総選挙では、自民党二百二十三名、社会

党七十名、新生党五十五名、公明党五十一名、日本新党三十五名、共産党十五名、民社党十五名、新党さきがけ十三名、社民連四名、無所属三十名という結果となった。この時、関心を集めたのが結成されたばかりの新党の躍進ぶりであった。新生党は選挙前の三十六名から五十五名、新党さきがけは同じく十名から十三名、そして日本新党が〇名から三十五名へと増加した。日本新党は、新党ブームの中心にいた。

翌八月、「五五年体制」を打破する形で、非自民八党会派による連立政権として細川護熙内閣が成立した。「五五年体制」の崩壊によって、中華民国政府が頼りにしていた自民党が野党になり、日華関係議員懇談会の影響力が低下したことで、中華民国に不利な結果となったという印象を与えた。事実、急転直下に政権が交代したため、中華民国としては日本の政府筋に対して陳情がしにくくなったという証言もある。[25]

同年十一月九日、新生党では「日華関係議員懇談会」を設立し、五十四名の党員が参加した。副総理兼外相の羽田孜をはじめ、通産大臣熊谷弘、農林水産大臣畑英次郎、防衛庁長官中西啓介の四名の現職大臣が参加した。会長に小澤辰男、顧問に小澤一郎、渡部恒三。副会長に佐藤守良、吹田幌、永野茂門、幹事長に船田元が就任した。[26]

さらに、十二月十六日、細川護熙率いる日本新党が「日華関係議員懇談会」を設立した。同会では、松岡満寿男が会長に、茂木敏充が幹事長に就任した。[27]

翌一九九四年一月六日、新党さきがけが「日華議員懇談会」を設立した。同党全員がこの日華関係議員懇談会に参加し、渡海紀三郎、三原朝彦がそれぞれ代表、会長に就任した。[28] このように新しい親台派の組織が誕生したが、自民党の分裂、新党の誕生により、親台派の組織も分裂したといえる。

同年八月十七日、同年十月に広島で開催されるアジア大会に関連し、アジア・オリンピック評議会(OCA)のアフマド・アル＝サバーハ(Sheikh Ahmad Al-Fahad Al-Sabah)会長が、中華民国の李登輝総統を招待したいとする意向を広島アジア競技大会組織委員会を通じて日本政府に伝えてきていることが明らかになった。[29] 同日、中華人民共和国政府は傍観することなく、江沢民総書記が、中国訪問中の自民党政調会長加藤紘一に、「(総統訪日を)受け入れることを歓迎しない。村山首相にも伝えてほしい」とクギを刺した。[30]

同月二十二日、川島裕・日本外務省アジア局長は自民党本部に赴き、日華関係議員懇談会会長・佐藤信二、幹事長・平沼赳夫、顧問・村上正邦に面会し、もし李登輝総統が日本に入国申請した場合、高度な政治判断が必要であり、受けるかどうか政治家の決定を必要とすると表明した。[31]

日華関係議員懇談会は川島に対し、李登輝総統は政治的色彩のないスポーツ大会に出席するのであり、李登輝訪日問題に政治的に介入することには反対であることを表明した。その後、村上正邦は、加藤紘一に会い、李登輝訪日、アジア大会出席の自民党内支持が得られるよう活動を始めた。[32]

同月三十一日、渡海紀三郎率いる新党さきがけ訪華団が台湾を訪問、銭復外交部長と会見し、李登輝の訪日問題に関して意見交換をした。[33]

一方、九月二日、中華民国の対中華人民共和国政策の責任者である黄昆輝・行政院大陸委員会主任委員は、都内のホテルで記者会見し、李登輝総統の広島アジア大会出席問題について、個人的な意見として「スポーツと政治は切り離して考えなければならない」と述べ、中国が再三、中華民国に対してスポーツ交流の強化を呼びかけていながら、李総統のアジア大会出席に反対するのは「不合理だ」と、中国の態度を批判した。[34]

それにもかかわらず、同月六日、村山首相は、中国に配慮した場合、李登輝の訪日は拒絶せざるをえないことをほのめかした。[35]同月七日、中国の李鵬首相は、北京訪問中の木部佳昭・自民党総務会長と会談した際、「台湾問題」に言及し、「村山内閣が引き続き中華人民共和国は一つとの政策を堅持、実行し、中華民国と政府間の関係を持たないよう望む」と語った。[36]九日、日華関係議員懇談会は、李登輝総統の広島アジア大会開会式への出席問題について協議した結果、「李総統の広島アジア大会出席を歓迎する」との方針を確認、同党国会議員の署名活動を始めることで一致した。[37]さらに、同日、来日中の中華民国立法院の与党「国民党」議員団（呉東昇団長）は、民社、新生、自民の各党幹部と国会内などで順次会談し、李登輝総統の広島アジア大会開会式出席実現に協力を要請した。これに対し、藤尾正行・自民党日華関係議員懇談会会長は「スポーツはスポーツ、政治は政治として分けて考えるべきだ」との考えを示した。また、吉田之久・民社党副委員長も「スポーツの世界に外交問題を持ち込むことは好ましくない。ぜひ来日を実現したい」と述べ、他党に働きかけていく考えを表明した。栗屋敏信・新生党日華親善友好議員連盟副会長は「環境作りを一生懸命やっている。政治と全く関係ない立場での来日を歓迎するのにやぶさかでない」と述べた。[38]

しかしながら、十二日夕方の記者会見で、アジア・オリンピック評議会（ＯＣＡ）が、李登輝総統のアジア大会への招待を事実上取り消す声明を発表した。[39]

結局、中華人民共和国が猛反発したことにより、李登輝は招待状を受け取った上で自らの訪日断念を発表したが、李登輝の代理として徐立徳・行政院副院長を派遣することとし、日本政府は徐の訪日を受け入れた。日本政府は、これで中華人民共和国政府に対して十分な配慮をしたつもりであったが、中華人民共和国政府は徐立徳の入国を許可した日本を非難した。日本は、中華民国に関する同国外交がゼロサムゲームであり、中国側の意向に完全に従わない限り、非難を受けることを実感させられた。他方で、中華人民共和国への配慮を見せる日本に対し、中華民国は不満であり、時には批判も加えた。[40]

四、一九九五年李登輝訪米とＡＰＥＣ大阪会議訪日問題

広島アジア大会の開会式に出席するために来日した徐立徳・行政院副院長は、メディアの質問に答えて、今後も日華間の高官接触の推進を図る方針を明らかにした。また、一九九五年に大阪で開催が予定されていたＡＰＥＣへの李登輝総統の出席を実現するため努力する考えを示した。また、一九九四年十月十二日には、中華民国の外交部次長が立法院で発言し、十一月にインドネシアで開催されるＡＰＥＣ非公式首脳会談に、李登輝総統の出席を目指し、困難があった場合でも連戦行政院長

の出席を実現するという意向を示した。つまり、広島アジア大会につづく中華民国の実務外交は、ＡＰＥＣの非公式首脳会議への総統あるいは行政院長の参加に置かれていた。

これに対して、村山富市内閣は、「日中関係を重視しており、日中共同声明を基礎として、友好関係を発展させていきたい」という立場で、「『二つの中国』を支持することはない」と述べた。村山首相は、首相官邸で中華人民共和国の栄毅仁・国家副主席と会談した際にも同様の趣旨を改めて表明した。

この年のＡＰＥＣの閣僚会議と非公式首脳会議は、インドネシアのジャカルタとボゴールで開催されたが、これに先立って十一月五日に李登輝総統は非公式首脳会議への出席断念を発表した。これについて李登輝総統は、前年のＡＰＥＣシアトル会議のとき、中華人民共和国が李登輝総統の出席に反対したため、出席しないことを決めたが、今回のインドネシア会議でも、シアトル方式で、正式な招待状を受け取っても李総統の側から出席を辞退し、代理を出席させることとした。これには中華民国としては不満であるが、李登輝総統は会議の成功を優先したものだと説明した。

また、広島アジア大会については、「日本でこの問題に関心がもたれたことだけでいい」と述べ、日本が対中関係上、日本なりの政策がとれない点は理解していると述べた。一方、一九九五年の大阪ＡＰＥＣについては出席の意向を示し、「出席できるかどうかは、日本の対応次第」であるとして、李登輝総統としては日本政府への期待を表明していた。しかしながら、ジャカルタで行われたＡＰＥＣ閣僚会議閉幕後の共同記者会見では、中華人民共和国の銭其琛・外交部長が「台湾が派遣できるのは経済担当の当局者だけだ」と述べ「これはＡＰＥＣの合意である」と主張した。また、村山首相と江沢民・総書記が日中首脳としては初顔合わせとなったＡＰＥＣ非公式首脳会議に付随した個別会談で、江総書記が「来年の大阪会議はシアトル方式で対応するのが大事だ」と述べたのに対して、村山首相は「シアトルとインドネシアのやり方を踏まえて対応する」と応じた。つまり、村山内閣においてはＡＰＥＣ非公式首脳会談には中華民国から李登輝総統を招待しないとの合意が、日中間で事実上成立していたのである。[41]

李登輝総統は、一九九五年六月七日から十二日まで、クリントン政権の受け入れ容認により「私人としての非公式訪問」として、「公的活動を行わない」との条件で米国を訪問した。中華人民共和国との関係の悪化を懸念する米国国務省の意を汲んで、米国滞在中の李登輝総統の会談は、ロサンゼルスにおける米国在台湾協会主席、ロサンゼルス市長、在米華僑などとに限定され、コーネル大学では講演を行ったものの、予定されていた記者会見は中止された。

しかしながら、李登輝総統は翌一九九六年三月の次期総統選挙での再選に向けて、大胆な政治的言論を展開した。母校のコーネル大学の卒業式に出席した李登輝総統は、「わが心にいつもあるもの」と題したコーネル大学での記念講演で、「中華民国」の国名を二十三回言及し、経済発展と民主化に成功した中華民国の経験、すなわち台湾経験を開発途上国に伝えることで、中華民国が国際的に貢献できると訴えた。さらには、中華人民共和国の江沢民国家主席との会談を提唱し、中華民国の国際的な孤立を打破するための外交努力を続けていくことを確認した。[42]

クリントン政権は、当初、李登輝総統へのビザ供与に否定的であったが、アメリカ議会は「台湾の民主化」を歓迎しており、上下両院とも李登輝訪米を歓迎する決議をほぼ満場一致で通過させていた。このような議会の圧力のもとでクリントン政権は李登輝にビザを与え、訪米が実現した。中華人民共和国は、李登輝訪米が前例となることで、これ以後、李登輝総統が世界中どこにでもいけることになると恐れ、強硬な対抗策を探ることになった。[43]

六月十二日、米国を訪問していた李登輝総統は、中華航空の特別機で台北に戻り、中正国際空港で記者会見した。李登輝はこの中で、訪米に次いで取りざたされている日本への訪問について「（実現するかどうかの）鍵はこちらにはなく、日本側の努力が必要だ」と訪日への期待を表明した。[44] 同月十三日、河野洋平・外務大臣は、閣議後の記者会見で、李登輝総統が訪米からの帰国後、日本訪問について日本政府の理解と協力を求めたことについて、「日中共同声明の精神を体してこうした問題に当たるという、我々の姿勢は変わっていない」と述べ、訪日を受け入れることはできないとの見解を示した。[45]

一方、親台派は李登輝訪日のための活動を展開していた。十五日には、日華関係議員懇談会が緊急会議を開き、李登輝が日本を訪問できるように尽力することを全会一致で決定した。平沼赳夫・日華関係議員懇談会幹事長は、藤尾正行を含む日華関係議員懇談会幹部十数名が、自民党の会議に出席し、李登輝訪日を早急に促すため意見交換することを表明した。さらに、平沼は、十一月に大阪で行われるＡＰＥＣ非公式首脳会談に言及し、ＡＰＥＣは経済閣僚の会議であり、中華民国は、アジアにおいてすでに経済大国となっている。李登輝が非公式首脳会談に出席するのは当然のことであると述べた。[46]

ところが同日、河野外相はカナダにおいて、アメリカのクリストファー国務長官と会談した際に、日本政府は李登輝訪日に同意しないという立場を重ねて表明した。[47]そこで、二十七日、新進党「日華議員連盟」会長の小澤辰男は、船田元、坂本剛二、井上計ら幹部を伴って河野外相と会見し、日本政府が李登輝の日本訪問に同意するように正式に要求した。[48]

日本政府が頑なに李登輝訪日を拒否する姿勢を崩さないなか、七月二十四日、日本における中華民国に友好的な国会議員組織と民間の親善団体が東京で集会を開き、全会一致で李登輝の訪日実現のため尽力することを表明した。藤尾正行（日華関係議員懇談会会長）、佐藤信二（日華関係議員懇談会会長代行）、船田元（新進党日華議員連盟幹事長）、宇佐美滋（新党さきがけ日華議員懇談会事務局長）、村上正邦（参議院日華友好議員連盟幹事長）、平沼赳夫（日華親善協会全国連合会会長）などの親台派が参加し、林金莖中華民国駐日代表と意見交換をし、李登輝訪日のため尽力することを伝え、林金莖は彼らに感謝の意を表した。[49]

さらに、八月三十一日には、藤尾正行、佐藤信二らは、外務省で河野洋平副総理・外相に会い、十一月の大阪APEC非公式首脳会議に、李登輝を招待するよう要望した。これに対し、河野外相は、招待は困難だとの見解を示した。[50]

九月二十日、中華人民共和国は、平沼赳夫・運輸大臣をはじめ、十一名の国会議員が、二十日の産経新聞朝刊に、李登輝訪日を促進する運動の発起人として新聞広告に名前を掲載したことを、日本政府に抗議した。二十二日、平沼は、野坂浩賢・官房長官を首相官邸に訪ね、同問題について、「大臣就任時に発起人は辞退しており、誤って広告に掲載された」と釈明した。野坂官房長官はこれを了承したが、さらに、平沼運輸相に対し、中華民国に関係する友好団体などの役職も退くよう要請した。これに対し、平沼運輸相は同日の閣議後の記者会見で「一つの中国という原則論があるので、内閣の方針には従わなければならない」としながらも、「活動は停止するが、任意団体まで辞める必要があるのか」と反論した。[51]

同月二十二日、平沼運輸相は、閣議後の記者会見において、「自分は現在村山内閣の一員として、『一つの中国』の原則を遵守する」が、「アジアという大きな角度から見ると、人口二千万人を超え、強大な経済力をもつ中華民国は、国際社会の中に入るべきである」と中華民国の国際社会参入を支持する発言をした。[52] さらに、二十五日、東京都九段会館において、「国民決起大会」と「国民決起大会懇親会」が開かれると、同大会の開催目的は「日華国交回復、李登輝総統訪日実現」であったが、藤尾正行、板垣正、小沢辰男、佐藤信二、平沼赳夫、船田元、村上正邦などの親台派議員も参加した。[53]

以上のような親台派の活動にもかかわらず、十月十三日、河野洋平外相は、衆院予算委員会で、李登輝総統が十一月のＡＰＥＣ大阪会議や、出身校の京都大学同窓会に出席するために来日する可能性について、「台湾における政治的な立場があるだけに、いま李登輝氏の訪日を認めることは極めて難しい」として、公式行事だけでなく私的な会合のためであっても、李総統の来日は困難との見解を明らかにした。[54]

五、日米安保体制の強化と親台派の世代交代

李登輝総統は、一九九五年六月の米国訪問によって自信を深め、さらに一九九六年三月の総統直接民選によって再選されたことで、中華民国国民の民意に基づく総統として、正統性を高めた。しかしながら、中華人民共和国は、中華民国の主権国家としての存在を認めることはなく、むしろ敵対的な立場を明らかにした。その断固たる意思を中華民国国民と世界に伝えるため、九五年七月と十二月に台湾海峡で軍事演習を挙行し、総統選挙直前には軍事演習とミサイル発射実験を実施した。

一方、このような中国の動きに懸念をもったアメリカのクリントン政権は、総統選挙直前、不測の事態に備えるために台湾周辺に二個空母部隊を派遣した。

折しもこの時期、日米間において日米安保体制の強化が図られていた。そして、「日米安保共同宣言――二十一世紀に向けての同盟」と称して日米安保条約を存続させるにとどまらず実効化するための共同宣言が、一九九六年四月十七日、東京の日米首脳会談において発表された。

このとき発表された共同宣言では、アジア・太平洋地域の平和と安全のため十万人水準の米軍をアジアに維持し、「日米防衛協力のための指針」を見直すと明記した。それは台湾海峡危機に際して、アメリカが示した武力による問題解決は許されないとの意思を、日米両国で裏書きするものであった。[55]

中華人民共和国は、日米同盟体制の強化により日米両国の台湾問題への関与が増すことに強い警戒

感を抱いていたといわれる。実際、一九九七年の中華人民共和国外交部発行の政府白書『中国外交』は、台湾問題に直接言及こそしないものの、日米安保共同宣言に対して、従来の日米安全保障体制と比べれば、その軍事協力の範囲と対象は少なからぬ人々を注目させる変化を出現させ、アジア・太平洋地域の安全に新たに複雑な要素をもたらしたと記している。ここに示された中国の日米安保体制の強化に対する批判は、日中国交正常化以後で、最も激しいものであった。[56]

以上のように、日米関係が強化されたことで、九五年から展開された、中華人民共和国による文書や発言による攻撃と軍事行動による威嚇、すなわち「文攻武嚇」は、裏目にでることとなった。こうして国際社会において中国が孤立する情勢の下、逆に、その中華人民共和国の失敗が追い風となり、李登輝は、一九九六年三月二十三日の総統直接選挙において五四％の得票で大勝し、中華民国の台湾移転後初の台湾人の総意に基づく総統に決まった。これに基づいて、同年五月二十日、李登輝総統の就任式が行われることになった。

五月十九日、李登輝総統就任式に参加するため、元衆議院議長である田村元が、新進党をはじめ各党で構成されている日本代表団十五人を引き連れて訪台した。同代表団の中には、藤尾正行、佐藤信二などの親台派シニアメンバーも含まれていた。初の「民選総統」の誕生を重視し、いわゆる「親台派」議員の枠を超えた議員団を編成、「三権の長」経験者を団長に据えることで、日本の「国民的な祝意」の伝達を狙った。元来「親中派」と見られていた田村が訪台することで、さらに、新しい日華関係を担う議員のパイプを拡大するというイメージチェンジの効果もあった。[57]

一九九六年六月十八日、日華関係議員懇談会は大会を開き、藤尾正行に代えて佐藤信二が会長に就任した。さらに、平沼赳夫が幹事長から副会長に昇格し、麻生太郎が新幹事長に就任した。そして、自民党青年局長・古屋圭司も参加し、日本と中華民国の青年交流の重要性を訴えた。日華関係議員懇談会も、藤尾、佐藤というシニア議員から平沼、麻生、古屋という中堅議員に世代交代する過渡期となった。[58]

さらに、同年八月二十六日から三十日まで、超党派の「日本参議院友好議員連盟」の訪華団十四名が訪台した。井上裕、村上正邦、竹山裕の親台派シニア議員を除いては、十一人全員が一九八五年以降初当選の議員歴が若い議員たちであった。日本側も中華民国側も、日華議員交流のパイプを新しくしようと考えていた。[59]

また、同年九月四日、日華関係議員懇談会会長・佐藤信二、副会長・平沼赳夫、幹事長・麻生太郎の三名が訪台し、李登輝と会談した。訪問目的は、台湾周辺での台湾漁民の操業に関する民間漁業協定問題をめぐる意見交換であったが、日華関係議員懇談会の幹部刷新後、初の台湾訪問であり、世代交代後の新しい日華関係議員懇談会幹部の李登輝への面通しであった。[60]

一九九六年十一月八日、自民党日華関係議員懇談会会長の佐藤信二と幹事長の麻生太郎は、前日に第二次橋本内閣の通産大臣及び経済企画庁長官への就任後、日華関係議員懇談会の役職を辞した。よって、日華関係議員懇談会副会長の平沼赳夫と前田勲男が会長及び幹事長の職をそれぞれ代行することになった。この第二次橋本内閣では、閣僚二十名中十名が日華関係議員懇談会メンバーであった。[61]同月二十六日、自民党日華関係議員懇談会は総会を開き、元防衛庁長官の山中貞則を新会長に選出した。また、幹事長に藤井孝男を選んだ。[62]

そして、翌一九九七年二月五日、自民党の日華関係議員懇談会、新進党の日華議員連盟などが、衆院議員会館で合同総会を開き、超党派の「日華議員懇談会」（以後、超党派日華関係議員懇談会と称す）を発足させた。会長に山中貞則（自民党）、副会長に小沢辰男（新進党）、平沼赳夫（自民党）、村上正邦（自民党）、前田勲男（自民党）、幹事長に藤井孝男（自民党）、代表幹事代理に林寛子（新進党）、副幹事長に中川昭一（自民党）、永野茂門（新進党）、武見敬三（自民党）を選出した。参加議員は、衆参両院、太陽党やさきがけの議員も含めて約三百人となった。[63]

六、二〇〇〇年李登輝訪日問題

二〇〇〇年三月七日、村上正邦・自民党参議院議員会長は、東京都内のホテルでの会合で石原慎太郎東京都知事に対し、李登輝総統を退任後に日本に招くための準備委員会を発足させ、その発起人に加わるよう要請した。石原は、要請を承諾し、発起人として李登輝訪日招請に動く考えを明らかにした。[64] 合わせて村上は、河野洋平外相に、李登輝総統の総統退任後の訪日に反対しないよう申し入れた。これに対して、森喜朗幹事長は李登輝総統訪日問題に理解を示した。[65]

三月十日、唐家璇・中華人民共和国外交部長は、李登輝総統が退任後に日本訪問を計画していることについて、「もし実現すれば、長年築き上げた中日間の友好協力関係に根本的な危害が及ぶだろう」と語って、中華民国の総統選挙が十八日に迫るなかで日米両国を牽制した[66]。同月十六日、陳健・駐日中華人民共和国大使は、森喜朗・自民党幹事長と党本部で会談した。陳大使は、「退任しても李氏は台湾に大きな影響力を持っているうえ、台湾と中国の分裂を拡大しようとしている」と述べ、石原、村上らの動きに強い懸念を示した[67]。

同月二十一日、石原は、東京都庁において、中華民国メディアの質問に対し、同国の新政権に大いに期待をするとともに、李登輝総統退任後の訪日を希望すると表明した[68]。同日、村上は、日華関係議員懇談会の幹部会において、李登輝総統退任後の訪日計画を発表したが、野中広務・自民党幹事長代理は、党幹部連絡会において、同計画に対する慎重な対処を表明した。その後、青木幹雄・内閣官房長官は、村上に対し、この招請計画の一時中止を要求した[69]。同月二十四日、定例記者会見において、石原東京都知事は、李登輝総統を日本に招く計画について、「(総統や党主席を退いた後は)公的な立場でなくなるのだから、そのつもりでいる」と招請に改めて意欲を見せた[70]。

同月二十七日、陳健駐日大使が、鳩山由紀夫・民主党代表と会談し、五月末に予定されている陳水扁の総統就任式に、民主党として代表団を派遣しないよう要請した。鳩山は中華民国総統選後、陳水扁の勝利を「民主主義の勝利」と位置づけるとともに、民進党との政党間交流についても前向きの発言を繰り返してきたが、陳大使は「民主党とは(中国共産党との)友党関係を大切にしたいから、台湾のことで問題が起きないようにして欲しい」とクギを刺した。また「陳水扁が総統就任前でも訪日することは許容できない」との考えを示すとともに、李登輝総統の来日についても、「李氏が台湾独立の象徴になっている」と指摘し、総統退任後に民間人として来日することも容認できないことを改めて強調した。[71]

四月二十五日、日本最大野党の民主党は「民主党日台友好議員懇談会」を設立した。会長には民主党副代表の中野寛成、事務局長に同党企画局長の仙谷由人が就任した。[72]すでに、超党派日華関係議員懇談会が存在し、同団体の会員が三百名いたのに加えて、この民主党日台友好議員懇談会会員が四十名であり、合計すると国会議員三百四十名に達した。当時の衆議院議員総数が五百名、参議院議員総数が二百五十二名の合計七百五十二名であったから、国会議員総数の四十五％が親台派議員団体に所属していることになった。

四月二十八日、村上正邦・自民党参院議員会長ら与党議員が台湾を訪れ、与党幹部として初めて陳水扁・次期総統と会談した。政府間交渉がないなかで、親台派国会議員はこれまで国民党政権との関係を保ってきたが、中華民国の政権交代で環境が変わったため、ほとんど縁がなかった陳水扁や民進党とパイプをつくることが訪問目的であった。訪台団には、村上のほか、平沼赳夫、そして公明党の草川昭三・国会対策委員長、保守党の泉信也・参院国対委員長らが参加した。[73]二十九日、中華民国を訪問中の村上正邦ら与党議員団は、民進党本部で、陳水扁新政権の与党トップである林義雄党主席と会談した。林主席は「民進党と日本の各党との良い関係をつくることは大切だ。日本に行くときは最初に自民党を訪れたい」と述べた。村上は「台湾関係者と頻繁に話し合いの場をつくりたい」と応じ、同年秋にも訪日するよう要請した。[74]

五月一日、村上正邦らは、台北市の総統府で李登輝総統と会談した。李総統の訪日問題に関して、村上は「中国は非常に警戒している。訪日を要請したいが、そういう状況ではない」と述べ、この機会の訪日要請を見送った。李も「それは分かっている」と答えた。[75]同月二十二日、石原慎太郎と会談した陳水扁総統は、石原に、退任した李登輝総統が母校の京都大学を訪問できるよう協力を求めた。同日夕方帰国した石原は空港で記者会見し、李前総統の来日について「日本の政治家もあの人の話を聞けば参考になる。出来るだけ協力したい」と述べた。[76]

これに対して、五月二十三日、河野洋平・外務大臣は、記者会見において、李登輝前総統の政治的影響力は大きいため、純粋に「私的」な訪問はおそらく不可能であると述べた。[77]

他方、その超党派日華関係議員懇談会側も世代交代が進んでいた。二〇〇〇年六月二十五日、第四十二回衆議院総選挙が行われ、即日開票された結果、自民、公明、保守の与党三党は、合計で選挙前勢力から大きく後退したものの、衆院の全常任委員会で委員長を占め、過半数も確保できる絶対安定多数（二百六十九議席）を維持し、連立政権が継続することになった。ところが、同選挙において、佐藤信二をはじめ、玉沢徳一郎、船田元など日華関係議員懇談会の少なからぬ幹部が落選したため、親台派の世代交代が進むことになったものである。[78]

八月二十二日、林金莖・亜東関係協会会長は、日本の多くの民間団体があらゆる方法で、李登輝の総統退任後の日本訪問を要請していたが、李登輝の身分は敏感であり、最も自然な方法で訪日することになるであろうと述べた[79]。

同月二十九日、北京訪問中の菅直人・民主党政調会長は、記者会見で、民主党内部においても多くの人間が、日本政府は李登輝の私的身分の日本訪問を阻止する必要はないと考えていると述べた[80]。中野寛成・民主党副代表兼衆議院外務委員長は、産経新聞のインタビューに答えて、日本政府は、李登輝前総統の私的身分による訪日を主体的判断により許可すべきだと表明した[81]。

九月十五日、台湾を訪問中の村上正邦・自民党参院議員会長ら同党の国会議員九人は、陳水扁総統と会談した。村上は、李登輝前総統が十月末に訪日を希望している件について「残念ながら理想的に李前総統をお迎えできる環境ではない」と、今次の訪日は無理との認識を伝えた。村上は、翌月中旬の朱鎔基・中華人民共和国首相の訪日を踏まえ、「騒々しい環境の中で迎えるのはむしろ失礼になる。日台関係にも良いことではない」と説明し、明年中の訪日実現を目指すとした[82]。ところが、この村上の訪台は、訪日が不可能となったことについて、陳水扁総統への謝罪を伝えるだけのものではなく、李登輝前総統へ明年に訪日するならビザを出すという森喜朗首相のメッセージを伝えるものでもあった。この伝言があったことから、李登輝は自主的に訪日を見送った[83]。

すなわち、中嶋嶺雄・国立東京外国語大学長は、同月二十九日から十一月三日まで長野県松本市で開催予定の第十二回「アジア・オープンフォーラム」について、九月二十一日に李登輝前総統に招待状を送付し、同二十三日に、李登輝前総統が交流協会台北事務所にビザを申請したと十月十八日に発表した[84]。しかし、十月十九日、台北駐日経済文化代表処は、李登輝・前総統の訪日ビザ申請問題について、李・前総統に確認したところ「(李は)ビザ取得の申請はしないと語った」と発表したのである。[85]

七、二〇〇一年李登輝訪日成功

二〇〇一年二月二十二日、日華関係議員懇談会の幹部であり、李登輝政権以降、日華交流のパイプ役の中心にいた村上正邦は、KSD事件で議員辞職願を提出した。[86] 二〇〇〇年の衆議院議員選挙では佐藤信二が落選したことに加えて村上が辞職したため、超党派日華関係議員懇談会のシニアリーダーが姿を消すことになった。その結果、「李登輝訪日問題」では、村上の後を衛藤征四郎が引き継いだ。[87] 二〇〇一年三月二十七日、程建人・中華民国駐米代表は、ワシントン市内で日本人記者団と懇談し、李登輝前総統が米国と日本への訪問を前向きに検討していることを明らかにした。[88]

同年四月四日、森首相は六日までに、心臓病の治療目的で来日を希望している台湾の李登輝・前総統に対し、本人から申請があればビザ発給に踏み切る意向を固め、外務省に指示した。[89] 同月六日、衆議院議長の綿貫民輔は、饒穎奇立法院副院長が率いる中華民国立法委員訪問団と議長官邸で会談して、李登輝前総統の訪日問題について、人道的立場で、李登輝の訪日計画を支持すると述べた。さらに、扇千景・日華関係議員懇談会副会長は、同訪問団のと晩餐会の席において、中華民国メディアの中央社のインタビューに答え、人道的立場からも、李登輝前訪日の実現は当然のことと述べた。[90]

十日、李登輝・前総統の代理人は、交流協会台北事務所に、代理人を通じ、今月二十二日から六日間の日本訪問の許可を求めるビザを申請した。[91]

これに対して、中国外務省報道官は同日の定例記者会見で、李登輝・前総統の日本訪問問題に関して、「いかなる名目であれ、方式であれ、李登輝が世界のどこかに行って中国分裂活動を行うことに、断固反対する」と述べ、李の政治的活動への警戒感を特に強調しながら、訪日反対の姿勢を改めて示した。[92]

十一日、福田官房長官は記者会見で、李登輝・前総統が十日に代理人を通じて日本訪問の許可を求めるビザを交流協会台北事務所に申請した問題について、「十日夜に協会に確認したところ、『李登輝氏の申請及び受理がなされたことはない』と聞いている」と述べ、申請には至っていないとの見解を示した。[93] この福田官房長官のコメントに、李登輝の代理人は、「交流協会台北事務所に十日、申請書と医師の診断書、李氏のパスポートなどを提出した。それらは交流協会が預かっている。不受理との通知も受けていない」と語り、「申請の事実はない」とする日本政府に不信感を示した。一方、交流協会では「申請の事実はないという以外は何も話せない」と、申請書類を預かった事実の確認を拒否した。さらに、陳哲男・総統府副秘書長が立法院で、「民間人となった李氏のビザ発給を日本政府が拒否する理由はない。日本政府は中国政府を恐れ過ぎだ」と表明した。[94]

十二日、このような日本政府の対応に、衛藤征士郎・外務副大臣は、十二日の記者会見で、ビザ申請の事実関係について「(李登輝の) 代理人が十日午前十一時に台湾の交流協会事務所に申請書類、診断書、医師の意見書を添えて持ってきた。所長が預かるというのは申請があったとの認識だ」と説明した。そのうえで「森首相と河野外相が協議し、速やかに処理すべきだ」と強調した。これに対し、福田長官は同日午後の記者会見で、衛藤氏が説明した事実関係を否定した。会見後、記者団に「政府答弁と違う。（衛藤は）副大臣として問題だ」と批判した。さらに、同日、小池百合子、小林興起ら自民・民主両党の超党派の国会議員六十名が「李登輝氏に日本での治療を実現させる超党派の国会議員の会」を発足し、首相官邸に、森首相を訪問し、早期のビザ発給を要請した。森首相は、発給の意欲を強くにじませながらも、最終決断を国会にゆだねる考えを示した。[95]

そして、十三日の閣議後の閣僚懇談会で、平沼赳夫・経済産業相、扇千景・国土交通相、斉藤斗志二・防衛庁長官、麻生太郎・経済財政担当相、笹川堯・科学技術担当相の五閣僚から早急にビザを出すべきだとの意見が出された。ビザ発給の理由は、李登輝前総統がすでに民間人であること、来日目的が心臓病の緊急治療であることの二点であった。これに対し、河野外相は「慎重に対応したい」と述べるにとどまった。[96]

十四日には、森首相の退任を前に、自民党総裁候補となった四人のうち、亀井静香・政調会長と麻生太郎・経済財政特認大臣が、大阪の街頭演説会において、日本政府は、人道的立場から李登輝前総統にビザを発給すべきであると指摘した。[97]

十五日、李登輝前総統は、台北郊外で記者会見し、訪日のためのビザ申請について「今回は心臓手術後の継続治療のためで、政治目的はない」と語り、日本政府に「国際的、人道的立場からビザを発給してほしい」と要請した。李はまた、陳水扁総統が十一日、交流協会台北事務所の山下新太郎所長に対し、ビザの発給を求めていたことも明らかにした。李は、四月十日、交流協会に対し、二十二日からの訪日許可を求めてビザを申請したが、これに対し、日本政府が「申請も受理もしていない」としていることについては、「うそをついている」と批判した。李は、第二次世界大戦当時にナチス・ドイツの迫害から逃れようとした難民に対して人道的見地から大量のビザを発給した故事に触れ、「日本にはかつて、杉原千畝氏がいた。今回も人道的な対処を望んでいる」と述べた。[98]

十六日、福田官房長官は、「人道的立場」から李登輝のビザ問題を考えるなら、李登輝訪日の可能性は高くなると初めて表明した。また、比較的慎重な態度を取っていた小泉純一郎も、人道的立場からなら李登輝訪日に賛成すると述べた。[99]

十七日、平沼赳夫・経済産業相は、記者会見で、李登輝前総統の訪日問題について「政治を抜きにして、ルールにのっとって受け入れても、中国側も了解していただけるのではないか。人道上処理できる問題だと思う」と述べ、ビザを発給すべきだとの考えを示した。[100]

同日には、さらに全国の県議会議員の有志で作る「県議会日華親善議員連盟」(斎藤達也会長)と、横浜市議会議員有志で作る「日華親善横浜市議連盟」(横溝義久会長)は、政府にビザ発給を求める申し入れ書を河野外相あてに提出した。[101]

また、同日の夕方、森首相は、首相官邸で河野外相と会談し、申請されている来日ビザの扱いについて、滞在先を限定するなど条件付きでの発給を含めて検討するよう指示した。李登輝側も滞在先などの限定に応じる意向で、外務省としても発給に向けた環境整備に着手する見通しがあった。しかし、河野は「内外の情勢を考えると現時点でのビザ発給には難しい点が多い」との考えを伝えた。これに対し、森首相は「人道上の緊急的な措置」としてのビザ発給に前向きな意向を示し、調整を急ぐよう指示した。

河野は会談後、首相官邸で記者団に対し、「（李氏へのビザ発給問題の）中間報告だ。外務省の考え方はまだまとまっていない」と答えた。この後、河野は外務省内で衛藤征士郎副大臣、川島裕次官と外務省としての対応を協議した。実は、森首相と河野の会談に先立ち、外務省幹部は同日午後、「河野外相は最終的に『李氏へのビザを発給するのは適当でない』と判断しており、主要な外務省幹部は外相の見解に足並みをそろえている」と述べていた。しかしながら、李登輝側が来日目的は「病気治療」であるとしていることから、外務省内には「李氏へのビザを心臓病の緊急治療という目的に限定すれば、発給してもかまわないのではないか」との意見も出ていたのである。

また、同日夜、外務省幹部は、記者団に対し、李登輝側が同日、当初予定していた京都訪問を見送り、立ち寄り先を岡山県倉敷市の病院のみに限定すること、および滞在期間を短縮する方向で検討することと伝えてきたことを明らかにした。さらに、同日深夜、平沢勝栄（自民党）ら「李登輝氏に日本での治療を実現させる超党派の国会議員の会」の十人は、外務省に衛藤征士郎副大臣を訪ね、「（李登輝氏）本人が申請したと言っているのにそれを認めないのは奇弁だ。速やかに対応すべきだ」と早急にビザを発給するよう強く求めた。[102]

十八日午前、平沢勝栄ら「李登輝氏に日本での治療を実現させる超党派の国会議員の会」のメンバーは、在日中華人民共和国大使館を訪れ、陳健駐日大使と会談した。平沢らは日本政府が台湾の李登輝・前総統に対し来日ビザを発給することについて、第一に李氏は民間人である。第二に心臓病の治療という人道上の問題もある、として理解を求めた。しかし、陳健大使は「（李氏が）一私人とは思えない。（李氏の訪日は）台湾独立への動きにつながるものだ」と述べ、中華人民共和国としてあくまでビザ発給に反対する考えを示した。[103]

十九日午前、陳健・中華人民共和国駐日大使は、首相官邸に福田官房長官を訪ね、李登輝へのビザ発給問題について、「重大な懸念を持っている。中国政府の意向を首相に説明したい」と述べ、ビザを発給しないよう要請した。[104]同日、章啓月・中華人民共和国外務省報道副局長は、定例記者会見で、李登輝・前総統訪日問題について「中国はいかなる名目でも李登輝の訪日に断固反対する」と、ビザ発給に強く反対する立場を重ねて表明した。章は「（李氏は）表面上は病気治療を装っているが、実際は新たな日台関係への突破口を開こうとするものだ」と批判した。[105]

中華人民共和国からの批判は続いたが、二十日、ついに日本政府が李登輝側に求めていた「政治活動を行わない」などの条件についての折衝が最終的に決着し、ビザが発給された。同日夜、河野外相は、首相官邸に森首相を訪ね、ビザ発給に至った経緯について報告した。この後、河野外相は記者団に対し、「二十二日から二十六日の日程で訪日を認めることを決定した。人道的観点から認めるもので、政治的活動は想定されていない。本件により『二つの中国』『一つの中国、一つの台湾』の立場をとるものではない」と述べ、対中政策に変更のないことを強調した。[106]

八、李登輝前総統訪日の定例化

二〇〇二年十一月十二日、李登輝前総統は、二十四日に予定されていた慶應義塾大学の学園祭「三田祭」における講演に参加するため、交流協会台北事務所にビザを申請した。これに対して、同日、中華人民共和国外務省の孔泉報道局長は、李登輝による訪日ビザ申請について「中国は李登輝がいかなる名目であれ、訪日して活動することに一貫して反対している」との談話を発表した。[107]すると、中華人民共和国との学術交流などへの影響を恐れた慶應義塾大学は、李登輝を招請した学生サークル「経済新人会」に講演の中止を求め、三田祭を主催する実行委員会も講演会の開催を認めなかった。このため、翌十二日、李登輝は提出したばかりのビザ申請書類を取り下げた。[108]

つづいて、李登輝前総統は、二〇〇四年八月初め、観光目的での訪日を自民党首脳に打診したが、外務省は十一月のアジア太平洋経済協力会議（ＡＰＥＣ）で日中首脳会談を実現するため、中華人民共和国政府への刺激を避ける狙いからビザ発給を見送った。しかしながら、十二月十一日、中華民国の立法院選挙が終わり、李登輝が訪日しても政治的に利用される懸念が薄れたとの判断から、日本政府はビザ発給を認める方針に転じ、十六日、日本政府は、李登輝前総統にビザを発給する方針を発表した。同日の記者会見で、細田官房長官は「李氏から台北の交流協会事務所に『年末年始、純粋な観光目的の家族旅行をしたい。何ら政治活動を行うものではない』と連絡があった。観光目的の家族旅行と理解し、ビザを発給する方針だ」と発表した。その上で「我が国は二つの中国の立場はとらず、台湾独立も支持しない。この問題が日中関係に大きな影響を与えるとは考えていない」と強調した。この さらに、小泉首相は同日昼、「断る理由がない。日中関係は重視している」と記者団に語った。この方針は十五日、外務省の薮中三十二・アジア大洋州局長から中華人民共和国の程永華公使に伝えられた。程永華は「本国に直ちに報告する。日中関係に深刻な損害をもたらす」と述べた。また、在日中華人民共和国大使館の黄星原参事官は朝日新聞の取材に「査証発給には断固として反対する」と述べた。[109]同十六日、武大偉・中華人民共和国外務次官は、阿南惟茂・駐中国大使を外務省に呼び、ビザの発給を取りやめるよう申し入れた。東京でも、王毅・駐日大使が竹内行夫外務事務次官にビザを発給しないよう申し入れた。劉建超・中華人民共和国外務省副報道局長は記者会見で、李登輝訪日を認める日本の方針を「台湾独立の分裂活動を支持するもので、中国の平和統一に対する挑発だ」と強く批判し、「日本が取り消さなければ、中日関係に必ず新たな影響が及ぶだろう」と述べた。[110]

しかしながら、結局十二月二十一日、日本政府は、李登輝にビザを発給した。同日、王毅・駐日大使は、東京都内で開かれた日本経団連主催の会合で、「台湾独立勢力の代表人物は李登輝である。もはやトラブルメーカーだけでなく、戦争メーカーになるかもしれない。彼のような危険な政治家に対し、国際社会、周辺諸国はみな赤信号を出しているが、日本は再び青信号を出そうとしている」と、李登輝訪日を認めた日本政府を厳しく批判した。これに対し、小泉首相は、記者団に「私は一私人が日本に観光旅行したいということで許可した。必ずしもそうはとっていない」と語った。さらに、日本政府は、中華人民共和国との関係をこれ以上悪化させないために、李登輝の訪日が「政治活動」と受け取られないよう、与党の国会議員に李登輝との面会を自粛するよう働きかけた[111]。

二十七日夜、李登輝は訪日した。劉建超は、「日本政府が、中国側の再三にわたる厳正な申し入れと断固たる反対を顧みず、李登輝の訪日を認める誤った決定を下したことに強い不満を表明する」との談話を発表した。劉はまた、日本側に「日中関係の大局を重視して適切に有効な措置を取り、悪影響を取り除く」よう要求した。その上で、「中国側は事態の推移に細心の注意を払い、さらなる反応を示す権利を保留する」として、報復措置も辞さないとの立場を強調した[112]。この二〇〇四年以降、李登輝は、日本を七回訪問するが、中華人民共和国からの批判は徐々に減少していった。

二〇〇七年五月三十日から六月九日の間、李登輝は、奥の細道を訪ねる目的で訪日し、東京、仙台、山形、盛岡、秋田などを訪問した。六月七日には、日本兵として戦死した兄が奉られている靖国神社を参拝した[113]。二〇〇八年九月二十二日から二十六日には、沖縄で講演を行う目的で訪日した。二十三日、李登輝は、同県宜野湾市の会議場で「学問のすゝめと日本文化の特徴」をテーマに、約千五百人の聴衆の前でおよそ一時間、日本語で講演を行い、武士道など日本の伝統文化を称賛した。文化講演が目的の今次の訪日に対して、中華人民共和国は非難声明を出さず、過去のような訪日前の日本への強い申し入れもなかった。中華人民共和国の変化は、訪問先が本土でないことに加えて、李がこれに先立つ数年間には「台湾建国」など独立姿勢を鮮明にすることが減っており、独立派への影響力が低下したとの判断に基づくものと見られる。[114] さらに、二〇〇九年九月四日、李登輝は、講演と観光を目的として訪日して、五日に都内で坂本龍馬について講演し、六日から九日まで高知、熊本両県で観光、十日に福岡から台湾へ戻った。[115]

さらに二〇一四年には、六年ぶりに来日して、大阪、東京、北海道を訪問、さらに翌二〇一五年には福島県、宮城県を訪ねたほか、東京においては国会議員会館内での講演会を実現した。また、二〇一六年には三年連続で訪日を果たし、七月三十日から石垣島を訪問して、翌三十一日には、日台IOTの同盟および、和牛の台湾での生産についての講演を行った。最後となった二〇一八年の訪日は、日本李登輝友の会と日本台湾平和基金会の招きで、六月二十二日から二十六日まで沖縄を訪ねて、大東亜戦争で戦死した台湾出身戦歿者を追悼して揮毫された「為國作見證」慰霊碑の除幕式に臨席した。

以上のように、二〇〇四年までは、中華人民共和国から強烈な批判はあったものの、二〇〇七年以降は、私人の立場で、観光が目的であれば、ほぼ問題なく訪日が可能となった。これは、中華民国における陳水扁政権から馬英九政権への政権交代、李登輝前総統の政治力の低下なども上げられるが、大国の圧力によって、一人の私人の訪日が不可能になるという異常な常態から脱し、日華関係が正常な段階へと移行したものともいえる。

振り返ってみれば、九〇年代の日華関係は、李登輝を中心に動いていたといっても過言ではあるまい。九〇年代後半に李登輝が国民党および中華民国政府双方の権力を掌握してからは、李登輝が日華の準公式交流および民間交流を推進してきた。また、国内的要因についてみれば、中華民国の民主化が日華関係の発展を推進する上での重要な原因ともなった。李登輝が、一九九六年に初の直接選挙による総統として当選したことは、国際社会から中華民国政治における民主的移行の重要な分水嶺として広く認識されている。日華関係にも民主化という中華民国の国内政治要素が加わったことにより、親台派に限らず、日本社会が中華民国を重視し、好感を抱く要因を自然と構成したのである。[116]

さらに、李登輝は日本のメディアを上手く利用したといえる。一九九四年、駐日代表処新聞組長に張超英を起用し、日本の大手新聞はじめ各メディアを通じて日本における「台湾」および「李登輝」への認知を拡大しようと企図した。オリンピックアジア大会への徐立徳訪日、翌一九九五年李登輝訪米から総統選挙、大阪APECなどの出来事を通して、日本の新聞紙面での「台湾」情報を拡大し、李登輝や辜振甫らの知名度を格段に高めた。そうしたメディア工作等によって、蔣介石カードに代わりうる新しい日華の象徴が形成されていくことになる。[117]

同時期の親台派は「親李登輝派」ともいえた。したがって、陳水扁政権に移行した後も、李登輝前総統が訪日するとなれば、親台派は、総統就任時と変わりなく、李登輝訪日を支援した。

この「李登輝訪日問題」は、同時期の日華関係においても大きな課題であり、李登輝政権から陳水扁政権に至って両国の一つの大きな共通テーマであった。この問題の推移とともに、日華関係は進展してきたといえる。同問題を通して、親台派は中華民国側と接触を繰り返し、両国の外交関係を進展させていった。親台派は、日本政府と李登輝の仲介役というだけでなく、密使の役割を果たし、また日本国内における李登輝の宣伝役をも務めた。二〇〇一年の李登輝訪日成功のために欠かせない存在であったことは間違いないといえる。

李登輝にとって、「李登輝訪日問題」は、「台湾の李登輝」という存在を、日本社会アピールする絶好の機会となった。一方、親台派にとって、「李登輝訪日問題」を通して、中華人民共和国の非常識な内政干渉を訴え、中華人民共和国批判の手段であった。すなわち、「李登輝訪日問題」を通して、李登輝と親台派は、共闘して、中華人民共和国に相対することができ、相互に自国において、反中華人民共和国勢力を糾合するきっかけにもなった。よって、そのような両国の戦略の側面からも日華関係は密接になったといえる。

注

1　川島真・清水麗・松田康博・楊永明、《日台関係史　一九四五―二〇〇八》、（東京：東京大学出版会、二〇〇九年）、一五六―一五七頁。

2 〈金丸氏ら日華関係議員らが訪台〉、《朝日新聞》（夕刊）、一九九〇年五月十九日、第二版。〈訪台の金丸氏らが帰国〉、《朝日新聞》（夕刊）、一九九〇年五月二十一日、第二版。

3 〈立委組團訪日受到歡迎與重視〉、《中央社「新聞検索資料庫」（臺北）》、一九九一年二月十日、http://search.cna.com.tw/NewsSearch.aspx（二〇一三／六／九）。

4 〈信睦會舉行成立大會〉、《中央社「新聞検索資料庫」（臺北）》、一九九一年五月十四日、http://search.cna.com/tw/NewsSearch.aspx（二〇一三／六／九）。

5 〈日中友好協会・中江副会長、李登輝総統と会談／台北〉、《読売新聞（東京）》、一九九四年六月三十日、第四版。

6 〈李総統の著名人〝会談攻勢〟「中華民国」現状維持に狙い（解説）〉、《読売新聞（東京）》、一九九四年七月一三日、第十五版。

7 〈中華民国の李登輝総統訪日浮上　金丸氏ら招請に中華人民共和国反発、政府苦慮〉、《読売新聞（東京）》、一九九一年七月十日、第一版。

8 〈李・中華民国総統訪日の動き　政府が鎮静化に懸命　内外に複雑な波紋〉、《読売新聞（東京）》、一九九一年七月十一日、第二版。

9 〈中華民国・李総統の訪日問題　政府〝こじれ〟を懸念　金丸・元副総理の対応注視〉、《読売新聞（東京）》、一九九一年七月十二日、第二版。〈李・中華民国総統来日問題に不満　藤尾、佐藤信氏が日華議員懇役員辞意表明〉、《読売新聞（東京）》（夕刊）、一九九一年七月十五日、第二版。

10 〈李・中華民国総統の来日問題は鎮静化が必要　金丸氏と佐藤信氏が会談で一致〉、《読売新聞（東京）》、一九九一年七月十六日、第二版。
11 〈亜東関係協会の新駐日代表、許氏が着任〉、《朝日新聞（東京）》、一九九一年六月三十日、第三版。
12 李登輝著；中嶋嶺雄監訳、《李登輝実録――台湾民主化への蔣経国との対話》（東京：扶桑社、二〇〇六年）、六四頁。
13 胡忠信、《轉動生命的水車――許水德・胡忠信對談録》（臺北：天下遠見出版、二〇〇二年）、一八三頁。
14 〈日華關係議員懇談會宴請許水德〉、《中央社「新聞検索資料庫」（臺北）》、一九九一年七月十六日、http://search.cna.com.tw/NewsSearch.aspx（二〇一三／六／九）。
15 前掲川島真・清水麗・松田康博・楊永明、《日台関係史　一九四五―二〇〇八》、一五八頁。
16 〈日議員來華參加中日國會議員聯誼活動〉、《中央社「新聞検索資料庫」（臺北）》、一九九二年一月十七日、http://search.cna.com.tw/NewsSearch.aspx（二〇一三／六／九）。
17 〈日本前首相福田赳夫明率團訪華〉、《中央社「新聞検索資料庫」（臺北）》、一九九二年三月三十一日、http://search.cna.com.tw/NewsSearch.aspx（二〇一三／六／九）。
18 〈林金莖指金丸信下台不致影響中日關係〉、《中央社「新聞検索資料庫」（臺北）》、一九九二年十月十四日 http://search.cna.com.tw/NewsSearch.aspx（二〇一三／六／九）。
19 〈亞東關係協會指中日關係持續增進〉、《中央社「新聞検索資料庫」（臺北）》、一九九二年十一月十四日、http://search.5cna.5com.5tw/NewsSearch.aspx（二〇一三／〇六／〇九）。

20 〈自民黨代表團將應邀訪華〉、《中央社「新聞檢索資料庫」（臺北）》、一九九二年十一月十九日、http://search.5cna.5com.5tw/NewsSearch.aspx（二〇一三／六／九）。

21 〈江丙坤分析自民黨幹事長來訪意義與影響〉、《中央社「新聞檢索資料庫」（臺北）》、一九九二年十一月十九日、http://search.5cna.5com.5tw/NewsSearch.aspx（二〇一三／六／九）。

22 〈日華親善協會全國聯合會選出新會長〉、《中央社「新聞檢索資料庫」（臺北）》、一九九二年十二月十一日、http://search.5cna.5com.5tw/NewsSearch.aspx（二〇一三／六／九）。

23 〈連戰接見日本自民黨眾議員訪華團〉、《中央社「新聞檢索資料庫」（臺北）》、一九九三年十二月十七日、http://search.5cna.5com.5tw/NewsSearch.aspx（二〇一三／六／九）。

24 〈李總統接見四位日本眾議員〉、《中央社「新聞檢索資料庫」（臺北）》、一九九三年十二月十八日、http://search.5cna.5com.5tw/NewsSearch.aspx（二〇一三／六／九）。

25 黃自進訪問：簡佳慧紀錄、《林金莖先生訪問紀錄》（臺北市：中央研究院近代史研究所、二〇〇三年）、一四六―一四八頁。

26 〈新生黨成立日華議員懇談會〉、《中央社「新聞檢索資料庫」（臺北）》、一九九三年十一月九日、http://search.5cna.5com.5tw/NewsSearch.aspx（二〇一三／六／九）。

27 〈日本新黨成立日華議員懇談會〉、《中央社「新聞檢索資料庫」（臺北）》、一九九三年十二月十六日、http://search.5cna.5com.5tw/NewsSearch.aspx（二〇一三／六／九）。

28 〈先驅新黨首次來華訪問受矚目〉、《中央社「新聞檢索資料庫」（臺北）》、一九九四年八月三十日、

http://search.5cna.5com.5tw/NewsSearch.aspx（二〇一二／九／二八）。
29 〈李総統のアジア大会招待で再考を促す 外務省首脳〉、《読売新聞（東京）》、一九九四年八月十九日、第二版。
30 〈中華民国・李登輝総統のアジア大会招待　政府また外交難題「歓迎せず」中華人民共和国がクギ〉、《読売新聞（東京）》、一九九四年八月二十日、第三版。
31 〈広島ア大会、中華民国総統の入国申請あれば「政治化の判断に」〉、《産経新聞（東京）》、一九九四年八月二十三日、第二版。
32 〈日外務省期由政治家決定李總統訪日問題〉、《中央社「新聞檢索資料庫」（臺北）》、一九九四年八月二十三日、http://search.5cna.5com.5tw/NewsSearch.aspx（二〇一二／九／二八）。
33 〈日華議員懇談會眾議員拜會錢復〉、《中央社「新聞檢索資料庫」（臺北）》、一九九五年八月三十一日、http://search.5cna.5com.5tw/NewsSearch.aspx（二〇一二／九／二八）。
34 〈台湾の閣僚が中国側を批判　李登輝台湾総統の広島アジア大会出席問題〉、《朝日新聞（東京）》、一九九四年九月三日、第七版。
35 〈中華民国総統の来日受け入れは困難　アジア大会招待で村山首相が表明〉、《読売新聞（東京）》、一九九四年九月七日、第三版。
36 〈中華民国総統の受け入れ拒否を　自民総務会長に中華人民共和国首相求める〉、《読売新聞（東京）》、一九九四年九月八日、第一版。

37 〈李総統の訪日問題　自民党日華議員懇談会が「歓迎」署名へ〉、《読売新聞（東京）》、一九九四年九月十日〈李・中華民国総統の広島アジア大会出席歓迎の署名 自民党議員懇談会〉、《読売新聞（東京）》、一九九四年九月十四日。

38 〈李登輝総統の訪日問題　中華民国立法院の議員団が各党に協力〉、《読売新聞（東京）》、一九九四年九月十日、第三版。

39 〈李総統の招待取り消しOCA声明　政府解釈避ける　外務次官、中華民国に配慮〉、《読売新聞（東京）》、一九九四年九月十三日、第二版。

40 前掲川島真・清水麗・松田康博・楊永明、《日台関係史　一九四五―二〇〇八》、一六三頁。

41 浅野和生、《台湾の歴史と日台関係》（東京：早稲田出版、二〇一〇年）、頁一五二―一五四。

42 平松茂雄、《台湾問題――中国と米国の軍事的確執》（東京：勁草書房、二〇〇五年）、一六八頁。

43 田中明彦、《アジアのなかの日本》（東京：NTT出版、二〇〇八年）、一七九頁。

44 〈台湾・李総統会見　訪日への期待表明　米側努力には謝意〉、《読売新聞（東京）》、一九九五年六月十三日、第四版。

45 〈「李登輝・台湾総統の訪日認めず」河野洋平副総理〉、《朝日新聞（東京）》、一九九五年六月十四日、第七版。

46 〈自民黨日華懇談會積極促成李總統訪日〉、《中央社「新聞檢索資料庫」（臺北）》、一九九五年六月十五日、http://search.5cna.5com.5tw/NewsSearch.aspx（二〇一二／九／二八）。

47 〈日米外相、関係悪化の回避で一致　自動車問題巡り〉、《朝日新聞（東京）》、一九九五年六月十六日、第一版。
48 〈APEC大阪会議　李・中華民国総統の出席認めよ　新進議連要請に河野外相は難色〉、《読売新聞（東京）》、一九九五年六月二十八日、第二版。
49 〈日友好議員表示將盡力促成李總統訪日〉、《中央社「新聞檢索資料庫」（臺北）》、一九九五年七月二十四日、http://search.5cna.5com.5tw/NewsSearch.aspx（二〇一二/九/二八）。
50 〈APECに中華民国の李総統招待を河野外相に要請／自民・日華関係議員懇〉、《読売新聞（東京）》、一九九五年九月一日、第二版。
51 〈親台派広告への閣僚連名を批判　中華人民共和国外務次官〉、《読売新聞（東京）》、一九九五年九月二十二日、第二版。〈李・中華民国総統訪日広告　発起人名掲載の平沼運輸相が釈明〉、《読売新聞（東京）》（夕刊）、一九九五年九月二十二日、第二版。〈平沼運輸相が釈明　台湾総統訪日促進の新聞広告に名前掲載で〉、《朝日新聞（東京）》（夕刊）、一九九五年九月二十二日、第二版。
52 〈日本運輸大臣指中華民國應享有國際空間〉、《中央社「新聞檢索資料庫」（臺北）》、一九九五年九月二十二日、http://search.5cna.5com.5tw/NewsSearch.aspx（二〇一二/九/三〇）。
53 〈日各界召開國民決起大會支持李總統訪日〉、《中央社「新聞檢索資料庫」（臺北）》、一九九五年八月二十四日、http://search.5cna.5com.5tw/NewsSearch.aspx（二〇一二/九/三〇）。〈中日友人集會支持日華復交和李總統訪日〉、《中央社「新聞檢索資料庫」（臺北）》、一九九五年九月二十五日、http://

search.5cna.5com.5tw/NewsSearch.aspx（二〇一二／九／三〇）。
54 〈李登輝・台湾総統来日は「極めて困難」 河野外相〉、《朝日新聞（東京）》（夕刊）、一九九五年十月十三日、第二版。
55 五百旗頭真、《戦後外交史〔新版〕》（東京：有斐閣、二〇〇六年）、頁二五一―二五三。
56 杉浦康之、〈中国から見た日米同盟〉、所収竹内俊隆編、《日米同盟論――歴史・機能・周辺諸国の視点》（京都市：ミネルヴァ書房、二〇一一年）、三三一―三三頁。
57 〈親台・親中の枠超え編成 国会議員の総統就任祝賀団、きょう台北入り〉、《朝日新聞》、一九九六年五月十九日、第二版。
58 〈自民日華懇会長に佐藤信二氏〉、《朝日新聞（東京）》、一九九六年六月十九日、第七版。
59 〈十四位日本友好參議員下週訪華〉、《中央社「新聞檢索資料庫」（臺北）》、一九九六年八月二十一日、http://search.5cna.5com.5tw/NewsSearch.aspx（二〇一二／九／三〇）。
60 〈自民党の佐藤信二氏が4日に訪台〉、《読売新聞》、一九九六年八月二十三日、第二版。
61 〈佐藤信二暫辭日華懇談會會長職務〉、《中央社「新聞檢索資料庫」（臺北）》、一九九六年十一月八日、http://search.5cna.5com.5tw/NewsSearch.aspx（二〇一三／六／一八）。
62 〈山中貞則就任自民黨日華議員懇談會會長〉、《中央社「新聞檢索資料庫」（臺北）》、一九九六年十一月二十六日、http://search.5cna.5com.5tw/NewsSearch.aspx（二〇一三／六／二三）。
63 〈超党派の日華議員懇が発足〉、《読売新聞（東京）》、一九九七年二月六日、第三版。

64　〈李登輝・台湾総統の訪日準備委員会に石原都知事が参加へ〉、《朝日新聞（東京）》（夕刊）、二〇〇〇年三月七日、第二版。
65　〈李登輝氏来日で準備委結成へ　村上参院会長が石原都知事に参加要請〉、《読売新聞（東京）》（夕刊）、二〇〇〇年三月七日、第二版。
66　〈台湾問題に絡み、日米をけん制　中国の唐家セン外相〉、《朝日新聞（東京）》、二〇〇〇年三月十一日、第二版。
67　〈朱鎔基首相の訪日「十月ごろ」　中国大使が自民幹事長に〉、《朝日新聞（東京）》（夕刊）、二〇〇〇年三月十六日、第二版。
68　〈石原慎太郎期待李總統訪日給日本人帶來激勵〉、《中央社「新聞檢索資料庫」（臺北）》、二〇〇〇年三月二十一日、http://search.5cna.5com.5tw/NewsSearch.aspx（二〇一二／一〇／一）。
69　〈李總統訪日問題成為自民黨內摩擦的火種〉、《中央社「新聞檢索資料庫」（臺北）》、二〇〇〇年三月二十六日、http://search.5cna.5com.5tw/NewsSearch.aspx（二〇一二／一〇／一）。
70　〈陳・台湾新総統就任式、招待あれば出席　石原都知事が意向〉、《読売新聞（東京）》、二〇〇〇年三月二十五日、第二版。
71　〈台湾新総統就任式問題　陳健駐・中国大使が民主にクギ〉、《読売新聞（東京）》、二〇〇〇年三月二十九日、第四版。
72　〈日本最大在野黨民主黨成立友我懇談會〉、《中央社「新聞檢索資料庫」（臺北）》、二〇〇〇年四月二十六日、http://search.5cna.5com.5tw/NewsSearch.aspx（二〇一二／一〇／一）。

73〈与党議員団きょう訪台　次期政権とのパイプ作りへ〉、《朝日新聞（東京）》、二〇〇〇年四月二十八日、第四版。

74〈台湾・民進党の林主席と会談　村上参院議員会長ら与党議員団〉、《朝日新聞（東京）》、二〇〇〇年四月三十日、第三版。

75〈李登輝・台湾総統に訪日要請せず　自民・村上氏が会談〉、《読売新聞（東京）》、二〇〇〇年五月二日、第三版。

76〈李登輝・台湾前総統、来日へ　石原・東京都知事「協力したい」〉、《朝日新聞（東京）》、二〇〇〇年五月二十三日、第三八版。〈李登輝氏の訪日協力を　陳総統が石原都知事と会談 中華民国〉、《読売新聞（東京）》（夕刊）、二〇〇〇年五月二十二日、第二版。

77〈日外相指李登輝訪日不能算是「私人」訪問〉、《中央社「新聞検索資料庫」（臺北）》、二〇〇〇年五月二十三日、http://search.5cna.5com.5tw/NewsSearch.aspx（二〇一二／一〇／一）。

78〈自公保、激減　民主、躍進　与党、絶対安定多数は確保〉、《朝日新聞（東京）》、二〇〇〇年六月二十六日、第一版。

79〈林金莖説李登輝若訪日將以最自然方式出訪〉、《中央社「新聞検索資料庫」（臺北）》、二〇〇〇年八月二十二日、http://search.5cna.5com.5tw/NewsSearch.aspx（二〇一二／一〇／一）。

80〈日本民主黨菅直人指黨内多人贊成李登輝訪日〉、《中央社「新聞検索資料庫」（臺北）》、二〇〇〇年八月三十日、http://search.5cna.5com.5tw/NewsSearch.aspx（二〇一二／一〇／一）。

81 〈民主黨副代表中野指日政府應同意李登輝訪日〉、《中央社「新聞檢索資料庫」（臺北）》、二〇〇〇年九月七日、http://search.5cna.5com.5tw/NewsSearch.aspx（二〇一二／一〇／一）。

82 〈李前中華民国総統の訪日見送りへ　村上氏「環境整わず」　陳総統に伝える〉、《読売新聞（東京）》、二〇〇〇年九月十六日、第二版。

83 〈台湾・李登輝前総統にビザ発給へ　政府、医療目的に限定〉、《朝日新聞（東京）》、二〇〇一年四月二十日、第一版。

84 〈李前總統決定向日本申請訪日簽証〉、《中央社「新聞檢索資料庫」（臺北）》、二〇〇〇年一〇月十八日、http://search.5cna.5com.5tw/NewsSearch.aspx（二〇一二／一〇／一）。

85 可是、一九日、臺北駐日經濟文化代表處發表、李登輝前總統不希望申請簽證。〈李登輝中華民国前総統、訪日ビザ申請せず〉、《読売新聞（東京）》、二〇〇〇年十月二十日、第二版。

86 〈（解）ＫＳＤ事件〉、《読売新聞（東京）》（夕刊）、二〇〇三年五月二十日、第一版。

87 「李登輝訪日問題」における衛藤の働きに関しては、下記の著書に詳しい。衛藤征士郎・小枝義人、《検証李登輝訪日：日本外交の転換点》（東京：ビイング．ネット．プレス、二〇〇一）。

88 〈訪米・訪日を李登輝・前総統が検討　台湾駐米代表語る〉、《朝日新聞（東京）》、二〇〇一年三月二十九日、第二版。

89 〈来日希望の李前台湾総統に、申請あればビザ発給　森首相が指示、実現は流動的〉、《読売新聞（東京)》、二〇〇一年四月七日、第二版。
90 〈綿貫民輔和扇千景歡迎李登輝訪日〉、《中央社「新聞檢索資料庫」(臺北)》、二〇〇一年四月六日、http://search.5cna.5com.5tw/NewsSearch.aspx(二〇一二/一〇/一)。
91 〈李登輝台湾前総統、訪日ビザ申請「心臓疾患の治療」目的〉、《読売新聞(東京)》、二〇〇一年四月十一日、第一版。
92 〈李台湾前総統の訪日ビザ問題 中国、改めて反対〉、《読売新聞(東京)》、二〇〇一年四月十一日、第二版。
93 〈台湾「書類提出」、事務所「預かり」 李登輝氏、日本訪問ビザ申請〉、《朝日新聞(東京)》、二〇〇一年四月十一日、第三版。〈台湾の李登輝氏「ビザ申請なされず」 福田官房長官が見解〉、《読売新聞(東京)》(夕刊)、二〇〇一年四月十一日、第二版。
94 〈李登輝・前総統の訪日ビザ申請 官房長官発言に台湾側が不信感〉、《読売新聞(東京)》、二〇〇一年四月十二日、第二版。
95 〈李登輝氏ビザ、門前払い〝及び腰外交〟に異論 政府混乱、森首相も優柔不断〉、《読売新聞(東京)》、二〇〇一年四月十二日、第二版。
96 〈李登輝・台湾前総統にビザ発給賛成 平沼経済産業相ら5閣僚が意見〉、《読売新聞(東京)》、二〇〇一年四月十三日、第二版。
97 〈自民黨總裁候選人對李登輝簽証正反意見各半〉、《中央社「新聞檢索資料庫」(臺北)》、二〇〇一年四月十五日、http://search.5cna.5com.5tw/NewsSearch.aspx（二〇一二／一〇／一）。
98　〈李登輝台湾前総統、ビザ発給求める　日本政府の対応を批判〉、《読売新聞（東京）》、二〇〇一年四月十六日、第一版。
99　〈日本對李登輝簽證問題遲遲未決的背景〉、《中央社「新聞檢索資料庫」（臺北）》、二〇〇一年四月十八日、http://search.5cna.5com.5tw/NewsSearch.aspx（二〇一二／一〇／一）。
100　〈経産相が発給促す　総務相、不受理批判　台湾・李登輝氏の訪日ビザ〉、《読売新聞（東京）》（夕刊）、二〇〇一年四月十七日、第二版。
101　〈李前総統の訪日問題　県と横浜の親善議連、ビザ発給申し入れ＝神奈川〉、《読売新聞（東京）》、二〇〇一年四月十八日、第三七版。
102　〈李台湾前総統ビザ問題　森首相、発給検討を指示　最終調整急ぐ　河野外相は難色〉、《読売新聞（東京）》、二〇〇一年四月十八日、第一版。衛藤征士郎・小枝義人、《検証李登輝訪日：日本外交の転換点》（東京：ビイング．ネット．フレス、二〇〇一）、五四―五五頁。
103　〈李登輝氏へのビザ発給容認を　超党派議員が中国大使に要請〉、《読売新聞（東京）》（夕刊）、二〇〇一年四月十八日、第二版。
104　〈李氏ビザ発給問題　陳中国駐日大使、福田官房長官に「懸念」〉、《読売新聞（東京）》（夕刊）、二〇〇一年四月十九日、第二版。
105　〈李台湾前総統の訪日ビザ問題　中国、重ねて発給に反対〉、《読売新聞（東京）》、二〇〇一年四月二十日、第三版。
106 〈訪日ビザ発給、台湾・李登輝氏あす来日 「政治活動せず」合意〉、《読売新聞（東京）》、二〇〇一年四月二十一日、第一版。
107 〈台湾の李前総統、ビザを申請 慶応大学で講演目的〉、《朝日新聞（東京）》、二〇〇二年十一月十二日、第三版。
108 〈訪日ビザ申請を台湾の李登輝氏が取り下げ〉、《朝日新聞（東京）》、二〇〇二年十一月十三日、第三版。
109 〈李登輝氏にビザ発給へ 台湾前総統、観光目的で年末年始に訪日〉、《朝日新聞（東京）》（夕刊）、二〇〇四年十二月十六日、第二版。〈立法院選終わり「政治的影響薄れた」 日本、李前総統にビザ発給へ〉、《朝日新聞（東京）》、二〇〇四年十二月十七日、第七版。
110 〈李登輝氏の訪日ビザ取り消しを要求 中国外務次官〉、《朝日新聞（東京）》、二〇〇四年十二月十七日、第二版。
111 〈対中関係に苦慮 政府、自民に面会自粛要請 台湾の李前総統にビザ〉、《朝日新聞（東京）》、二〇〇四年十二月二十二日、第二版。
112 〈台湾・李登輝氏訪日 中国「強い不満」表明 報復措置辞さず〉、《読売新聞（東京）》、二〇〇四年十二月二十八日、第七版。
113 〈李登輝・前台湾総統、きょう来日〉、《読売新聞（東京）》、二〇〇七年五月三十日、第六版。

114　〈李・元台湾総統の静かな訪日　中国は強い非難せず／沖縄〉、《読売新聞（東京）》、二〇〇八年九月二十四日、第九版。

115　〈李元台湾総統、きょう来日〉、《読売新聞（東京）》、二〇〇九年九月四日、第七版。

116　前掲川島真・清水麗・松田康博・楊永明、《日台関係史　一九四五―二〇〇八》、一九三頁。

117　清水麗、〈蔣経国・李登輝時期の日台関係の変容――日華・日台の二重構造の遺産〉、《問題と研究》、四一・三（二〇一二年・七・八・九月号）、二四頁。

第五章　大地震に際しての日台相互支援

日台関係研究会事務局　松本一輝

二〇一七年六月二十七日から十二月三日まで、台南市の国立台湾歴史博物館において「地震帯上の共同体―歴史の中の日台震災―」の特別展が行われた。

この企画は「日本と台湾はともに環太平洋上に位置しています。いつ何時発生するかわからない地震は両国共通の運命だといえるでしょう」と、両国が運命共同体であることを示すとともに、両国の地震を巡る文化の保存とその救出を訴え、十九世紀から現在までの日台震災史を展示した。そのうえで日本と台湾の地震対策、救急体制がいかに整えられてきたかを紹介した。

現代では、震災後の救護活動、震災復興についてては国家機関の活動だけではなく、ボランティアや非政府組織も大きな役割を担っている。日台双方のこれらの組織は、何度かの災害復旧を経験することで、支援活動を通じてレベルアップを実現することとなった。また、震災復旧の活動が、日台関係を下支えし、進展させるきっかけにもなってきた。

本章では、近年の日台双方における大地震と、大地震をめぐる支援活動を紹介し、震災復旧活動を通じた日台の心の絆について明らかにしていきたい。

台湾集集地震＝九二一地震

一九九九年九月、台湾で「九二一地震」（台湾集集大地震）が発生した。

九二一地震は、一九九九年九月二十一日午前一時四十七分（日本時間二時四十七分）に台湾中部、南

投県集集鎮付近を震源として発生した地震である。地震の大きさはマグニチュード七・五から七・八とされ、一九九五年の阪神淡路大震災を上回り、台湾における二十世紀最大規模の地震であった。台湾の内政部の発表によると、死者二千百九十二人、負傷者八千七百三十七人、行方不明者百三十人、住宅等建物崩壊一万七千五百棟、物的損害は約三千六百億台湾元、日本円で約一兆二千億円と、台湾における戦後最大の被害であった。

内政部は、地震発生後三分以内に緊急対策チームを発足し、二十三分後の二時十分には政府が「九二一地震中央処理センター」を設置して、李登輝政権は九月二十五日に緊急令を発布した。その後、九月二十七日に「行政院九二一地震復興推進委員会」が設置された。

いち早く駆け付けた日本の救助隊

この地震が発生すると、多くの国々から救助隊がかけ着け、救助活動を行った。そうしたなかで、日本の外務省は同日五時過ぎから担当者が協議し、七時ごろに警察庁、消防庁、海上保安庁へ派遣を要請した。三庁は一時間以内に人選をほぼ終え、午前中にはメンバーの大半が羽田空港周辺に待機していた。

十二時十分に先遣隊（外務省国際緊急援助チーム）の派遣を決定し、十四時に羽田空港を出発した。外務省も、早くから台北行きの航空機数便を仮予約しておくなど、準備を整えた。

国際緊急援助隊派遣法では、派遣には派遣先国や国際機関などからの要請が必要とされる。しかし日本では、台湾からの要請を受ける前から派遣準備が行われていたわけで、日本政府は対台湾の窓口機関である交流協会を通じて、派遣の意向を台湾側に伝えていた。

十三時十分、ジュネーブの国際連合人道問題調整事務所から外務省に、緊急援助要請に基づく国際緊急援助隊（ＪＤＲ）救助チームの派遣と、国際消防救助隊（ＩＲＴ）の参加について協議があり、消防庁長官はただちにＩＲＴの派遣を決定した。

第一次派遣隊は十九時四分に羽田空港を出発し、二十時五十分に中正国際空港到着、二十三時〇分に台北県新荘市で活動を開始した。第二次派遣隊は十九時五十分に成田空港を出発、二十二時九分に中正国際空港到着後、二十二日午前一時三十分に第一次派遣隊と合流した。合流後は震源地であり、被害が一番大きい南投県内の四つの郷および鎮（町および村に相当）、さらには台中県に移動し、最後に台北市で救助活動を展開した。第三次派遣隊は二十二日午前九時に成田空港を出発、十一時二十分に中正国際空港に到着し、南投県の中寮郷で活動した後、二十三日午前五時に第一次、第二次派遣隊と合流した。救助チームは全体で百十名という大部隊となった。

救助隊の「日本精神」

当時台湾の総統であった李登輝は、著書『新・台湾の主張』で「発生当夜、真っ先に到着したのは日本の救助隊であり、人数も一番多かった」と述べている。さらに「規律ある行動は、さすが日本人で組織された救助隊だった」とし、台湾の人びとは、「遺体が発見されるたびに敬礼、黙祷をささげ『救助できずに申し訳なかった』等家族に詫びる姿に『日本精神』のなんたるかを知ったのであろう」と続けて、救助隊の様子が連日テレビに映し出されたことで、「あのとき台湾と日本の関係がぐっと近づいた」と評価した。

『李登輝秘録』（河崎眞澄　産経新聞出版）では、実業家で『台湾人と日本精神』の著者として知られる蔡焜燦氏が、九九年の震災の後、息子が「親父の言っていたことは正しかった。やっと気づいたよ」といったことを紹介している。蔡氏のご子息は当時四十代で、一九六〇〜七〇年頃に、戦後の国民党教育を受けた世代である。子供のころから父には「日本時代の台湾では苦しいこともあったが、実はこんな良いこともあった。あんな良い日本人もいた」と聞かされて育ったが、学校では日本統治は差別と抑圧だったと習っており、父の話とは矛盾していた。どちらかといえば日本人に反感を抱いて育ったご子息は、九二一震災時に救援に来た日本人の姿を見て、「学校で教わったことが間違っていた」と話したのだという。

九二一大地震への日本からの支援

緊急援助隊の派遣とは別に、九二一大地震の際には、さまざまな支援の手が日本から台湾に届けられた。

例えば、日本財団は三億円のお見舞金を贈ったが、これを受け取った李登輝総統は、日本財団の曽野綾子会長に「もし将来日本でなにか起こったら、真っ先に駆け付けるのは台湾の救助隊」と約束した。そして寄付の一部は、台湾初の民間レスキュー隊であるNGOの「中華民国捜救総隊」の装備向上に使われることになった。

また、台湾大地震への支援活動において目立った人物としては、当時衆議院議員であった小池百合子が挙げられる。小池は阪神・淡路大震災後の復旧に係っていたため、台湾の大地震にも大きな関心を持った。

そこで小池は、地震発生直後から台湾の政府と連絡を取り、救助隊の即時派遣を後押しした。さらに小渕恵三首相と連携し、一千戸の仮設住宅の支援を実現した。これは、阪神淡路大震災に使用した施設の流用であるが、李登輝は、当時の小池のスピード支援に対して感謝し、以後忘れることはなかったと述べている。

しかしながら、日本から支援された仮設住宅は、台湾製の規格より居住面積が若干狭かった。このため、李登輝は、これらの住宅をそのまま設置すると、台湾の人びとの間で、日本製品ならびに日本のイメージの悪化につながることを危惧して、これらの仮設住宅には日本製のテレビやキッチンを設置し、住宅周辺にコンビニを設置するなど環境改善を図ったという。李登輝総統の工夫によって、日本からの支援を大々的にアピールすることができ、日本に対する親近感をさらに強めることとなった。

李登輝は、後に「良好な関係は相手のメンツを立てることから始まる」と述べている。

三・一一東日本大震災

二〇一一年三月十一日午後二時四十六分に発生したマグニチュード九・〇の巨大地震、東日本大地震は、日本国内最大規模、世界でも一九〇〇年代以後四番目の規模の地震であった。

地震に続いて大きな津波が起こり、太平洋岸の広範な地域が大きな被害を受けた。津波の高さは最高九メートル以上といわれ、建物の五階まで浸水した例もあった。

津波によって東日本の広範囲に停電が発生した。停電それ自体が被災者に多くの困難をもたらしたが、停電による最大の被害は、東京電力福島第一原子力発電所の事故である。停電によって核燃料を冷却できなくなり、メルトダウンが発生。水素爆発を起こし、原子力発電所の建屋は大破した。そして放射性物質が外部へ放出されてしまった。

この東京電力福島第一原子力発電所事故は、国際原子力事象評価尺度（ＩＮＥＳ）の事故評価基準として、最も深刻な事故を示すレベル七と判断されている。

地震の被害は、地震発生から九年経過した二〇二〇年になっても全ては解消されていない。二〇二〇年の時点で、東日本大震災の死者一万八千人以上、震災関連死と行方不明者を含めると二万二千人以上となっている。

群を抜いた台湾からの支援

台湾では、三月十一日の地震発生から一時間ほどの時点で、馬英九総統が三十万台湾ドルの義援金の支援と、救援隊の出動を申し出た。さらに翌日、事態の全容が明らかになってくると、義援金を一億台湾ドルに増額することを表明した。

十三日にはＮＧＯの中華民国救総隊の三十五人が成田空港に到着、翌十四日には台湾政府の内政部消防署の二十五人が被災地入りした。

台湾からの支援の輪は民間にも広がり、三月十五日に、民間の運送会社、陽明海運が予定していた同社の高明コンテナふ頭（高雄市）の開幕式を中止して、日本への救援物資輸送に専念すると発表し、輸送費用は同社が負担するとした。

十六日には高雄の仏教寺院仏光山が、地元の商店街などから五万点の子供用の衣料品を集めて被災地に送り届けた。

続く三月十七日には、台湾のテレビで緊急チャリティ番組「送愛到日本三一一震災募款晩会」が放送された。この番組には二百名の台湾のタレント、著名人が参加して日本への支援を訴えた。番組放送の間に、日本円で三億五千万円の募金が集められた。

翌十八日のチャリティ番組「相信希望　Fight & Smile」では、ジュディ・オングや張恵妹などの歌手や俳優百人以上が参加し、さらに馬英九総統夫妻も参加した。馬英九夫妻ら参加者たちは自ら募金受付の電話応対にも加わり、四時間半の放送時間内で二十一億円もの募金が集まった。放送終了後も視聴者や企業からの募金は相次ぎ、鴻海グループと同社社長夫人からの五億五千万円なども加わって、総額四十一億円以上の義援金が集まった。

この日本における未曾有の災害に対して、世界各国から様々な支援や義援金が届けられたが、最終的に、二百五十億円に達した台湾からの支援は、金額の点でも、一般の人びとの間における広がりでも、そしてスピード感でもずば抜けていた。

台湾からの支援の大きな特色は、大企業や著名人からの支援もさることながら、一般市民による実にさまざまな支援活動が大きく広がったことである。

三月十四日、台湾漫画家協会主催で「日本の平安を祈る」千万絵募集イベントが開始された。また同日、台湾師範大学の学生が、街頭で折り紙用の色紙を配布して、その場で鶴を折ってもらうという「日本加油（にほんがんばれ）」行動を開始した。

日本へのメッセージとしては、すでに紹介した実業家の蔡焜燦氏が、「台北歌壇」の代表として、三月二十七日に歌会を開催し、参加者一同が、日本支援の和歌を詠んだというものもある。この時詠まれた歌を少し紹介する。

国難の地震《なゐ》と津波に襲はるる　祖国護れと　若人励ます　蔡焜燦
神あらば心の祖国の災難を　とくとく鎮め幸ぞ賜れ　林禎彗

避難所の夜は寒かろう　不安だろう　大震災を凌ぐ人らよ　高淑慎

興味深いのは、二〇一一年末に台湾で行われた、Yahoo 奇摩と「華視新聞」（テレビ局のニュース番組）の「この年の最高に幸福な出来事」の共同調査において「東日本大震災に対する台湾からの義援金額が世界で最も多かったこと」が一位になったことである。ちなみに、二位はメジャーリーガー王健民の復活、三位は台湾映画の復活であった。

十二月三十一日のニュース報道では、台湾に感謝を伝えるため多くの日本人が台湾を訪れたが、なかには海を泳いで感謝を伝えに来た人もいたことを紹介した。そして「台湾人にとって二〇一一年で『もっとも幸福な出来事』で一位になったのは、『台湾人の愛』であって、受けるよりも与える方が幸福だということで、この愛が台湾人を幸福にさせた」と伝えた。さらに第三位の「台湾映画の復活」とは、日本統治下で起きた霧社事件を描いた映画『セデック・バレ』が国際的に注目されたことである。台湾の脚本、監督、そしてすべて台湾で撮影されたこの映画の高い評価は、台湾の誇りであり、この一年の台湾の幸福な出来事だと述べていた。

東日本大震災は、台湾の人びとの日本に対する温かい気持ちを多くの日本人が改めて肌で感じる契機となったが、この年から日台関係では、多くの協定が締結され、経済、貿易、観光、文化、学術など広範囲の交流が活発となっていく。その嚆矢となったのがこの年十一月十日に合意された、日台航空協定の改定である。これにより、日台間が「オープンスカイ」となって、多くの航空便が、各地を結びあうことになった。その後の便数の大幅増加は、日台交流を促進する基礎となったといえる。

ところで、台湾からの支援の成果の結実は、震災直後だけではなかった。二〇一五年十二月十四日、宮城県南三陸町に「南三陸病院・総合ケアセンター南三陸」が開院した。

南三陸病院は元々「志津川病院」として診療にあたっていたが、東日本大震災による津波で全壊し、患者と看護師合わせて七十四名が犠牲となった。

この病院の再建に力を添えたのが台湾赤十字であり、約五十六億円の建設費のうち二十二億二千万円を支援した。台湾赤十字の王清峰会長は「お互いに感謝の心を忘れずに、両国間の友好関係を象徴するものになった」とコメントした。病院の敷地には、感謝の石碑も建てられているが、東日本大震災以降、公立病院が再建されたのはこれが初めてである。

民主党政権の台湾への冷淡な対応

台湾からの手厚い震災支援をきっかけとして、日台関係は大きく進展した。しかし、当時の日本政府は民主党政権であって、時に冷淡な対応をすることがあった。

このことについて、李登輝元総統は『新・台湾の主張』で触れている。

東日本大震災が発生すると、李登輝は震災発生直後、交流協会を通じて、すぐに救助隊の派遣を申し出た。この救助隊とは、九二一大地震のところで紹介した台湾のＮＧＯ組織、中華民国捜救総隊である。しかし、同隊の被災地派遣の受け入れを、日本側はすぐに承諾しなかった。李登輝は一分でも時間を無駄にしたくないと考え、救助隊をやむなく自主的に被災地に向かわせることにしたが、予約しておいたチャイナエアライン（中華航空）は「台湾外交部の同意がないので発券できない」として搭乗を拒んだ。困り果てた同隊が、エバーエアー（長栄航空）に相談すると、三十五名のメンバーと三トンに及ぶ装備を成田空港まで無償で運んでくれた。こうして一行は成田空港に三月十三日午後一時過ぎに到着した。

しかし、日本に到着しても、どの被災地に行っていいかわからない。日本の外務省は「台湾からの救助隊を迎え入れる準備ができない」というのである。結局、十五日に至るまで被災地に入る緊急通行証が発行されなかった。

なぜ、当時の日本政府は台湾からの救助隊を受け入れることを躊躇したのか。日本の報道によれば、「台湾は中国の一部」とする中国共産党に気兼ねしたのではないかという。李登輝は、台湾に対する日本の気持ちはその程度のものだったのか、と残念に思うとともに、日本財団の曽野会長との「日本に何かあったら、真っ先に駆け付けるのは台湾の救助隊」という約束を果たせなかったことを、「生涯の痛恨事」と述べている。

さらに、震災から一か月後の四月十一日、菅直人首相が、アメリカ、イギリスなどの主要新聞七紙に、震災に対するお見舞い、復興支援への感謝の広告を掲出した。しかしこのとき、台湾に対しては感謝広告の掲載がなかった。これについて、外務省は七紙の選定について「義援金の総額ではなく総合的な問題」と説明している。

すると、こうした日本政府の対応に対して「台湾にも感謝広告を出してきちんとお礼をしたい」という日本人デザイナーのツイッター上のつぶやきがきっかけとなって、「謝謝台湾計画」がスタートした。広告掲載のための募金活動を始めようと、ツイッターで呼びかけると、募金活動についてアドバイスしてくれる公認会計士や、翻訳作業をしてくれる人など、賛同者がどんどん増えていった。募金は一口千円とし、寄付金が広告掲載に必要な約二百四十万円を超えた場合は被災地へ義援金として送ることをネット上で告知すると、最初の二日間だけで六百万円を突破した。最終的に約千九百万円が集まったので、五月三日、「ありがとう、台湾」と題したお礼広告が台湾紙『聯合報』（朝刊九面）と『自由時報』（朝刊五面）に掲載された。

献花問題と中国の欠席

震災から一年が経過した二〇一二年三月十一日、政府主催の東日本大震災追悼式で、各国の大使を招待して、司会者の指名を受けながら献花をする、指名献花が行われた。ところが、台湾の代表である台北駐日経済文化代表処の副代表・羅坤燦氏は追悼式会場で一般席の二階に案内され、一般参列者の扱いで献花をすることとなった。これについて、現場にいた長島昭久衆議院議員は「顔から火が出るほど恥ずかしい思いをしました」と述べている。

この応対について、野田佳彦首相は翌十二日の参議院予算委員会において「本当に申し訳ない。行き届いていなかったことを深く反省したい」と陳謝した。しかし、藤村修官房長官は、十三日の記者会見で「あれは手続き通りに進めただけです」と述べ、首相の謝罪を台無しにする発言をしている。その翌年、震災から二年後の二〇一三年三月十一日、東日本大震災から二年の追悼式典が行われた。このときは前年十二月の総選挙で勝利した自民党が三年ぶりに政権の座に返り咲き、安倍晋三が首相となっていた。すると、この式典には台湾の代表が正式に来賓として招かれ、指名献花をすることとなった。

ところが、今度は中国の代表が式典を欠席したことが話題となった。菅義偉官房長官は式典前に中国側に「(震災で)破格の支援を受けた台湾にふさわしい対応をするもので、日中共同声明での我が国の立場に変更はないと説明した」が、「日本政府の説明を理解せず、欠席したことは極めて遺憾で残念だ」と、式典翌日の記者会見で説明している。

一方、このことについて中国外務省は三月十一日に公式WEBサイトにおいて「追悼式で台湾の関係者を外交施設や国際機構と同等に扱ったなどを含む日本のすべての行いに強烈な不満と抗議を表す」と表明した。同様にして、中国は翌二〇一四年の式典も欠席した。このことは、追悼の気持ちより政治を優先する中国共産党の本質を如実に物語っている。

台南大地震と熊本地震

二〇一六年二月六日午前三時五十七分、台湾の高雄市美濃区を震源とした台南大地震（二〇一六地震＝高雄美濃地震）が発生した。台南市新化で最大震度七を記録したほか、雲林県草嶺で震度六級、嘉義市中心部でも震度五級の強い揺れを観測した。この地震で台南永康維冠ビルが横倒しとなって百十五人が亡くなったのを含め、百十七人が命を落とした。

倒壊したビルについては事故後の調査によって手抜き工事が発覚し、地震から三日後の二月九日、台湾検察当局はビルの建設を担当した会社の元社長ら幹部三人を業務上致死容疑で逮捕した。

この地震に際して、日本からは、安倍首相がお見舞いのメッセージを送るとともに、八日の記者会見で百万ドルの支援を発表した。日本各地では、東日本大震災で被災した自治体などが募金の受け付けを開始した。民間からも、日本テレビの二十四時間テレビや日本赤十字社を中心に支援が行われた。

それから二カ月ほどが経過した二〇一六年四月十四日と十六日、熊本でマグニチュード六・五と七・三の二つの地震が相次いで発生した。通常は、最初の地震が大きく、後の地震は規模が小さい「余震」となるが、熊本大地震では、後から起きた地震が前の地震を上回る異例の事態となったため、日本の気象庁は、十四日の地震を「前震」と称することにした。

さて、十四日の地震では、十七万八百棟の家屋が倒壊し、十八万三千人が避難する大きな被害が出た。このとき、一月の総統選挙で当選して、次期総統に決まっていた民進党の蔡英文は、同党秘書長を通じて交流協会と連絡をとり、被災地の状況を知ると、「日本の友人たちがみんな無事であることを願っています」とお見舞いの言葉を贈った。現職総統の馬英九も同日に声明を発表したが、蔡英文からのメッセージの方が早かった。

翌十五日、馬英九政権は日本円で一千万円の支援を表明したが、台湾のネット上では少なすぎるという批判の声で溢れた。そこへ、予期しなかった十六日の本震の発生によって、馬政権は五十万米ドルの追加支援を決めた。

これとは別に民進党も百万台湾元を党費から支援することとし、さらに高雄市長の陳菊、台南市長の頼清徳、台中市長の林佳龍、桃園市長の鄭文燦が、一か月分の給与を寄付すると表明した。

それからしばらくして、六月十日には台南市・高雄市訪問団を伴って、陳菊市長と頼清徳市長が、政権交代で着任したばかりの謝長廷・駐日代表とともに熊本県を訪問した。訪問団は義援金六千五百十六万台湾元（およそ二億千六百万円）を蒲島郁夫・熊本県知事に手渡した。

記者会見で蒲島知事は「台湾との絆の深さを改めて感じた。義援金は復興のために大切に使わせていただく」と述べるとともに、特に謝長廷・駐日代表が着任翌日に熊本を訪問したことに「大変感激している」などと話した。

高雄市と熊本市は二〇一三年に「高雄市・熊本県・熊本市国際交流促進覚書」を交わして、いわゆる姉妹都市となっており、高雄─熊本を結ぶ航空機の定期便も運航されていた。熊本大地震によってこの航路は運休となっていたが、その再開と同時に二人の市長が台湾から熊本を訪問したのであった。

他方、台南市は、二月に発生した台湾南部地震の際に、熊本および日本各地から多くの支援を受けていたので、高雄市とともに合同で熊本大地震への義援金を届けることとしたものである。さらに、この訪問を通じて、観光交流を強化して、被災地の復興を支援しようというものであった。

また、陳菊市長は、高雄市で二〇一四年八月に市内で大規模なガス爆発事故が起きた際に、最も関心を寄せて支援をしてくれたのは日本だったとも述べている。台湾から熊本を訪れた両市長は、記者発表で、日台双方はともに苦難に立ち向かうパートナーであり、今後も友好関係を維持していかなければならない、と表明した。

これにとどまらず、台南市長の頼清徳は、九月二十四日には台南市民を含む二百数十人の訪問団を結成して、平戸市と熊本県を訪れた。頼市長は自身のフェイスブック上で、今回の訪問は実際の行動によって熊本観光を応援するものだとし「台南は永遠に友人である熊本の味方です」とエールを送った。

頼清徳は翌二〇一七年に行政院長（首相に相当）、二〇二〇年五月には副総統に就任した。この間の二〇二〇年三月十一日のツイッターで、頼清徳は、日本語で「台湾と日本は困難に直面した時、お互い手を差し伸べ合い、助け合ってきました。二〇一一年の東日本大震災や二〇一六年の台南大地震では台湾と日本はまさに苦しいときの友は真の友でありました」「本日三月十一日は東日本大震災九周年です。災害により被災された方々ならびにそのご家族の皆様に心よりお見舞い申し上げます。同時に現在台湾、日本両国は新冠肺炎（筆者註：新型コロナウイルスのこと）の防疫に全力で取り組んでおります。一日も早い事態の収束を心からお祈り申し上げます」と述べている。

地震をめぐる、運命共同体としての日本と台湾

歴史的に台湾と日本は、定期的に訪れる震災に悩まされてきた。そうした中で、特に一九九五年の阪神淡路大震災以後、日本と台湾が連携しての、復興支援や寄付などの助け合い活動が活発化してきた。その活動はしだいに、日台関係の進展に大きな影響を与えるようになってきた。

日本から見れば一九八〇年代以前の台湾は、蔣介石総統の「以徳報怨」で終戦時に恩義になった国であると同時に、戦後復興のビジネスパートナーであるとともに、ある種の男性天国であった。しかし、一九八八年に日本統治時代には日本人であり、京都帝国大学に学んだ台湾人の李登輝が総統になったことで、日台関係が変わり始める。「アジアの四小龍」として近代化をなしとげ、豊かになってきた台湾が、九十年代半ばまでに民主化を遂げていくと、八九年の六四天安門事件で国際的に非難され、制裁を科された中国とは対照的に、自由で民主的な親日国としてのイメージが高まり、一般の日本人に広く親近感を抱かれるようになった。

そうした中で、一九九五年の阪神淡路大震災の時には、日本在住の台湾の人びとは元より、台湾からも各種の支援が届けられていた。それだけに、一九九九年九月二十一日の、台湾中部の集集を震源とする九二一大地震の際には、自然のうちに日本から迅速な支援がなされたのである。政府からの支援のほか、拓殖大学学生らが、復興支援のためにボランティア活動で訪台するなど、日本の民間からの支援の輪も広がりを見せた。さらに、すでに述べたように、台湾における日本イメージが変わるきっ

かけにもなった。

こうした素地の上に、二〇一一年の東日本大震災時の、台湾全島をあげての日本支援の声の広がりがあったのである。今では、震災に限らず、ガス爆発事故でも台風災害でも、政府から市民レベルまで、相互の支援はすっかり定着した。

冒頭に紹介した、国立台湾歴史博物館の特別展開催の背景には、日本列島と台湾が、海溝帯・地溝帯を通じて接続しているという自然地形構造の一体性がある。日本列島に迫る南海トラフの先には、琉球列島の南部を走る琉球海溝があり、その海溝の先端は、台湾島南部につながっている。さらに、日本の紀伊半島から四国を横断する巨大な中央構造線断層帯は、熊本地震で注目された九州を横断する活断層群につながり、その先には琉球列島北部に沿って走る巨大な沖縄トラフが存在する。その沖縄トラフの西端は、歴史的大地震を頻発させてきた台湾島西部の活断層の帯に接続されている。つまり、震災を発生させる構造においては、日本と台湾は自然構造上の連続性がある。

また、南太平洋で生まれる台風は、季節風と高気圧の配置によって、春先から夏までは台湾方面に向かうことが多く、夏から秋には日本列島にやってくる。季節に多少のずれはあるが、その構造は同じであり、台風がもたらす雨と風の被害も、年中行事として同じイメージがある。

歴史を通じて、大陸中国からの圧力にさらされながら、島国として独自の文化を生み出し、近代のひと時、一つの国に属しながら、日本と台湾はそれぞれ別々の歴史を紡いできた。日本として、台湾として、それぞれの誇りある歴史をもつ両国は、地政学的環境および地震をもたらす構造において運命共同体でもある。そして、近年では、共有される環境を通じて、お互いを思いやる感情が自然に醸成されてきた。震災被害の再現を望むものではないが、この良好な両国関係が、今後も発展しつつ続いていくことを期待したい。

主要参考文献

浅野和生『親台論』（ごま書房新社　二〇一四年）
李登輝『新　台湾の主張』（ＰＨＰ選書　二〇一五年）
陳怡宏『地震帯上的共同體―歴史中的臺日震災―』（国立歴史博物館　二〇一七年）
河崎真澄『李登輝秘録』（産経新聞出版　二〇二〇年）
早川友久『総統と私―「アジアの哲人」李登輝の一番近くにいた日本人秘書の八年間』（ウェッジ　二〇二〇年）

日台関係研究会関連書籍

中村勝範編著『運命共同体としての日本と台湾』展転社、一九九七年、三八二頁、二〇〇〇円

中村勝範編著『運命共同体としての日米そして台湾』展転社、一九九八年、二九四頁、一八〇〇円

浅野和生著『君は台湾のたくましさを知っているか』廣済堂出版、二〇〇〇年、二三〇頁、一三九〇円

中村勝範、楊合義、浅野和生『日米同盟と台湾』、早稲田出版、二〇〇三年、二六二頁、一七〇〇円

中村勝範、涂照彦、浅野和生『アジア太平洋における台湾の位置』早稲田出版、二〇〇四年、二五四頁、一七〇〇円

中村勝範、黄昭堂、徳岡仁、浅野和生『続・運命共同体としての日本と台湾』早稲田出版、二〇〇五年、二三八頁、一七〇〇円

中村勝範、楊合義、浅野和生『東アジア新冷戦と台湾』早稲田出版、二〇〇六年、二二二頁、一六〇〇円

中村勝範、楊合義、浅野和生『激変するアジア政治地図と日台の絆』早稲田出版、二〇〇七年、二一三頁、一六〇〇円

中村勝範、呉春宜、楊合義、浅野和生『馬英九政権の台湾と東アジア』早稲田出版、二〇〇八年、二五四頁、一六〇〇円

浅野和生著『台湾の歴史と日台関係』早稲田出版、二〇一〇年、二二三頁、一六〇〇円
日台関係研究会編『辛亥革命100年と日本』早稲田出版、二〇一一年、二八七頁、一五〇〇円
浅野和生、加地直紀、松本一輝、山形勝義、渡邉耕治『日台関係と日中関係』展転社、二〇一二年、二一五頁、一六〇〇円
浅野和生、加地直紀、松本一輝、山形勝義、渡邉耕治『台湾民主化のかたち』展転社、二〇一三年、二一二頁、一六〇〇円
浅野和生、加地直紀、渡辺耕治、新井雄、松本一輝、山形勝義『日台関係研究会叢書1　中華民国の台湾化と中国』展転社、二〇一四年、二三二頁、一六〇〇円
浅野和生、松本一輝、加地直紀、山形勝義、渡邉耕治、『日台関係研究会叢書2　一八九五―一九四五　日本統治下の台湾』展転社、二〇一五年、二四八頁、一七〇〇円
浅野和生、渡邉耕治、加地直紀、松本一輝、山形勝義『日台関係研究会叢書3　民進党三十年と蔡英文政権』展転社、二〇一六年、二四八頁、一七〇〇円
浅野和生、渡邉耕治、山形勝義、松本一輝、加地直紀『日台関係研究会叢書4　日台関係を繋いだ台湾の人びと』展転社、二〇一七年、二五〇頁、一七〇〇円
楊合義『決定版 台湾の変遷史』展転社、二〇一八年、一六〇〇円
浅野和生、松本一輝、加地直紀、山形勝義『日台関係研究会叢書5　日台関係を繋いだ台湾の人びと2』展転社、二〇一八年、二四六頁、一七〇〇円

浅野和生、松本一輝、山形勝義、吉田龍太郎『日台関係研究会叢書6　台湾の民主化と政権交代』展転社、二〇一九年、二四八頁、一七〇〇円

【執筆者略歴】

酒井正文（さかい　まさふみ）
昭和 24 年、静岡県生まれ。慶應義塾大学大学院法学研究科修士課程修了。中部女子短期大学助教授、杏林大学教授、平成国際大学教授を経て同名誉教授。平成 16 年〜 24 年まで法学部長。日本政治学会、日本選挙学会、日本法政学会理事を歴任。
〔主要著作〕『主要国政治システム概論』（共著、慶應義塾大学出版会）『満州事変の衝撃』（共著、勁草書房）『大麻唯男』（共著、財団法人櫻田会）『帝大新人会研究』（共著、慶應義塾大学出版会）など。

渡邉耕治（わたなべ　こうじ）
昭和 53 年、神奈川県生まれ。平成 13 年平成国際大学法学部卒、平成 15 年平成国際大学大学院法学研究科修士課程修了。現在、国立台湾師範大学歴史学系博士課程。
（主要著作）「戦後台湾国際関係史」（『辛亥革命 100 年と日本』早稲田出版）、「日台関係における相互認識の変化」（『日台関係と日中関係』展転社）、「台湾帰属問題と日本」（『平成法政研究』第 16 巻第 1 号）、「中台関係二十五年の回顧―政治・経済関係を中心に」（『台湾民主化のかたち』展転社）、「馬英九政権の対中政策」（『中華民国の台湾化と中国』展転社）、「中華民国による台湾接収の経過」（『一八九五―一九四五 日本統治下の台湾』展転社）、「戒厳体制下における党外活動と民進党の結成」（『民進党三十年と蔡英文政権』展転社）、「辜振甫と日台関係」（『日台関係を繋いだ台湾の人びと』展転社）。

山形勝義（やまがた　かつよし）
昭和 55 年、茨城県生まれ。平成 15 年国士舘大学政経学部卒業、同 17 年平成国際大学大学院法学研究科修士課程修了、同 23 年東洋大学大学院法学研究科博士課程単位取得満期退学。現在、東洋大学アジア文化研究所客員研究員。日本政治学会、日本法政学会、日本選挙学会、日本地方自治研究学会、日本地方自治学会会員。
（主要著作）「中華民国の台湾化―「省」の廃止と六大都市の設置」（『台湾の民主化と政権交代』）、「国連職員から駐日代表へ―羅福全の半生と日台関係」（『日台関係を繋いだ台湾の人びと 2』）、「台湾経済の世界化を担った江丙坤」（『日台関係を繋いだ台湾の人びと』）、「陳水扁政権期の「公民投票」の実現―民主化の一里塚としての国民投票―」（『民進党三十年と蔡英文政権』）、「日本統治下の台湾における地方行政制度の変遷」（『一八九五―一九四五 日本統治下の台湾』）、「中華民国の地方自治と中央政府直轄市」（『台湾民主化のかたち』）、「中華民国における五権憲法の実態―中国から台湾へ・監察院の制度と組織―」（『日台関係と日中関係』）「アジア諸国における権威主義体制の崩壊と情報公開システムの形成―韓国・タイ・台湾を事例に―」（『法政論叢』）、ほか。

新井雄（あらい　ゆう）
昭和 49 年、栃木県生まれ。平成 9 年関東学園大学経済学部卒、同 14 年平成国際大学大学院法学研究科修士課程修了。平成 26 年国立政治大学歴史学系 (台湾) 博士課程修了、文学博士。現在、大仁科技大学応用日語系 (台湾) 助理教授。
(主要著作)「自由民主党親台湾派の活動：日台断交時期を中心に (1972-1975)」(『問題と研究』　第 39 巻 1 号)。「親台湾派・桑原壽二の思想と政治行動」(『問題と研究』　第 39 巻 4 号)。「自民党「親台派」から見た「日台関係」―「日華」から「日台」へ―」(『中華民国の台湾化と中国』展転社)。「1970 年代「日華関係議員懇談会」背景分析」(『現代桃花源學刊』第五期)「日臺關係與台灣人原日本兵補償問題：以有馬元治的活動為中心」(『大仁學報』第 51 期)。

松本一輝（まつもと　かずてる）
昭和 54 年、東京都生まれ。平成 15 年平成国際大学法学部卒、同 17 年平成国際大学大学院法学研究科修士課程修了、現在　日台関係研究会事務局。日本選挙学会、日本法政学会会員。

（主要著作）「台湾における選挙の歴史—民主化と政権交代の経過」（『台湾の民主化と政権交代』）、「戦後の日台関係と林金莖」（『日台関係を繋いだ台湾の人びと２』）、「許世楷駐日代表と日台関係の発展」（『日台関係を繋いだ台湾の人びと』）、「民進党の三十年と立法委員選挙」（『民進党三十年と蔡英文政権』）、「日本の台湾領有と憲法問題」（『一八九五—一九四五 日本統治下の台湾』）、「六大都市選挙に見る『中華民国の台湾化』」（『中華民国の台湾化と中国』）、「台湾の民主化と各種選挙の実施」（『台湾民主化のかたち』）、「中華民国の戦後史と台中、日台関係」（『日台関係と日中関係』）、「労働党ブレア政権の貴族院改革」（『平成法政研究』 第14巻第１号）、「オリンピック開催地決定の経過と政治の役割」（『平成法政研究』 第12巻第１号）。

浅野和生（あさの　かずお）

昭和34年、東京都生まれ。昭和57年慶應義塾大学経済学部卒業、同63年慶應義塾大学大学院法学研究科博士課程修了、法学博士。昭和61年中部女子短期大学専任講師、平成2年関東学園法学部専任講師、後、助教授、同8年平成国際大学法学部助教授を経て、同15年より教授。日本法政学会理事、日本地方政治学会理事、日本地域政治学会代表。

【著書】

『大正デモクラシーと陸軍』（慶應義塾大学出版会）『君は台湾のたくましさを知っているか』（廣済堂出版）『台湾の歴史と日台関係』（早稲田出版）『親台論』（ごま書房新社）

【共著書】

『台湾の民主化と政権交代』『日台関係を繋いだ台湾の人びと2』『日台関係を繋いだ台湾の人びと』『民進党三十年と蔡英文政権』『一八九五—一九四五 日本統治下の台湾』『中華民国の台湾化と中国』『台湾民主化のかたち』『日台関係と日中関係』『運命共同体としての日本と台湾』（以上、展転社）『日米同盟と台湾』『アジア太平洋における台湾の位置』『続・運命共同体としての日本と台湾』『東アジア新冷戦と台湾』『激変するアジア政治地図と日台の絆』『馬英九政権の台湾と東アジア』（以上、早稲田出版）

日台関係研究会叢書7

日台運命共同体

日台関係の戦後史

令和二年十二月十五日　第一刷発行

編　者　浅野　和生

発行人　荒岩　宏奨

発　行　展　転　社

〒101-0051 東京都千代田区神田神保町2-46-402

ＴＥＬ　〇三（五三一四）九四七〇

ＦＡＸ　〇三（五三一四）九四八〇

振替〇〇一四〇—六—七九九九二

印刷製本　中央精版印刷

ISBN978-4-88656-515-0

てんでんBOOKS

［表示価格は本体価格（税抜）です］

台湾の民主化と政権交代　浅野和生

●この一冊で台湾の戦後史を理解できる！台湾が経てきた民主化の道程を振り返り政権交代を巡る台湾の政治変動を追う。1700円

日台関係を繋いだ台湾の人びと2　浅野和生

●日中国交樹立により、日華の国交は断絶となった。しかし、その後も日台交流を保ち、新たな日台関係を構築。1700円

日台関係を繋いだ台湾の人びと　浅野和生

●辜振甫、江丙坤、許世楷、曾永賢、蔡焜燦。日本と台湾の関係を結ぶ架け橋となった台湾人たちの活躍の軌跡を描き出す！1700円

民進党三十年と蔡英文政権　浅野和生

●戒厳体制下で結成された民進党は、国民党政府による弾圧と党内対立に耐え、ついに政権獲得という栄光を摑みとる。1700円

中華民国の台湾化と中国　浅野和生

●中華民国の台湾化と台湾の現状を探り、台湾を取り囲む各国の台湾認識を浮かび上がらせる。1600円

台湾民主化のかたち　浅野和生

●李登輝政権の発足から二十五年。民主化二十五年の台湾を振り返り、「台湾民主化のかたち」を描き出す。1600円

日台を繋いだ台湾人学者の半生　楊合義

●政治大学国際関係研究センターの駐日特派員として日本に派遣され、日台関係の紐帯に尽力した著書の半生を描く。2800円

決定版　台湾の変遷史　楊合義

●「先史時代から現代まで、中国とは別の台湾人の苦難と栄光の歴史が凝縮されている」謝長廷推薦。1600円